GUIDA PER AMARE
I TEDESCHI

Questo volume appartiene a

....

Dello stesso Autore presso Rusconi Libri:

Parlami con amore, 1989
Lola Montez, ballerina e avventuriera, 1992

Roberto Giardina

GUIDA PER AMARE I TEDESCHI

Rusconi

Prima edizione ottobre 1994

ISBN 88-18-01100-6

Per Fernanda

If love is a sweet passion...
(William Shakespeare, *Sogno di una notte di mezza estate*).

I.
Germania, Germanie, Germanici

DOBBIAMO PROPRIO? AMARLI...

Guida per amare i tedeschi provocherà un leggero sussulto. Qualcuno scuoterà la testa sorridendo. È uno scherzo, naturalmente: chi può amare i tedeschi? Neanche loro si amano. Certo, amare è una parola forte. Non si dovrebbe mai amare un popolo, soprattutto il proprio.

Diciamo che i tedeschi mi sono simpatici. E sono più simili agli italiani di quanto pensiamo, noi e loro. Temo che adesso siano i tedeschi a sussultare. *Italienische Verhältnisse*, « condizioni italiane », è un termine che incute paura in Germania: evoca disordine e caos, scioperi e inflazione, instabilità politica e malaffare. Come « teutonico » per noi è sinonimo di ordine, precisione, affidabilità, alta qualità. E di crudeltà, ovviamente. Mafia e nazismo.

Ma nel quarto di secolo che ho trascorso a contatto con la società tedesca i pregiudizi loro su di noi si sono attenuati, mentre i nostri sono rimasti caparbiamente gli stessi. Non solo i nostri, per la verità. Anche gli altri europei li nutrono contro i tedeschi, con sfumature di scarso conto. È inevitabile: i rapporti europei sono intrisi di pregiudizi, che ne sono il collante, e in fondo non è augurabile rinunciarvi del tutto.

I britannici fumano la pipa e sono imperturbabili, stanno in coda e cucinano male. Gli spagnoli uccidono i tori alle cinque della sera, e di rado avviene il contrario. Gli olandesi sono avari, i belgi non sanno guidare, gli svedesi sono liberi in amore, noi italiani cantiamo « 'O sole mio » mangiando pizza e spaghetti. Niente di male, in fondo.

Solo i pregiudizi che riguardano i tedeschi creano un muro più o meno invalicabile tra la Germania e il resto d'Europa, sul fronte (è il termine più appropriato) orientale e su quello occidentale. Paradossalmente sono soprattutto i pregiudizi positivi a creare distacco, diffidenza, antipatia. I tedeschi lavoratori indefessi e quasi perfetti incutono timore. Il *Made in Germany* è ancora sinonimo di qualità superiore, e il *Deutsche Mark* è considerato, per la sua forza eccessiva, la causa di tutti i nostri guai finanziari. In fondo al cuore si teme di venire sconfitti, schiacciati, ieri sul campo di battaglia, oggi nel confronto economico e industriale. Si reagisce con attacchi non sempre giusti, spesso del tutto immotivati.

Anche i tedeschi ne sono in parte responsabili: in Germania si ritiene di essere più ordinati, affidabili, laboriosi, avanzati e onesti dei vicini. C'è il complesso del primo della classe. Secondo i sondaggi, poco meno dell'ottanta per cento pensa di essere «il meglio del meglio». E mentono, anche a se stessi: i tedeschi temono di aver perduto le virtù antiche e di star precipitando nel caos. All'italiana.

Un equivoco che è alla base dei difficili rapporti tra noi e loro. Li aggrediamo perché ci sentiamo più deboli. I tedeschi si sentono assaliti a tradimento, nel momento meno opportuno, mentre sono impegnati in una drammatica fase storica seguita all'inaspettata riunificazione. Non comprendono le accuse loro rivolte, replicano con durezza, e i pregiudizi rimangono.

I tedeschi non sono quei mostri di perfezione che riteniamo, forse non lo sono mai stati. Grandi lavoratori? Sono quelli che hanno l'orario più corto al mondo, e in compenso sono i più pagati. Lavorano meno ma sono più qualificati? Non sembra, a stare ai loro stessi giudizi e alle difficoltà crescenti che incontrano ad affrontare la concorrenza internazionale. I prodotti tedeschi sono sempre meno perfetti e sempre più insidiati da quelli stranieri, più affidabili e meno cari.

Onesti e corretti? Il mondo politico e quello economico sono turbati da scandali quotidiani. I sindacalisti giocano in borsa grazie a informazioni riservate, invece di occuparsi degli interessi dei lavoratori. Il best-seller in testa alle classifiche da due anni porta il titolo *Schiappe in doppiopetto* e si riferisce ai manager della Repubblica Federale, maestri solo nell'autopagarsi stipendi di sogno e nel difendersi a vicenda. I politici mentono e si lasciano comprare con una vacanza omaggio. Le banche truffano i loro clienti. I funzionari statali, i tutori della cosa pubblica che all'estero sono definiti «mitici» (appunto), sono campioni del «dolce far niente», imparato dai colleghi italiani. Perfino gli artigiani sono inaffidabili, cari e incapaci, ed i treni arrivano in ritardo. Si lavora al nero e si cerca di non pagare le tasse.

Neanche i tedeschi sono perfetti, e quindi si può amarli. O tentare di amarli. Anche nel nostro interesse. Quando si sentono capiti, e accettati, i tedeschi diventano partner meravigliosi, a livello europeo e in camera da letto. E dimostrano altre qualità, sconosciute a noi e a loro. I tedeschi non sono né meglio né peggio della loro fama. Sono semplicemente diversi. Non c'è popolo in Europa meno conosciuto.

Appunto perché si crede di conoscere tutto, e non si nutrono dubbi.

Il tedesco di oggi – e ci sono «ragazzi del '68» già nonni – per mezzo secolo è stato sottoposto all'attenzione particolare del mondo intero, pronto a insospettirsi a ogni minimo indizio di ricaduta nel male nazi. Perché sorprendersi se ci troviamo innanzi a tedeschi profondamente pacifisti, democratici fino allo scrupolo, che hanno riscoperto le loro virtù più antiche e si sono lasciati tentare da vizi più moderni e rassicuranti?

I tedeschi vogliono essere amati. Nessun altro popolo si preoccupa con tale ossessione di che cosa si pensi all'estero. I giornali riportano con masochistica puntualità i commenti sugli *Hässlichen Deutschen*, gli «odiosi tedeschi», pubblicati a New York, Parigi, Londra. Perché gli stranieri ci giudicano male? Che cosa possiamo fare per cambiare la nostra immagine?, si domandano con disperazione commovente. Tentiamo di amarli, e vediamo che cosa succede.

Sono convinto che i guai loro, e nostri, dipendano in parte da questa mancanza non dico d'amore ma di simpatia. Come bambini che si sentano trascurati, a torto o a ragione, e diventano violenti, dispettosi e insopportabili, anche per i tedeschi si instaura una spirale infernale: tanto più si sentono respinti mentre corrono da noi a braccia aperte e tanto più provano l'impulso irresistibile a mollare qualche calcio, a fare dispetti. Ad accentuare, per farla breve, proprio quei difetti per cui vengono tenuti a distanza.

I tedeschi sono meglio di quanto pensiamo, e diversi da quanto essi temono. Il tedesco di questo fine secolo dimentica la laboriosità e riscopre il romanticismo, non è più sicuro che l'obbedienza sia sempre un dovere sociale e non si vergogna di mostrarsi individualista. Ha più senso dell'humour degli inglesi, che continuano a ripetere vecchie battute (in genere scritte per loro dagli irlandesi), più *savoir faire* dei francesi, ed è un rubacuori simpatico e fantasioso, quanto e più di spagnoli e italiani. Sono i più colti e i più attenti ai problemi contemporanei, e i loro pensatori, pur essendo in crisi, vengono scopiazzati dai colleghi stranieri, e i francesi sono in questo fra i più sfacciati.

Hanno un sistema democratico più liberale di quello americano e il sistema sociale più avanzato al mondo, anche verso chi viene da fuori. L'uno e l'altro non privi di difetti, è ovvio, ma in minor numero e meno gravi rispetto ai loro partner. Infine, sono gli ultimi a credere agli ideali europei. Si ribellano alla burocrazia della Comunità, si arrabbiano per dover pagare più care le banane, che adorano, o per essere costretti ad aumentare le tasse, ma aprono le frontiere a tutti. Si rifiutano di bere birra francese o mangiare würstel italiani, ma ci affidano le loro orchestre e la ricostruzione della loro capitale. Sono confusionari, caotici, poco precisi, pigri e spendaccioni, furbastri e chiacchieroni, chiassosi e vanesi, affascinanti e inaffidabili. «Quasi» italiani. E che quel «quasi» sia a loro vantaggio o nostro, dipende dai gusti.

In fondo si ama qualcuno per i suoi difetti, non per le virtù. E secondo una frustra battuta, i tedeschi ci amano ma non ci stimano. Noi li stimiamo senza amarli. Perché non tentiamo di smentire i luoghi comuni? Almeno, si può cominciare, ed è più facile per noi che per loro.

LA NAZIONE

Che cos'è la Germania? Dove va la Germania?

Sono i titoli ricorrenti che si ritrovano in giornali autorevoli come «Le Monde», o «The Times», «Die Neue Zürcher Zeitung», o su «Die Zeit», sopra un'intera pagina fitta di parole in corpo minuscolo, senza neanche una foto o una cartina per non indurre in sospetto sulla serietà dell'analisi socio-economico-etnopolitica (come vedete, anche in italiano si possono creare parole lunghe alla tedesca).

La mia reazione è duplice. Sussulto, perché un mio vecchio e terribile direttore a «La Stampa» minacciava di licenziamento chiunque mettesse un punto interrogativo in un titolo, e poi strappo la pagina e la ripongo nel mio disordinato archivio. Nessun giornalista resiste a questa tentazione. «Dove va il Belize?», via l'articolo in un'apposita cartellina, non si sa mai, servirà domani, come uno scoiattolo che metta via noci per l'inverno. In genere quando si viene spediti nel Belize per un'inchiesta, non si ritrova il pezzo, o non si ha il tempo di cercarlo, o lo si porta dietro e non lo si legge. L'archivio per un giornalista è un amuleto, non uno strumento di lavoro.

Sempre il mio direttore piemontese sosteneva urlando che un articolo deve dare risposte, non porre domande. Ebbene, se leggerete quei lunghi articoli non saprete mai dove va il Belize, e neanche dov'è, dato che il compilatore presuppone che già lo sappiate. Che cos'è il Belize si riduce a una sfilza di cifre, abitanti, il «Pil pc», che tradotto vuol dire «il prodotto nazionale lordo pro capite», un dato che viene riportato di solito come indice di prosperità e di progresso, e non vuol dire nulla.

I miei cassetti traboccano di «pezzi» sull'idea di Germania, e gli scaffali della mia libreria ospitano ponderosi saggi in quattro lingue sulla nazione tedesca. Ma rimango dell'idea del mio lontano direttore. Non è che non diano mai risposte. È peggio: ne danno troppe, le danno tutte. La Germania vaga tra l'Atlantico e gli Urali, strizzata, concentrata o dilatata, un cocktail in cui ritroviamo Wagner e Hitler, Heine, Goethe, la Mercedes, Beckenbauer, ed il vecchio Fritz, Lutero, birra e würstel. Il risultato della pozione è di solito di una noia mortale, come garanzia di serietà. Quindi evito di darvi a mia volta un saggio pretenzioso dedicato a questi punti interrogativi. Tanto si può dimostrare qualsiasi cosa e il suo contrario. Un giornalista di mestiere può anche convincervi che la Francia è una zona vaga tra il Reno e i Pirenei, o tra il Mediterraneo e la Manica. Una volta per una rivista tedesca ho scritto perfino che la «mia» Palermo è una città mitteleuropea, e lo hanno accettato senza discutere. Anche perché è vero. Ma fuorviante.

La mia Palermo è asburgica o normanna, come la mia Germania può essere mediterranea. La mia risposta agli interrogativi sarà comunque soggettiva, parziale e poco attendibile, come i saggi seriosi degli storici e dei sociologi, e tanto vale risparmiarvi qualche citazione tanto per dimostrare che i miei libri li ho anche letti.

Le cifre sono diventate più ingannevoli dopo la riunificazione, e i tedeschi spaventati da medie e percentuali complicano il problema, dandole a volte «unite», altre volte separate tra il vecchio Ovest e l'ex Est. Così quella formula «Pil pc», che in tedesco diventa «Bp pk», li pone al terzo posto o a un vergognoso sedicesimo, dopo Italia e Austria. I francesi arrivano a dire che la Germania «è una macchia d'olio nel centro della carta geografica d'Europa». Con confini netti come il Baltico e il Mare del Nord in alto, le montagne svizzere in basso, il Reno a sinistra e l'Oder Neisse a destra? Certamente, si vuole intendere non la carta geografica ma la carta della coscienza nazionale. E la citazione (qualcuna la farò) serve a porre il dubbio sulla domanda successiva: non si sa dov'è questa Germania, si stia dunque in guardia dove va. Inteso, all'est. L'eterna tentazione della Germania tra le delizie della Villa Lumière simbolo d'Occidente, e la tundra siberiana temuta anche dal renano Adenauer.

I tedeschi pencolano perché non hanno una salda coscienza di sé, non altrettanto solida di un britannico, di un francese, o di uno spagnolo. Anche noi italiani oscilliamo non in orizzontale ma in verticale, tra il nord europeo e il profondo sud arabo, africano.

L'essere tedesco non è il risultato di una « coscienza in sé e per sé », ma solo la risultanza di una « coscienza contro ». I tedeschi in quanto nazione sono nati contro la Francia, contro Napoleone. Non è un caso che il II Reich sia stato proclamato nel salone degli specchi a Versailles, un'umiliazione supplementare per la Francia vinta. Perfino la scelta della sala è emblematica, con questi signori vestiti di scuro, il solo Bismarck in candida divisa, come una baffuta sposina condotta all'altare, che si riflettono di specchio in specchio, cangianti e ingannevoli.

Un'ambiguità che non risparmia nessun campo, come dimostra Volker Elis Pilgrim nel saggio *Muttersöhne*, che sarebbero « i figli di mamma », da cui è meglio guardarsi. Lo erano Napoleone e Hitler, ed anche Bismarck. Dubbiosi della propria virilità, hanno la tendenza a diventare feroci dittatori, o *serial killer*.

A entrambi gli stati tedeschi per quasi mezzo secolo è stata sottratta la coscienza di essere una nazione. La DDR ha dovuto inventare radici nazionali nell'ideologia, nel socialismo, a cui ha cercato di mischiare più o meno logicamente radici più antiche, tramutando Martin Lutero in un marxista *ante litteram*, anche se alla fine « tradì » i contadini per i principi, al contrario di Thomas Muntzer che per coerenza perse la testa, o perfino un Federico II: non aveva forse detto che « tutti nascono per essere felici su questa terra »? Uno dei princìpi di Marx!

Al pittore Werner Tübke, il Guttuso della DDR, venne affidato il compito di dipingere un affresco da Cappella Sistina (anche se la tecnica, olio su tela, è diversa), il più gigantesco del mondo, quasi 1500 metri quadrati, sulla collina dove si svolse l'ultima disperata battaglia dei « proletari» contro i signori, a Bad Kyffhaüser, a breve distanza da dove sorge il truce monumento a Barbarossa, un altro dei santuari della storia germanica.

«Honecker mi lasciò carta bianca», mi disse «nella sua villa a Lipsia, dove cercava di mettersi meno in mostra possibile, nei mesi della cosiddetta rivoluzione pacifica «ho fatto tutto da solo, perché non ho trovato collaboratori che mi soddisfacessero. Se adesso cambierei qualcosa? Neppure un metro quadrato. La mia opera è dedicata alla ribellione dell'uomo contro l'oppressione, alla giustizia sociale.»

Nella Repubblica Federale, il concetto di nazione tedesca venne bandito da ogni conversazione per decenni. Il popolo trovava la propria identità nella forza economica, e ciò è meno volgare e banale di quanto sembri a prima vista. La prosperità dei conti statali, l'inflazione che giunse fin sotto zero, il plus nell'import-export che arrivò al record di 110 miliardi di Deutsche Mark, sancendo il trionfo del *Made in Germany*, erano la prova delle antiche virtù tedesche: la laboriosità, l'industriosità, il risparmio. Ad alcuni clienti, la Mercedes consegna modelli senza indicazione della potenza del motore, considerata un'ostentazione squalificante: quel che conta è la reale forza nascosta all'interno della carrozzeria.

Nel gioco di specchi seguito all'unificazione (ancora i riflessi di Versailles), i ricchi dell'Ovest hanno riscoperto all'Est una Germania «da favola» nelle città che, abbandonate dagli urbanisti socialisti, rischiavano di andare a pezzi ma non erano contaminate dagli architetti postmoderni, come avvenuto ad Amburgo o a Düsseldorf, e con essa la Germania dell'infanzia (c'è un boom dei libri di viaggio nel tempo e nello spazio dedicati alle regioni ritrovate, e a quelle ancora perdute, come la Slesia e la Pomerania orientale). Le virtù del passato. E all'Est, pur nell'odio sempre più manifesto verso i *Besserwisser*, cioè «i signorsotutto dell'Ovest», con l'invidia si mischia il desiderio di emulare le virtù capitalistiche del successo economico, del cinismo finanziario.

Queste due diverse «nazionalità» da dopoguerra, nazionalità succedanee, come il caffè in polvere, pratiche ma con manchevolezze, si stanno confondendo in un nuovo senso nazionale, che ha poco a vedere con quello classico, se non esteriormente e ingannevolmente. E che ha i suoi riflessi su tutte le popolazioni d'Europa. « È una seconda chance per la Germania », osserva Fritz Stern, professore alla Columbia University, « che lascia questo secolo come vi era entrata: come grande, dominante forza nel centro del continente. Solo che questa volta deve sostenere meglio la sua parte... ». « La piccola Repubblica Federale ha chances che il potente Kaiserreich, a cui appartenne metà della Polonia, e il forte Terzo Reich, che per alcuni anni controllò il continente, non ebbero mai. La controparte russa è paralizzata, si è giocata il suo credito panslavista nell'Europa orientale e si vede minacciata da forze centrifughe in casa propria », commenta Siedler; « l'Impero britannico non esiste più... Il Giappone per un decennio fu la grande potenza dell'estremo Oriente, e aveva l'esercito più forte, l'aviazione più forte, e una temibile flotta. Ma per l'Asia divenne pericoloso per la prima volta, quando rinunciò a ogni potere militare e politico e non manovrò più corazzate ma cominciò a esportare auto, computer e impianti Hi-Fi. »

Certo, dopo le previsioni trionfalistiche del 3 ottobre '90, la realtà è diversa. « La prima Repubblica fallì, e quindi arrivò il Terzo Reich. La seconda Repubblica non fallisce. Viene sacrificata all'unità. Il primo anno della terza Repubblica rende scettici », osserva Wolfgang Herles in *Geteilte Freude*, « gioia divisa ».

I tedeschi temono di non farcela: i conti della riunificazione superano ogni pessimistico calcolo. Duecento miliardi di Deutsche Mark all'anno. « Ottanta milioni di tedeschi che passeggiano sulla nostra testa, in un mondo senza parapetti come quello che si sta profilando, non dovrebbero tranquillizzare nessuno, anche senza bisogno di chiamare in causa i fantasmi del passato », scrive Saverio Vertone in *Il ritorno della Germania*.

L'unico errore da evitare è di chiamare IV Reich la Repubblica Federale dell'opimo Kohl, perché si finirebbe col trattare (o affrontare) qualcosa che non esiste. «Non voglio essere amato, voglio essere temuto», proclamò Hitler. I tedeschi di oggi sono come un enorme San Bernardo che si agita in salotto alla ricerca di comprensione.

In una recente copertina, «Der Spiegel», sotto il titolo *Die unbeliebten Deutschen* («i tedeschi poco amati»), mostra un ginnasta con la canottiera tricolore (il rosso, il nero e l'oro) che tiene con aria perplessa il mondo sul braccio. Sosteniamo la terra e ce l'avete con noi?, sembra domandarsi.

«Il mondo ha paura dei tedeschi, e i tedeschi hanno paura del mondo», scrive «Die Zeit». Su «Le Monde», Daniel Vernet osserva: «I tedeschi sono poco amati. Provocano critiche qualunque cosa facciano, se si astengono come nella guerra del Golfo, o se intervengono come in Jugoslavia. I tedeschi sono confusi dal loro nuovo potere. Ma questo è più simbolico che economico. La Wiedervereinigung ha portato più problemi che vantaggi. La Germania non si deve fare più piccola di quel che è. Deve accettare la propria forza, tuttavia senza atteggiarsi a maestra di scuola».

Dobbiamo temere che i tedeschi, com'era loro abitudine, tornino a insegnarci che cosa è bene e che cosa è male? In realtà, non lo sanno più. E le loro colpe, come negli anni Trenta, sono anche le debolezze degli altri. A Occidente, e a Oriente. Il pericolo vero non è che prima o poi i tedeschi, stanchi di crediti inesigibili, domandino: Königsberg quanto costa? In fondo è la città natale di Kant. Il rischio è che qualcuno gli proponga un prezzo.

Per il momento gli ottanta milioni di tedeschi «sulle nostre teste» non passeggiano. Se ne stanno depressi nelle loro case a schiera, nanetti di gesso in giardino, gli unici ad aver superato tutte le tempeste del tempo, e antenna parabolica sul tetto, non vanno né verso Est, né verso Ovest, non tornano al passato, né inventano il futuro. Si limitano a vagare in tondo. Speriamo che non gli giri la testa.

UNA SIGLA DI TROPPO

Quale identità nazionale può avere un Paese che per quasi mezzo secolo si è nascosto pudicamente dietro una sigla, sia all'Est sia all'Ovest? Tre lettere, come l'IBM, o la KLM. È vero, anche gli Stati Uniti per comodità diventano USA, ma lo restano per tutti. La sigla tedesca è più sfuggente, meno stabile e sicura, da adattare di volta in volta alla lingua dell'« utente ».

La Germania Ovest era indicata con BRD dagli stessi tedeschi per *Bundesrepublik Deutschlands*, « Repubblica Federale di Germania ». Diventava RFT per gli italiani (« Repubblica Federale Tedesca ») e RFA per i francesi *(République Féderal d'Allemagne)*, GFR per gli inglesi e gli americani *(German Federal Republic)*.

L'altra Germania, quella « rossa », era DDR per i tedeschi *(Deutsche Demokratische Republik)*, per giunta riportata tra virgolette per decenni dalla stampa di Springer. Chissà quante tonnellate di piombo e quanti marchi è costata alla Casa editrice questa sottolineatura tipografica di un *Provisorium*, della *sogennante Sowietische Besatzungzone*, la « cosiddetta zona di occupazione sovietica »?

E si ricomincia: RDT per noi (Repubblica Democratica Tedesca), GDR per i britannici e gli yankees *(German Democratic Republic)*, RDA per i francesi. Una girandola di lettere, turbinose e ballerine, che tradiscono l'imbarazzo di pronunciare la parola *Deutschland*, pesante di storia. Sarà stato un caso, ma subito dopo la riunificazione Bonn mandò in disarmo proprio l'incrociatore « Deutschland ».

Quando fui fra i primi a venire invitato a compiere un giro in quella zona chiusa tra il « muro » e le virgolette, i tedeschi orientali, rispettosi della prassi internazionale, spedirono l'invito alla mia redazione a Milano e non ad

Amburgo dove risiedevo. Il mio direttore di allora, che per vezzo fingeva di non conoscere la geografia e si rifiutava di prendere l'aereo perché era napoletano, mi telefonò per annunciarmi: « Ti hanno invitato, ma che ci vai a fare? Sei già lì ». Penai per convincerlo che la DDR non era la BRD, ma l'invito era in inglese e che cos'era dunque la GDR? Finì col dirmi di sì, ma nella sua voce sentii il sospetto del partenopeo: quelle sigle erano una cortina fumogena per nascondere un mio capriccio, la voglia di andare in vacanza, magari una questione di donne.

COSA PENSANO DI LORO

A ogni corrispondente straniero che si accredita in Germania, il Bundespresseamt (Ufficio Federale per la Stampa) con gli auguri di buon lavoro regala (o regalava) un volumetto, *Tatsachen über Deutschland* (« Realtà sulla Germania »). Io ne ho ricevute diverse edizioni. Nella prima, l'introduzione annunciava: « La Repubblica Federale è un Paese che ha sempre intrattenuto relazioni pacifiche con i suoi vicini ». Poi non l'ho più trovata.

A qualcuno sarà suonata come una battuta paradossale, anche se non si può negare che la Bundesrepublik, nata dopo la guerra, nella sua vita di neanche mezzo secolo sia stata assolutamente pacifica. Ma nessun Paese in Europa ha frontiere così lunghe come la Germania riunificata, e nessun Paese al mondo ha così tanti vicini. Ed i tedeschi si mostrano da sempre estremamente preoccupati di che cosa si pensi di loro al di là del confine. « Oggi i tedeschi vogliono pensare al futuro, ma i loro vicini pensano al passato », è la sintesi fulminante di Fritz Stern.

In apparenza, anche noi italiani, sempre così ossessionati dalla « bella figura », stiamo attenti all'opinione che si ha di noi all'estero. Poi, per presunzione, ce ne infischiamo: siamo convinti di essere simpatici e irresistibili, e accettiamo le lodi per scontate, pronti ad accusare di prevenzione razzistica tutti quelli che ci criticano.

Gli « arroganti » tedeschi, al contrario, non fanno che riportare le opinioni di europei, americani, giapponesi, alla ricerca spasmodica e masochistica della conferma del giudizio sugli *Hässlichen Deutschen* (« gli odiosi tedeschi »), pronti a meravigliarsi se il giudizio è positivo. Come? Non ci giudicano male? Come mai?

Con qualche sfumatura, le opinioni positive e negative

concordano dal Volga alla Senna, dal golfo di Napoli a Westminster. I vicini e quelli che non lo sono, come filippini o brasiliani, restano assolutamente convinti che i «germanici» siano ottimi e assidui lavoratori e che il *Made in Germany* sia tecnicamente superiore. Qualità accompagnate dagli eterni difetti: la mania per la precisione, l'arroganza del primo della classe, la mancanza di elasticità, la parsimonia che sconfina nell'avarizia, e infine la prepotenza, la bellicosità, il militarismo, l'autoritarismo, il razzismo.

Quali sono le tipiche qualità dei tedeschi?, ci si domanda in Sud America. E il 60 per cento degli uruguayani, il 63 dei colombiani, il 71 dei boliviani, il 56 dei peruviani, il 43 dei brasiliani mette al primo posto la laboriosità, al secondo l'onestà, al terzo la cultura. Alla stessa domanda, nell'identico ordine si risponde in Asia: «grandi lavoratori» per il 64 per cento dei tailandesi, il 53 dei malesi, il 54 degli indiani, con l'unica differenza che il coraggio viene prima dell'onestà. Le risposte non cambiano né con il tempo, un decennio dopo l'altro, dagli anni Cinquanta alla fine del secolo, né con la latitudine.

Caso più unico che raro, le opinioni degli altri corrispondono con assoluta precisione a quelle che i tedeschi hanno di se stessi. Quali sono le virtù nazionali? Laboriosità, orgoglio, intelligenza, risponde il 46 per cento, seguito con il 19 per cento, da precisione, pulizia, parsimonia. Così perfetti, e dunque antipatici. E se ne rendono conto anche loro. Alla domanda: «Si ritiene sovente che i tedeschi siano poco amati nel mondo intero: secondo voi, perché?» posta dall'Istituto demoscopico di Allensbach con costanza dal 1955 ai giorni nostri, il 17 per cento ritiene che sia colpa della scarsa apertura verso gli stranieri. Il 4 (ma la percentuale era il doppio negli anni Cinquanta) sospetta che sia a causa delle «cattive maniere» all'estero. I turisti tedeschi quando si mettono a torso nudo e zoccoli a Piazza del Popolo e cantano in coro in San Pietro sanno di comportarsi male, ma come una scolaresca in vacanza ritengono che faccia parte del biglietto, del divertimento. Colpevoli con senso di colpa.

Uno su cinque (il 22 per cento) pensa invece che sia la «laboriosità» teutonica a rendere antipatico il tedesco al di là della frontiera, e il 19 azzarda che sia invidia per la potenza industriale della Germania. Poco amato perché troppo virtuoso, come il classico primo della classe. Però stiamo girando intorno al problema: la chiave è la guerra e il nazismo. Stranamente il peso dell'eredità del III Reich aumenta quanto più passa il tempo dalla fine del conflitto. Nel '55, il 45 per cento indicava il comportamento delle truppe tedesche in guerra come ragione dell'antipatia antitedesca; la percentuale sale al 61 trent'anni dopo.

Il nazionalsocialismo è indicato da soltanto il 13 per cento nel '55; la percentuale si triplica nel 1985. Le generazioni che non hanno vissuto gli anni di guerra, e l'Olocausto, si sentono più responsabili, più coinvolte. I figli più dei padri. E l'altro lato della medaglia offre dati che anch'essi danno da riflettere. L'Olocausto condiziona l'immagine della Germania? In Francia solo il 20 per cento risponde di sì, in Spagna si arriva al 35; noi italiani siamo quelli che ci pensano di più, con il 43 per cento. Più di inglesi e olandesi e americani. Forse perché bene o male abbiamo anche noi qualcosa da nascondere, la coda di paglia di sapere che siamo stati alleati? Meglio prendere le distanze.

E infatti, la conferma arriva dalla domanda secca: I tedeschi, li amate sì o no? Rispondono sì 56 olandesi e svedesi su cento, 52 francesi. E noi? Sempre all'ultimo posto, con 34. Alla domanda: Vi sentite vicini ai tedeschi? Al primo posto è l'Olanda con il 44, la Francia segue con il 39. Gli italiani sempre all'ultimo posto, con il 15, superati perfino dai «remoti» giapponesi con il 18.

Dunque siamo fra quelli che li amano meno e li sentono meno vicini, eppure mai ci sono stati rapporti così stretti come tra italiani e tedeschi. Ma questa contraddizione apparente merita un discorso più ampio, a parte.

«I tedeschi sono guerrafondai, arroganti, con la voglia di comandare il mondo, sono razzisti»: questo pensano gli studenti olandesi, tra i quindici e i diciannove anni, in base a una ricerca compiuta in 52 scuole dalle Università di

Leiden, Utrecht, Groningen. Un giudizio radicale basato su un'altrettanto assoluta ignoranza del soggetto.

Alla domanda su quanti abitanti abbia l'ingombrante vicino, i più hanno indicato tra i 20 e i 30 milioni, due o tre volte più dell'Olanda, invece di otto volte.

A scuola l'insegnamento della storia tedesca è limitato in genere al periodo tra il '40 e il '45, il 40 per cento degli studenti olandesi non ne possedeva neppure un'informazione vaga, e solo il 16 per cento si è detto interessato alla Germania, contro il 26 per la Francia. Ironicamente, la scrittrice olandese Renate Rubinsten osserva: «Tutti i tedeschi sono cattivi, tranne quelli che conosco». Dopo l'occupazione dell'Olanda, il maresciallo Hermann Goering incontrò il capo dei fascisti di Amsterdam, Anton Mussert, e si scusò con lui perché non gli rivolgeva la parola in olandese: «Non posso ricordarmi tutti i dialetti tedeschi», gli disse. Ed Himmler voleva semplicemente integrare nel Reich i cosiddetti «germanici del Niederdeutschland», cioè della «Bassa Germania». Troppo simili, come cugini, per nutrire affetto reciproco, e troppo vicini per non frequentarsi.

Goering avrà esagerato, ma la lingua olandese a volte sembra proprio tedesco parlato da qualcuno che sta per venire strozzato, e conoscendo inglese e tedesco si può tentare di leggere un giornale di Amsterdam, sia pure con il rischio di qualche equivoco. I rapporti sono pessimi e non da ieri. «*Mof*», l'insulto che gli olandesi rivolgono ai più numerosi vicini, risale alla guerra dei Trent'anni, e nel 1976 ad Amsterdam cambiarono il nome alla strada «Moffendijk» perché nessuno voleva abitarci. Un vecchio proverbio avverte: «Da un lato abbiamo il mare, dall'altro i tedeschi, un giorno o l'altro ci possono sommergere».

I nazisti uccisero centomila olandesi, tuttavia le divisioni di Waffen SS formate da olandesi furono le più numerose ed entusiaste. Al ritorno dal fronte, alla fine della guerra, i superstiti vennero annegati nei canali. Si può comprendere come i sudditi vedessero non di buon occhio le nozze della regina Giuliana con il principe teutonico Bernhard zu Lippe-Beisterfeld, il «*Naziprinz*» che aveva servito nelle SS.

Più si ha paura di essere simili, più si afferma di « odiare i tedeschi ». A Cordoba, in Argentina, nel 1978, l'austriaco Hans Krankl a un paio di minuti dalla fine segna il definitivo 3 a 2 contro la Germania, spalancando le porte delle semifinali agli azzurri di Bearzot. I giornali di Vienna scrivono che « Krankl ha punito i tedeschi ». Punito di che cosa, per che cosa?

« È un curioso rapporto quello che lega 7,8 milioni di austriaci a 80 milioni di tedeschi, un misto di complesso d'inferiorità e di desiderio di rivalsa », scrive il settimanale viennese « Profil ». Inutile scomodare la storia, la guerra tra il solito Fritz e Maria Teresa, o Hitler. È una vecchia battuta: gli austriaci sono riusciti nel miracolo di far diventare viennese il renano Beethoven, e tedesco l'austriaco Hitler, ma secondo un sondaggio del '94, la metà dei connazionali di Mozart e di Adolf sembra proprio convinta che questa sia la verità.

L'Austria è la meta preferita dei turisti tedeschi, che salvano la bilancia dei pagamenti del piccolo vicino. E Kreisky ricordava che « in proporzione » c'erano più iscritti al partito nazista in Austria che in Germania. Nel '38, milioni di austriaci salutarono entusiasti l'Anschluss e l'arrivo a Vienna del « compaesano » Hitler, ma sette anni dopo compirono un altro miracolo dopo quello di Beethoven, e riuscirono a farsi accettare dai vincitori come « vittime del nazismo ».

Uno degli argomenti più forti contro l'ingresso dell'Austria nella Comunità europea è stato la considerazione che « si sarebbe finiti inghiottiti dalla troppo forte Germania ». Al di là del Brennero, non c'è insulto peggiore che definire un austriaco « tedesco », un peccato che gli italiani compiono con eccessiva frequenza, per la consueta faciloneria. Persino i tirolesi, del nord o del sud non importa, sono poco ben visti: più che austriaci vengono considerati « falsi tedeschi », per i loro storici rapporti con la Baviera.

Provate ad ascoltare le canzoncine che cantano al saloon, nei film western, e i Lieder campagnoli tedeschi del secolo scorso: sono straordinariamente simili, e non perché tutte le melodie popolari si assomiglino.

Le ragazze che sgambettavano goffe per Billy the Kid e Doc Hollyday, e le ragazze del Tingel-Tangel erano quasi tutte paffute tedesche fuggite dalla fame delle campagne della Sassonia e della Pomerania, dove le farfalle distruggevano i raccolti delle patate. Nashville affonda le sue radici fino alla Heide, la sconfinata brughiera intorno ad Amburgo.

Questa parentela che ribolle nel subconscio spiega la contraddittorietà dei giudizi yankee sui «teutoni». Il 72 per cento trova i tedeschi simpatici, ma il 41 per cento li ritiene pur sempre un pericolo per la pace, e il 54 crede possibile un ritorno al nazionalsocialismo. «The ugly German» («L'odioso tedesco») è un titolo ricorrente sulla stampa americana, e «Time» è arrivato a paragonare l'attacco dei naziskin a Rostock contro gli zingari romeni all'aggressione della Serbia alla Bosnia. E pensare che per poco il tedesco non divenne la lingua ufficiale negli Stati Uniti al posto dell'inglese, «lingua del nemico britannico», come l'italiano perse contro lo spagnolo in Argentina.

Helmut Kohl con calze nere e giarrettiere, che sembra la Marlene Dietrich nell'*Angelo Azzurro*, canta: *«Ich bin von Kopf bis Füss auf Liebe eingestellt...»*, cioè: «Sono fatto per l'amore dalla testa ai piedi». Ma il cartoonist del giornale britannico «Sunday Telegraph», William Rushton, aggiunge i versi che seguono: «questo è il mio mondo e non ci posso far niente», a commentare l'indifferenza germanica per i guai dei partner europei provocati dalla Bundesbank.

I tedeschi replicano con una Margaret Thatcher che come un toro infuriato carica il drappo rosso dell'unione valutaria europea. Sono due degli esempi esposti in una mostra organizzata dal Land della Bassa Sassonia a Bonn, dedicata alle «relazioni bilaterali nella caricatura», se così si può dire, dagli anni Cinquanta ai giorni nostri tra Gran Bretagna e Grande Germania.

Il *sense of humour* è difficile da tradurre. Si può tentare con approssimazione: «quando si ride nonostante tutto». Il ministro degli Esteri, il liberale Klaus Kinkel, si è adirato ed ha protestato con veemenza per l'idea della Bassa

Sassonia, regione governata dai socialisti e dai verdi, mentre l'ambasciatore di Germania a Londra, Peter Hartmann, è stato d'opinione opposta a quella del suo capo: «Certo», ha osservato, «la caricatura è una forma d'arte che vive di luoghi comuni e di cliché, non sempre per la gioia dei colpiti, ma, secondo un vecchio proverbio tedesco, ridere resta sempre la migliore medicina».

«Gli stereotipi nazionali non sono né nuovi né facili da eliminare», gli ha replicato il suo collega britannico a Bonn, sir Nigel Broomfield; «l'immagine degli inglesi in bombetta e ombrello sottobraccio, o i tedeschi in calzoncini di cuoio che divorano würstel, o dei francesi con basco e baguette, ha forse poco a vedere con la realtà d'oggi, ma rimane profondamente radicata ovunque nel mondo.»

Nel visitare la mostra, la prima considerazione che viene in mente è che in quarant'anni, secondo gli umoristi, le cose non sono cambiate: il cartoonist Vicky per l'«Evening Standard» ritrae nel '59 un «Doktor» Adenauer che visita un truce bambino biondo con il corpo coperto di macchie, come se avesse il morbillo. In realtà sono minuscole svastiche. «Non c'è da preoccuparsi», rassicura il Cancelliere di ferro, «il caso non è grave e non è contagioso.» La stessa diagnosi emessa da Kohl almeno all'inizio delle violenze dei naziskin.

Il «Daily Star» del 4 luglio 1990 mostra un Adolf Hitler davanti alla tv per la partita dei mondiali Inghilterra-Germania. «Per favore, non si ecciti, Mein Führer», gli dice una SS, «è solo un incontro di calcio.» Non è un caso se cito di preferenza le vignette antitedesche piuttosto che quelle contro la «perfida Albione». Gli inglesi sono più ingiusti e cattivi e sono quindi più divertenti. Il *fair-play* teutonico finisce col risultare monotono, alle prese con la solita Lady di Ferro, arrogante e dentuta.

Gli inglesi diventano ancor più feroci dopo la temuta riunificazione (Kohl che si ingoia la Repubblica Democratica), a causa della Bundesbank e del marco troppo forte. A Elisabetta ospite a cena della Banca Centrale a Francoforte chiedono: «Paga in sterline o in marchi?». Ma la vignetta che ha fatto arrabbiare Kinkel risale alla guerra nel

Golfo: una SS che nel '41 marcia intonando *Deutschland über alles*, a fianco a fianco con un grasso manager dell'odierna Repubblica Federale impegnato nel passo dell'oca con sottobraccio un grosso pacco d'armi per Saddam.

Alla satira non si deve chiedere coerenza, ma è paradossale vedere insieme vignette che denunciano il militarismo tedesco e quelle che attaccano la Germania per non aver voluto partecipare alla guerra. La solita Thatcher dagli occhiali con lenti scure coperte da svastiche risponde a un Kohl che protesta: « Be', con i nostri mezzi non ci possiamo permettere di cambiare occhiali ogni quarant'anni ».

Nel maggio dell'89, quando nessuno osava prevedere che in autunno sarebbe crollato il « muro » e Helmut Kohl resisteva caparbio a installare nella Repubblica Federale missili a breve gittata che avrebbero colpito solo altri tedeschi, o gli altri tedeschi, la Thatcher commentò: « Che vogliono? In fondo loro hanno perso la guerra ». Divertente, ma non è una battuta.

Nel 1990 il ministro Nicholas Ridley, il cocco della Thatcher, affermò che la Bundesbank voleva mettere in dubbio i risultati della II Guerra mondiale e i giornali tedeschi « osarono » commentare che doveva essere ubriaco. Nicky insiste: « L'Europa è il trucco più vergognoso dei tedeschi contro la Gran Bretagna ». Questa volta è troppo anche per i suoi connazionali: « C'è dell'invidia, molti inglesi pensano che abbiamo vinto la guerra e perso la pace », commenta Anthony Catterell, giornalista dell'« Observer ». « Chiedere se i britannici abbiano una giusta opinione dei tedeschi », scrive il suo collega Neal Ascherson, « è come chiedere se Erodoto avesse una giusta idea degli Sciti. La risposta è no. »

« Il presente viene fuso in modo inammissibile con l'immagine della Germania del conflitto », osserva Michael Burleigh, esperto della *London School of Economic*, « con la Bundesbank nella parte della Luftwaffe di Goering. » Un'idea a cui David Marsh, ex corrispondente del « Financial Times » a Bonn, dedica un ponderoso saggio, *Die Bundesbank*, 445 pagine per dimostrare che la Banca Centrale è governata da ex nazisti.

Un'idea che ossessiona i romanzieri d'oltre Manica, fin da quel classico di *Das Rätsel der Sandbank* (« L'enigma del banco di sabbia ») pubblicato nel 1903 da Erskine Childers, segretario della Camera, e caduto nel '22 nella guerra d'Irlanda (suo figlio è diventato primo ministro). Due ragazzi di buona famiglia in vacanza in barca a vela per il Mare del Nord scoprono casualmente che la marina tedesca di Wilhelm II si prepara a invadere la Gran Bretagna.

Qualche decennio dopo, in *SS = GB*, Len Deighton descrive una Gran Bretagna occupata dalle camicie brune, e Robert Harris in *Fatherland*, sfruttando per la verità una vecchia idea, ci spiega come sarebbe l'Europa se Hitler avesse vinto la guerra. Non molto dissimile dall'attuale: i paesi meridionali tramutati in colonie per le vacanze dei vincitori, e una Banca Centrale europea con sede in Germania. Il libro non ha avuto molta fortuna nella Repubblica Federale, e un giudice ha ordinato il sequestro dell'edizione inglese, con la motivazione che in copertina era riprodotta la svastica, cosa proibita dalla legge. Ma il libro dalle implicazioni freudiane più intriganti è *Prime Minister Spy* di Michael Spicer, deputato conservatore, pubblicato nell'86. Il primo ministro non è soltanto una spia del KGB ma anche un figlio illegittimo di Hitler, « confezionato » nel Bunker in un momento di passione per la cuoca vegetariana.

I rapporti tra Francia e Germania mi ricordano *Jules e Jim*, il film indimenticabile di Truffaut. Il tedesco Jules e l'amico francese Jim, divisi e uniti dall'amore per la misteriosa, capricciosa Kathe, dal sorriso di statua greca. Una storia assolutamente vera, scritta in tarda età dal mercante d'arte Henri-Pierre Roche e scoperta per caso dal regista su una bancarella lungo la Senna. Al cinema Jules e Jim si disperavano per l'irresistibile Jeanne Moreau ma nella realtà « Kathe » non era francese bensì la tedesca Helen Hessel, moglie del poeta Franz, che fu anche amico e amante della scrittrice Franziska zu Reventlow.

Kathe risolve l'impossibile triangolo trascinando nella morte, in auto nel lago, il francese Jim. Una trasposizione delle minacce di morte di Helen a un Henri dalle troppe amiche. Nella realtà lei sopravvisse a tutti e due, ed assisté in incognito alla prima del film a lei ispirato, e sembra che ne sia stata soddisfatta.

Francia e Germania si amano dunque, ma il loro rapporto è sempre conflittuale e impregnato di un erotico senso di morte. Nonostante Napoleone e tre guerre in un secolo, francesi e tedeschi si preferiscono a vicenda «sopra ogni altro popolo europeo». François e Helmut si danno del tu e si fanno fotografare senza pudore mano nella mano, a Verdun il 22 settembre dell'84, come un Jules e un Jim un po' invecchiati, spelacchiati e incicciti. Ma non importa.

Nella linea Maginot, che non servì a nulla e che è impossibile cancellare, si coltivano funghi, gli champignon che vengono serviti anche nei ristoranti tedeschi. Americani e inglesi, senza *fair-play*, non hanno voluto Kohl alle rievocazioni dello sbarco alleato sulle spiagge della Normandia, e Mitterrand lo ha consolato con un invito eccezionale, lasciando sfilare le truppe tedesche sotto l'Arco di Trionfo il 14 di luglio.

La brigata mista franco-tedesca di stanza a Boblingen, a un passo dal Reno, dovrà servire di esempio per il futuro esercito europeo. Per la verità, la brigata *eins-deux*, com'è soprannominata ironicamente, serve anche a «tenere imbrigliati» i tedeschi, almeno nelle intenzioni, ma la diffidenza è ingrediente indispensabile in ogni rapporto passionale. Parigi vede con preoccupazione l'espandersi della Germania a est, ma la Francia è il Paese che ha più investito nella ex DDR. Che sia tedesca, che sia francese, la misteriosa Kathe rende inseparabili Jules e Jim.

All'Est si è divisi tra la passione per il Deutsche Mark e la paura di venir comprati in blocco dalla Germania troppo ricca. I manager tedeschi investono nella Mitteleuropa e nei Paesi Baltici molto più volentieri che nell'ex DDR, attratti dai salari più bassi. In ogni Paese dell'ex blocco comunista è in testa per investimenti e *joint ventures* la Repubblica Federale, ed il céco Eduard Goldstücker si domanda: «Vogliamo conservare la nostra identità o confluire nella nazione tedesca fra due o tre generazioni?».

Alla vigilia dell'unificazione, feci un giro al di là dell'Oder-Neisse, il confine « inventato » dagli Alleati, mentre si paventava il nuovo revanscismo tedesco. Ci si sarebbe fermati alla Germania Est, o si sarebbero pretesi i territori orientali ceduti alla Polonia e all'Unione Sovietica? I polacchi con cui parlai, lungo la frontiera, erano pronti a diventare tedeschi, a tradire senza alcun rimorso nazionalistico il debole Zloty per il forte Deutsche Mark. Forse bisogna ricordare che non si trattava di ex cittadini del Reich, o dei loro discendenti, ma di polacchi delle zone orientali cedute all'Urss e trapiantati a forza « un po' più a ovest » dopo la guerra.

Nel dicembre del '70, Willy Brandt cadde in ginocchio innanzi al monumento ai caduti del ghetto di Varsavia (e il 60 per cento dei suoi connazionali non approvò), ma i polacchi gli preferiscono Helmut Kohl, popolare secondo i sondaggi più di Gorbaciov e quanto Walesa nel momento di massimo favore per l'eroe di Solidarnosc, che si è appassito dopo la vittoria.

Solo il 2 per cento dei polacchi dichiara di « amare molto » i tedeschi, e questi ricambiano con un appena più generoso 3 per cento. Per un polacco su cinque « il passato è ancora molto importante », e « abbastanza » per altri due su cinque, eppure il 25 per cento è pronto a trasferirsi in Germania « se solo potesse ». « Dovremmo realmente dimenticare », dichiara il manager di Varsavia Slavomir Osczeda, « forse non proprio dimenticare ma non esagerare con l'amor di patria. »

« L'anima tedesca è più vicina alla russa che all'americana », scrive Klaus Liedtke. Nella fantasia dei tedeschi, i russi hanno sempre un ruolo particolare. E viceversa. Questo frutto d'un complicato e intenso rapporto millenario si inizia nel secolo III dopo Cristo, e già nel secolo IV le cronache riportano « guerre frequenti » tra russi e « Pruzzen », cioè Preussen, prussiani. I cavalieri teutonici cominciano la cristianizzazione della Russia con la spada. Ivan il Terribile alletta con monete d'oro gli apprezzati artigiani tedeschi, ma i prigionieri li decapita o li fa lottare a mani nude contro gli orsi. Martha, figlia d'un contadino tedesco così povero da non possedere neanche un nome, finisce cameriera di Ernst Glück, pastore a Marienburg, nell'odierna Lettonia, il primo traduttore della Bibbia in lettone, poi sposa lo svedese Johannes, arriva come preda di guerra in Russia, sposa un cuoco e infine attira l'attenzione di Pietro il Grande e diventerà la grande Caterina, ma parlerà sempre russo con accento tedesco.

Il tedesco Hulrich von Oldenstein diventa Pietro III, e fu un grande ammiratore del vecchio Fritz, che per puro caso sfugge ai cosacchi nella battaglia di Kunesdorf. I russi sospingono Federico II sull'orlo della disfatta ed è salvato *in extremis* dalla morte di Elisabetta II. Chiuso nel bunker a Berlino, con i ritratti di Bismarck e di «Fritz» alle spalle, Hitler con l'Armata Rossa a poche decine di metri attende invano che il miracolo si ripeta. E l'Armata Rossa liberatrice è rimasta come occupante per quasi mezzo secolo in quella che fu la Repubblica Democratica Tedesca, ed è l'unico esercito nella storia ad avere perduto un conflitto senza sparare un colpo, e addirittura «avanzando» nel territorio del «nemico», a causa della riunificazione delle Germanie.

Ingegneri e architetti tedeschi nel corso dei secoli hanno costruito porti e canali, e i palazzi e i castelli di Pietroburgo e di Mosca. Boris Godunov si fidava solo dei medici tedeschi, e ne aveva ben sei, «ma la sua morte non è mai stata chiarita», ricorda malignamente Rudolf Augstein, il fondatore dello «Spiegel».

La moglie di Nicola I era una principessa prussiana, e la moglie di Nicola II una Coburgo. Lenin nasce lo stesso anno in cui nasce il Deutsche Reich, e sua madre è la tedesca Maria Blank, e sarà con l'aiuto (interessato) dei tedeschi che tornerà in patria per guidare la rivoluzione.

Otto von Bismarck fu a lungo ambasciatore a Pietroburgo, e la prima linea telegrafica in Russia viene costruita dalla Siemens, e altre società come la Daimler-Benz, la Basf, la Bayer e la Thyssen furono fin dall'inizio presenti in Russia.

Solo l'ultima guerra è costata all'Unione Sovietica 27 milioni di morti, e il poeta Ilja Ehrenburg scrisse nel '45: « Le città tedesche bruciano, e io sono felice ». Oggi, il 49 per cento dei russi quando pensa alla Germania pensa alla guerra, ed il 59 sostiene di non poter dimenticare, eppure il 38 per cento dei russi « ama » i tedeschi e quasi l'identica percentuale (il 35) dei tedeschi « ama » i russi. Una passione che è ancora più forte fra i giovani sotto i trent'anni: il 44 per cento dell'ultima generazione russa preferisce i tedeschi agli americani (il 34). I tedeschi non hanno dimenticato l'atteggiamento di Gorbaciov favorevole alla riunificazione delle Germanie, e Gorby rimane il più popolare nella Repubblica Federale, più di Bush ieri, e di Clinton oggi.

Una gratitudine che si è tradotta in concreto aiuto economico. La metà dei debiti dell'ex Urss verso l'Occidente è nei confronti della Germania, oltre trentamila miliardi di lire. I manager russi, ma anche gli ufficiali (secondo la vecchia tradizione), vengono istruiti in Germania, imparano il tedesco, e a « pensare tedesco ». Un investimento più importante dei miliardi di dollari e di marchi.

Nel 1914, allo scoppio della guerra i russi di origine tedesca sono poco meno di due milioni, e 138mila russi vivono in Germania. Negli anni Venti i profughi della Rivoluzione trovano il primo rifugio a Berlino e molti vi restano, come Nabokov, l'autore di *Lolita*. Negli anni Venti sono oltre 300mila solo nella capitale, dove si pubblicano oltre ottanta giornali in russo. Il quartiere di Charlottenburg è ribattezzato scherzosamente « Charlottengrad ». All'arrivo di Hitler i profughi russi, in gran parte ebrei, ripartono per gli Stati Uniti o per Israele, ma ora dopo la caduta dei « muri » si assiste a un nuovo esodo dall'Est. Gli ebrei russi a Berlino sono di nuovo più di 15mila, e in Russia oltre due milioni di abitanti, concentrati nella zona del Volga, hanno antenati tedeschi e possono « tornare in patria » da un giorno all'altro. Secondo la legge, ritornano tedeschi a tutti gli effetti non appena mettono piede sul suolo della Repubblica Federale, con tutti i diritti relativi; persino gli ufficiali dell'Armata Rossa ricevono la regolare pensione come se avessero da sempre servito sotto la bandiera di Bonn.

Le carte geografiche ingannano, e il centro geografico d'Europa (poco più a destra poco più a sinistra) si trova dalle parti di Riga in Lettonia. La pianura prussiana finisce agli Urali, e il renano Adenauer sosteneva che «a Berlino si sente già il vento della steppa».

Nonostante qualsiasi dichiarazione e rassicurazione, nel loro profondo gli europei temono sempre che i tedeschi prima o poi «sentano il fascino irresistibile dell'Est». Si è dimenticato che si deve al ministro degli Esteri tedesco Hans-Dietrich Genscher il riavvicinamento tra Stati Uniti e Urss, al tempo di Reagan e Bush, quando Kohl si ostinava ancora a definire Gorbaciov «un allievo di Goebbels», il ministro della propaganda nazista. Ma a ogni stretta di mano tra tedeschi e russi, inglesi, americani e francesi lanciano gridi d'allarme «per una nuova Rapallo».

IMPARINO DAGLI ITALIANI

«Ciò che contraddistingue i tedeschi è che in loro non muore mai la domanda: che cosa è un tedesco», diceva già Friedrich Nietzsche, che non era affatto tenero con i suoi connazionali; «contradditori, incapaci, imprevedibili, fanno paura agli altri e a se stessi, e hanno dimenticato come gioire e godere della vita, cosa di cui gli italiani sono maestri.» Ed un Immanuel Kant osservava che i tedeschi «più di francesi e inglesi si preoccupano di ciò che pensano gli altri di loro».

Si continua a domandarsi che cosa sia *«typisch deutsch»*, tipicamente tedesco. Una domanda che apparirebbe priva di senso se rivolta a un francese o a un italiano. Magari non si sarebbe d'accordo nella risposta, ma «ogni» italiano o francese sarebbe sicuro di aver ragione. Invece, l'insicurezza tedesca si riflette a livello sia collettivo che individuale.

Madame de Staël in *De l'Allemagne* (che si dovrebbe leggere ancor oggi prima di un viaggio nella Repubblica Federale) osserva che in letteratura e in politica i tedeschi hanno troppo rispetto per l'estero e non hanno abbastanza pregiudizi nazionali, e che negli individui è considerata una virtù il rispetto del prossimo. Un giudizio già controcorrente, ma di Madame si preferisce citare inevitabilmente quest'altro: «È un popolo di poeti e di pensatori», che in tedesco si presta a un gioco di parole: *«Volk der Dichter und Denker»* diventa *«Volk der Richter und Henker»*, un popolo di giudici e di boia.

Giudizi e pregiudizi che rimangono costanti nei secoli. Ivan Gonciarov, l'autore di *Oblomov*, sostiene che per i tedeschi «il lavoro è il contenuto, l'essenza e il fine della vita», una virtù esacerbata fino alla perversione.

Il medico giapponese Kazuo Kani, che visse a lungo in Germania negli anni Trenta, dedica ai tedeschi un saggio di cui basta citare il titolo: *Precisi fino alla crudeltà*; tuttavia aggiunge che nonostante la loro brutta fama «hanno molte buone qualità, sono laboriosi, intelligenti, energici, razionali e puntuali, se non fosse per questa mania ossessiva della precisione...».

Il tedesco ha fama di presuntuoso, sciovinista, nazionalista, convinto dell'innata superiorità della «razza» teutonica sul resto del mondo.

Davvero? Alla domanda: Siete orgogliosi di essere americani?, il «sì» risuona per il 96 per cento. Un autentico urlo collettivo d'orgoglio nazionalistico. Al secondo posto, seguono gli irlandesi con 91, gli inglesi seguono con l'86, e perfino noi italiani ci piazziamo nel gruppo di testa con l'80 per cento. I tedeschi sono ultimi con il 59 per cento.

Alla domanda inevitabile che segue: E perché mai siete orgogliosi?, i tedeschi, nell'ottobre dell'84, si rifugiano nella vecchia retorica dell'unità culturale; al primo posto, con il 71 per cento, citano Goethe, Schiller e gli altri grandi poeti, e con l'identica percentuale indicano i bei paesaggi. Al terzo posto, con il 63, ecco Beethoven, Bach e Brahms a risollevare l'orgoglio nazionale. Quindi ecco citare le alte prestazioni dell'industria, e la scienza e la ricerca tedesca, e le città medioevali, il duomo di Colonia, la laboriosità del popolo, i filosofi, le auto, la fedeltà e l'affidabilità teutoniche, perfino il calcio con il 20 per cento, precedono «la Prussia e il Kaiser».

Confrontiamo queste risposte con quelle degli altri Paesi: gli americani al primo posto vantano il sistema politico e le istituzioni con l'85 per cento; è la stessa ragione d'orgoglio dei britannici, ma solo con il 46. Noi italiani siamo orgogliosi del nostro sistema solo al 3 per cento, però ne disperdiamo i motivi: al primo posto, con il 25 per cento, la naturale qualità del Paese, risposta un po' vaga.

Senza preoccuparsi del monito di Nietzsche, si continua a domandarsi che cosa sia *typisch deutsch*. Nell'aprile dell'89, il settimanale «Die Zeit», il più serio e intellettualistico del Paese, cerca una risposta con un annuncio economico: Tedeschi tipici, per piacere presentatevi. Ecco alcuni esemplari.

Hermann Seidenberg, di Essen, è sposato con un'insegnante turca: « *Typisch deutsch* è un complimento », sostiene; « è ordinato, fedele, onesto, coraggioso, ed è un maniaco del perfezionismo ». Lui però è già in pensione a quarantun anni.

Helmut Wirzberg di Colonia si autodefinisce « puntuale, preciso e aperto », ma non ritiene che « l'altro Helmut », il Cancelliere, sia un tipico tedesco: « Kohl è solo un renano », sostiene. « Hitler non era tedesco », sottolinea, « ed ha abusato di una qualità *typisch deutsch*, l'obbedienza. » Helmut di Colonia ce l'ha con la polizia, sostiene che ci sia bisogno di « più coscienza nazionale contro i neonazi », e ama i paesaggi arabi.

Ulrike Martinius, sessant'anni, nata in Prussia orientale, vive vicino a Brema: è oltremodo cortese – sono parole sue –, puntuale e diligente, non usa prodotti di bellezza e indossa abiti comuni, che si cuce da sola, cuoce il pane in casa e fa le marmellate con la frutta del giardino. Vota per i socialisti e il suo amico è dei « verdi », che lei considera poco precisi. *Typisch deutsch* al femminile? Risparmio, tolleranza, fedeltà, affidabilità. Ha lavorato per anni come infermiera in Africa: « All'ospedale mi dicevano: Se tutti i tedeschi lavorano come lei, noi in Germania non ci veniamo ».

Con soddisfazione mista a un più o meno inconfessato timore, ogni singolo tedesco vive con l'angoscia che i suoi compatrioti e gli stranieri scoprano che « solo lui » non è pari alla fama nazionale. Se il suo bluff verrà scoperto getterà il disdoro sulla patria intera. È costretto a recitare una parte, mai abbandonato dal profondo senso di colpa per la menzogna che offende l'altra virtù nazionale: la verità.

Un popolo preciso, affidabile, puntuale è composto in realtà da milioni di individui che sono, o si ritengono (il che è lo stesso) inadeguati al ruolo, confusi, imprecisi, poco affidabili, non abbastanza laboriosi. È la sindrome di

Rudolf Hess, secondo quel che mi disse Albert Speer, suo compagno di prigionia per vent'anni a Spandau e che lo amava poco: «Hess non era pazzo quando volò in Inghilterra a proporre la pace separata, ma buttato in cella da Churchill fu costretto a fingere, e lo fece così bene che è diventato folle sul serio». Chi è sicuro di se stesso di solito non è ossessivo.

Se è vero il proverbio *in vino veritas*, osservate i tedeschi quando alzano il gomito. Un inglese ubriaco s'incupisce, un russo viene preso da allegria distruttiva, l'americano diventa violento, i tedeschi si trasformano: caciaroni e compagnoni, chiassosi e fanciulloni, sentimentali e romantici, cantano in coro canzoni d'amore. La sola aria italiana ottiene su molti di loro l'effetto di un fiasco di Chianti: appena varcata la frontiera, si sbracano, in calzoncini corti esibiscono polpacci villosi e pance prorompenti, vagano rilassati e paciosi, o si scatenano con urla e risate, correndo sulle autostrade e scorrazzando in gommone sulle acque. Gli italiani se ne risentono e trovano che il loro comportamento sia poco rispettoso, come turisti in viaggio per una colonia comprata con i Deutsche Mark. Ed i tedeschi si sorprendono per questa reazione. Non comprendono: loro tentano solo di essere come noi, come si immaginano che noi siamo.

Fuori dalla Germania non sono più costretti a fingere di essere *typisch deutsch*. Toglietegli le loro camicie a quadri dalle maniche corte, i loro calzoncini al ginocchio, di cuoio o no, e troverete uno scugnizzo napoletano. Ma osservateli quando tentano di imitare l'*italian way of life*: lo fanno sempre con una sorta di senso di colpa, un «vorrei e non vorrei», come tante Zerline sedotte da Don Giovanni, vogliose ma incapaci di abbandonarsi completamente al piacere. È una parentesi, una vacanza appunto, da se stessi. Pensano già a quando dovranno tornare alla finzione di casa.

Non è un caso, infatti, che i tedeschi siano l'unico popolo al mondo che creda ancora al Carnevale, come i bambini che si ostinano a prestare fede a Gesù Bambino o a Santa Klaus. Per i veneziani o i viareggini il Carnevale è solo una scusa turistica per far soldi anche d'inverno. Per i tedeschi no: il Carnevale è un rito assolutamente serio. Chi vuol far carriera politica da noi diventa presidente d'una squadra di calcio; in Germania diventa principe del Carnevale, carica niente affatto onorifica: deve sborsare un sacco di quattrini. E i politici in carica si assoggettano compatti alle usanze dei loro elettori, sgambettano con fanciullone bionde in un patetico can-can o marciano tra gladiatori e guardie napoleoniche.

Non in tutta la Germania: in quella meridionale e lungo il Reno, nelle zone cioè più prossime a vicini latini e tentatori. La licenza programmata « a casa » è l'intervallo vitale per non impazzire realmente. E anche l'Oktoberfest di Monaco è una sorta di carnevale senza maschere, anzi senza vestiti, perché la birra consente l'alibi di togliersi abitudini e calzoni, e lasciarsi andare. Non un minuto prima e non un istante dopo. È una libera uscita senza controllori.

Invece al week-end, nelle osterie o al ristorante, siete circondati da tavoli in cui si continua a parlare a voce alta e a sghignazzare. È una via di mezzo: si è liberi ma non del tutto, come tradiscono le risate dei commensali, troppo alte, troppo acute, con un che di isterico. Il riso passa da tavolo a tavolo, come un'onda di risacca, sale e si ritira, si spegne in un silenzio che sta tra la sorpresa e l'imbarazzo, per poi riprendere puntuale, costante, ossessionante. È la risata di adolescenti impegnati in un gioco proibito. Non peccano: fingono di peccare, come durante il resto della settimana, per il resto della loro vita, recitano la parte del tedesco tutto d'un pezzo.

IL TEDESCO È UNA PERCENTUALE

I tedeschi sono dei folli individualisti, come e più degli italiani, ma non lo sanno e non vogliono saperlo, e chi lo sospetta si sente in colpa. Per paura di rendersene conto cercano di stare sempre in gruppo, di vivere in squadra e per la squadra, a scuola, in ufficio e nel tempo libero. Si preferisce il viaggio organizzato a quello solitario, per la necessità di stare insieme con persone che pensano, vestono e godono nella stessa maniera.

Ciò che angoscia di più l'individuo è sapere se è « nella norma o no ». Quel che è considerato quasi un insulto da un francese o da un italiano, geloso della propria estrosità e particolarità, viene vissuto con imbarazzo, come un peccato, dal tedesco. Per non soccombere alla tentazione e cadere nell'individualismo radicato nel profondo, sostengono di avere sempre i gusti della maggioranza. È un problema anche politico: l'opposizione, solo perché è più debole, ha già torto.

Il problema è come essere sicuri di che cosa sia questa presunta maggioranza. Per i dubbiosi, presso il ministero degli Interni è stato creato il *Statischen Bundesamt*, cioè l'« Ufficio di statistica federale », che puntualmente ogni martedì alle undici comunica le cifre che servono a orientare e a rassicurare i tedeschi, una sorta di bollettino meteorologico dell'anima che io attendo con morbosa curiosità. Cifre, diagrammi e tabelle riempiono oltre 1200 pagine all'anno: quanti tedeschi amano le cravatte a righe o a pallini, quanti aiutano la moglie in cucina e quanti la tradiscono, e viceversa. Quante volte vanno a messa o lavano l'auto. Si preferisce la birra o il vino? quello rosso, bianco o rosè? La fantasia degli addetti alle statistiche è senza frontiere, inarrestabile e invadente. Fanno la fortuna dei giornalisti stranieri, che possono sempre sapere quanti bidoni di benzina siano in giacenza nella Repubblica Federale, il tasso d'inquinamento sul Reno o la percentuale di guasti in quel determinato modello d'auto.

Si scopre che la professione più amata è quella della parrucchiera, che il 36 per cento dei costumi da bagno viene dall'Italia per le donne, il 43 per cento dei costumi per gli uomini è invece *Made in China*. Si divorzia non al fatidico settimo anno ma al quarto, si bevono 2,8 miliardi di ettolitri di birra, e rinuncio a calcolare quanti litri siano, poco più o poco meno quanti ne contiene il Tegernsee; divorano 46mila tonnellate di chips, un tedesco e un terzo tiene il nonno a casa, e uno su 333 fa il poliziotto, e consuma 1,3 grammi di dentifricio al giorno. Infine, c'è un esperto di statistica ogni 24.897 abitanti, un mestiere con prospettive per il futuro.

Bisogna stare attenti a usare queste cifre: quando misi al confronto i tedeschi disposti a prestare l'auto al migliore amico (il 3 per cento) e quelli disponibili al *Gruppensex*, all'amore di gruppo (il 5), deducendo che si affida a mani amiche più volentieri la compagna che il volante della Mercedes, si offesero.

Statistiche che hanno un valore perché i tedeschi rispondono con assoluta sincerità, come ha insegnato loro Lutero. Niente furbizie all'italiana, né compiacenze verso l'intervistatore. Non si risponde come si pensa che ci si attenda, come facciamo noi, né per far dispetto. L'interrogato è solo, al cospetto della verità. L'intervistatore non conosce la sua identità, ma Dio sì. Da un sondaggio sulle abitudini sessuali degli uomini russi è risultato che « nessuno è omosessuale o impotente », ironizza Medvedev, ma ciò in Germania non avverrebbe mai.

Questo spiega l'esattezza degli *exit poll* alle elezioni tedesche. Hanno o avevano meno partiti di noi, ma le proiezioni sono esatte, con lo scarto di uno o due decimali al massimo. Sinceri per dovere e anche per insicurezza. Lo scopo del sondaggio è sapere soprattutto « chi siamo » e chi sono io in rapporto agli altri. Se io baro, tutto il gioco diventa privo di senso.

Sommerso da milioni di cifre e percentuali, il tedesco medio non dovrebbe avere dunque misteri né per sé né per noi. Ovviamente, troppe statistiche si trasformano in una cortina fumogena, si scende tanto nel particolare che si perde di vista l'insieme, come osservare un quadro troppo da vicino, o al microscopio. E alla precisione non c'è fine: cravatte a pallini, va bene, ma qual è il diametro da preferire? Lo scoprirete il prossimo martedì.

II.
Stati Uniti di Germania

LA BAVIERA FRA I SETTE GRANDI

Il modello tedesco viene invocato sempre più spesso in Italia. Ma che cosa sia in realtà pochi lo sanno, e quei pochi che lo sanno spesso fingono che sia un'altra cosa. La Germania è una repubblica federale, diversa però da come pretendono certi separatisti italiani. I sedici Länder che formano il Bund, la Federazione, sono più che regioni e un po' meno di Stati, anche se alcuni, come la Baviera, non sarebbero d'accordo con questa mia semplificazione.

Per anni sono stato tormentato dalla mia redazione da domande micidiali: Come funziona la scuola elementare in Germania? Come viene eletto il sindaco? La risposta per questi e altri quesiti è: dipende. Ogni Land amministra i servizi pubblici come gli aggrada. Ad esempio, il Borgomastro è eletto dal consiglio comunale a Berlino, e direttamente dai cittadini in Baviera, e così via.

Se arrivate in Germania da sud, al confine troverete il cartello che annuncia l'inizio della Repubblica Federale, spesso sporco e in cattive condizioni, e subito dopo quello lucido e splendente del Freistaat Bayern, il «libero Stato di Baviera», dai colori bianco e celeste. Ma i Länder tedeschi non corrispondono a divisioni burocratiche e amministrative, come in qualche caso italiano. Hanno storia e tradizione antiche, e la Baviera, appunto, era una monarchia fino al 1918. Quando Monaco ospitò il G-7 nel luglio del '92, i padroni di casa «casualmente» ricordarono che in base al reddito lordo *pro capite* il loro Land avrebbe potuto far parte del club dei sette Paesi più industrializzati del mondo.

La Baviera, o il Baden-Württemberg, hanno un prodotto regionale lordo superiore a quello dell'Olanda o del Belgio e pretendono che la politica del Bund nei confronti della Comunità europea non passi sopra le loro teste. È una preoccupazione presa sul serio dalla Corte Costituzionale che nell'approvare il Trattato di Maastricht ha ammonito che eventuali accordi presi a Bruxelles non possono violare i diritti dei singoli Länder, grandi o minuscoli che siano, come la Saar o Brema. Perfino la polizia è regionale e dipende dal ministro degli Interni del Land e, senza arrivare ai limiti degli Usa, l'intesa tra una regione e l'altra non è perfetta. Il BKA, cioè il Bundeskriminalamt, quasi l'FBI tedesco, interviene solo per alcuni tipi di reato. Vent'anni fa, il gruppo terroristico Baader-Meinhof riuscì a lungo a eludere la caccia sfruttando proprio le divisioni regionali, finché le autorità non decisero di fare sul serio. E più di recente si è titubato a lungo prima di far intervenire il BKA contro i gruppi di neonazi, con il pretesto che essi non creavano un «pericolo nazionale», e quindi dovevano rimanere di competenza delle polizie locali.

Le elezioni nei singoli Länder non hanno solo un'importanza regionale. Il Bundesrat, la Camera federale, è composta da rappresentanti regionali, in proporzione ai risultati locali. Spesso avviene che la sua maggioranza sia diversa da quella del Bundestag, il Parlamento, obbligando la coalizione governativa e il Cancelliere alla prudenza e a continui incontri con l'opposizione per giungere a soluzioni di compromesso. Il Bundesrat infatti ha il potere di bloccare qualsiasi legge federale che abbia rilevanza regionale, di fatto quasi tutte, dalla costruzione di centrali atomiche alle riforme assistenziali o scolastiche. Ed ogni Land ha la sua brava rappresentanza diplomatica a Bonn, e domani a Berlino.

Non solo alcune leggi sono differenti, ma per alcune diverge profondamente l'interpretazione. Ad esempio, sull'aborto le autorità sono molto più rigorose nella cattolica Baviera, mentre applicano, o applicavano, un controllo meramente formale al nord, e per un certo periodo di transazione nella ex DDR è rimasta in vigore la vecchia norma estremamente liberale. I bavaresi avrebbero voluto addirittura perseguire le donne che andando contro i princìpi fondamentali del codice si recavano ad abortire a Dresda.

Una forte indipendenza rispetto al centro? Sì, ma senza esagerare in egoismo, ricchi da una parte e poveri dall'altra. Al contrario che in Italia, le regioni più opulente sono al Sud e non al Nord, e dopo la riunificazione le zone depresse sono all'Est. Tuttavia esiste una sorta di «cassa di compensazione», alla quale tutti contribuiscono secondo le proprie possibilità, e dalla quale prelevano in base ai bisogni. Anzi, i parametri sono così forti a favore dei «poveri» che si è dovuto modificarli provvisoriamente dopo l'unificazione, altrimenti le regioni dell'ex DDR avrebbero prosciugato i fondi, tanto forte era la loro differenza rispetto ai Länder capitalisti dell'Ovest.

La solidarietà non è solo economica. In prima linea nella battaglia per la riunificazione si trovarono i cristiano-sociali bavaresi contro i propri interessi regionali. Con l'arrivo di 17 milioni di «nuovi» tedeschi, il peso della Baviera sarebbe logicamente diminuito in proporzione, con conseguenze non solo di prestigio: in base allo sbarramento minimo previsto dalla legge elettorale, la CSU bavarese avrebbe avuto meno posti a Bonn, e può sempre rischiare di rimanere fuori dal Parlamento europeo.

HEIMAT E VATERLAND

Oltre a *Panzer*, *Liebe* e *Krieg*, c'è un'altra parola tedesca che gli italiani hanno imparato di recente: *Heimat*, grazie alle due serie TV di Edgar Reitz, che hanno avuto più successo da noi che in Germania.

Heimat è una parola intraducibile, anche se per comodità viene resa con «patria». Lo è, ma non del tutto. È di meno e di più nello stesso tempo.

Tedeschi e italiani hanno qualcosa in comune. Paradossalmente, due Paesi che nella loro storia di ieri hanno conosciuto una sbornia nazionalistica sono uniti da una «mancanza»: da una salda, chiara idea di patria.

Subito dopo la riunificazione, il leader della sinistra socialdemocratica, Oskar Lafontaine, fu piuttosto prudente sulle forme che la solidarietà verso i «ritrovati fratelli dell'Est» avrebbe dovuto prendere. Aveva ragione, ma perse le elezioni. Perfino il compagno di partito, Bjorn Engholm, che è del nordico Schlewig-Holstein, osservò: «Io mi sento più vicino alla gente del Mecklenburg e della Pomerania che agli abitanti della Saar di Oskar». Engholm mi disse che sognava una sorta di federazione dei popoli del Baltico, da Kiel alla Danimarca, fino a Lituania, Estonia, Lettonia. Riga e Danzica sono rimaste città tedesche, nonostante tutto, molto simili a Lubecca o a Rostock.

Un bavarese si sente più vicino a uno svizzero di Zurigo, a un austriaco di Salisburgo o a un altoatesino, di quanto lo sia a un berlinese o a un «gelido» anseatico di Amburgo o di Brema. *Preiss*, per prussiano, è un insulto che costa una multa se rivolto a un abitante di Monaco o di Norimberga. Non è punibile, invece, se rivolto a un turista venuto dal Brandeburgo, un prussiano appunto. Niente accomuna un sassone a un allegro renano, come poco lega un siciliano a un veneziano. Secondo un sondaggio, il 60 per cento dei tedeschi si identifica con la propria regione e non con lo Stato nazionale. Con la casalinga Heimat, e non con il cupo Vaterland.

Diversità sottolineate dai cibi (risi e bisi contro pasta con le sarde; *Aalsuppe*, la zuppa di anguilla con l'uvetta descritta da Thomas Mann nei *Buddenbrooks*, contro *würstel* e crauti), dalle tradizioni, dai costumi, dalle canzoni. Per non parlare dei dialetti.

Eppure che cosa fa saltare a fianco a fianco un italiano o un tedesco? Lo sventolare di un drappo tricolore, il loro o il nostro, o una maglia azzurra? Un'aria di Verdi o l'*Inno alla gioia* di Beethoven? Le erotiche vibrazioni nella voce di Marlene Dietrich o gli acuti di Claudio Villa?

I francesi hanno Parigi, gli inglesi guardano la Regina, anche se sbirciano nel décolleté delle nuore reali, perfino gli olandesi si commuovono in gruppo innanzi a un tulipano. Ma noi? Noi abbiamo una capitale solo per parlarne male, e i tedeschi non sanno bene neppure dov'è la loro capitale: a Bonn, piccola città sul Reno, o nella Berlino del Kaiser, di Hitler, e del « muro » invisibile e sempre presente? Non basta un voto del Bundestag per convincere milioni di cuori.

Gli italiani possono rifugiarsi nella storia: il cuore palpita ancora per il Comune, anche se i gigli borbonici vengono sostituiti dal faccione di Maradona. C'è il Risorgimento, e dopo il fascismo abbiamo la Resistenza. In Germania è più difficile: confrontarsi con la storia esige un esame di coscienza. Questo spiega forse perché in Germania il primo *Heimat* ebbe successo, e il secondo molto meno.

« Tutto quel che viene mostrato nella prima serie non esiste più », ha detto il regista Reitz. Prati e boschi, le tranquille strade di Schabbach, i vestiti, il modo di parlare, appartengono a un passato che la maggioranza dei tedeschi non ha mai conosciuto. È la nostalgia dell'uomo inurbato per una campagna da favola, per una storia locale fatta di vicende di famiglia, di racconti orali, con pochi telefoni, qualche radio, niente televisione: la memoria collettiva di una regione. La storia parla in dialetto. Quella con la S maiuscola ha la voce stridente del Führer.

Un lungo discorso per cercare di tradurre (e parzialmente) il termine *Heimat*. Il *Vaterland*, la patria solenne, è una parola che molti tedeschi non riescono a pronunciare senza imbarazzo e di cui Helmut Kohl ha abusato durante la lunga festa della riunificazione. In *Vaterland* rimbombano i cannoni dei Krupp e il ritmato passo dell'oca. *Vaterland* pretende il nostro sangue. *Heimat* il nostro amore. *Vaterland* è neutro, *Heimat* femminile (in passato, mi svela lo scrittore von Crockow, era maschile, e per lui e per me questi particolari hanno importanza). *Vaterland* evoca il Reno possente di Sigfrido e di Wagner, e anche della bella letale Loreley. *Heimat* evoca una birreria sulle sponde dello stesso fiume. *Vaterland* è la patria con in più il senso dello Stato. *Heimat* è patria con il sentimento.

Ma il sentimento di che cosa? Per un nomade l'*Heimat* può essere la tenda, anche in territorio nemico: nella *Heimat* ci si sente a casa propria. Quale sarà l'*Heimat* di un Günther Grass, nato in una città divisa, dalle famiglie divise, come Danzica, tedesca e polacca, né tedesca né polacca? Per il bavarese Franz Beckenbauer l'*Heimat* sarà forse il muretto contro cui scagliava la sua prima palla, o l'odore dello spogliatoio. *Heimat* può essere il sorriso della donna amata, o il ricordo degli occhi del nostro primo amore. È il luogo dove si è trascorsa l'infanzia, il cortile d'un palazzo in periferia, la cabina d'una chiatta, la fattoria sperduta in pianura. *Heimat* è nostalgia.

Il film di Reitz si ispirava alla lontana al libro di Kurt Tucholsky *Deutschland, Deutschland über alles*, pubblicato nel '29, le cui ultime righe dicono pressappoco: « Quel che rimane, al di là d'ogni contraddizione, senza bandiera, senza sentimentalismo, e senza brandire la spada, è il tranquillo amore per la nostra Heimat ». O si dovrebbero ricordare le parole di Ernst Bloch: « Heimat è un'utopia non risolta, il paradiso terrestre ».

Per la patria, in Italia e in Germania, non si piange più, e nemmeno si muore. Al massimo si può fare il « tifo », il che non mi sembra deprecabile.

ÜBER ALLES IN DER WELT

Deutschland über alles, risuona l'inno tedesco, e a milioni vengono i brividi, in Finlandia o in Turchia. E non perché la musica sia di Haydn. Nonostante l'idiosincrasia per la lingua di Heine e di Kant, tutti sanno che cosa significano quelle parole, e sono convinti di udirle benché da mezzo secolo nessuno le canti. *Deutschland über alles, über alles in der Welt...*: Germania sopra ogni cosa, sopra ogni cosa al mondo, versi tabù, come quelli che seguono e che elencano con precisione teutonica i confini del Reich, dal Memel (fiume che nessun italiano, temo, saprebbe indicare sulla carta geografica) all'Etch, altro nome che lascia indifferenti i miei connazionali finché apprendono che è il familiare Adige. Allora si indignano, pronti a scattare in piedi e intonare « Il Piave mormorò: non passa lo straniero ».

Anche gli inni nazionali rispecchiano la mentalità di un popolo, come la tattica calcistica, i « bianchi » di Beckenbauer all'attacco e gli azzurri in difesa. Catenaccio contro imperialismo, revanscismo e rivendicazioni territoriali? « Via », commentava Golo Mann, « quei versi non sono da prendere alla lettera, sono ormai poesia... » Il figlio di Thomas Mann veniva considerato un conservatore, un tipo di cui non fidarsi del tutto, dunque, ma anche l'insospettabile « Pravda » rassicura i suoi lettori: i tedeschi possono cantare per intero il loro inno, senza limitarsi alla strofa che inneggia all'unità e alla fraternità, e non per questo hanno l'intenzione di riconquistare i territori perduti con l'ultimo conflitto.

Eravamo nel '90, nei giorni entusiasmanti (per alcuni preoccupanti) della riunificazione, e si tornava a discutere sull'inno nazionale. Nasceva una nuova Germania: non era il momento giusto per cambiare quell'inno imbarazzante? In fondo, si suggeriva, nessuno lo ha mai scelto ufficialmente: la Costituzione si limita a indicare la bandiera della Repubblica Federale.

Deutschland über alles è una sorta di scippo: la musica di Haydn era l'inno del Kaiser dell'impero austro-ungarico, e i tedeschi se ne appropriarono nel 1922 adattandovi il testo poetico di Hoffman von Fallesleben. Sembra che non piacesse tanto all'austriaco Hitler, che pensava di cambiarlo dopo aver liquidato il problema della guerra. Nel '45, gli Alleati vietarono l'inno, e per anni si rimase nell'incertezza. Adenauer vi era affezionato, il primo presidente della Repubblica, Theodor Heuss, preferiva cambiare. Tra i due si arrivò quasi a un duello.

In occasione di visite internazionali, i tedeschi venivano accolti senza musica, finché a Chicago il Cancelliere di Ferro fu ricevuto al suono di una marcetta da Luna Park, scelta all'ultimo istante dal maestro della banda. Tornò imbufalito in patria e alla prima occasione, al Tatianapalast di Berlino per la cronaca, balzò in piedi e rigido come un terzino prima del calcio d'inizio intonò il vecchio inno: l'ultima strofa, senza l'*über alles* con quel che segue.

Nel frattempo gli inni tedeschi erano già due. Nel '49, l'« altra » Germania aveva scelto il suo. Il 5 novembre di quell'anno, il Politburo della Sed, il Pc della DDR, si riunì per una *matinée* musicale a casa di Wilhelm Piek, sul Majakowski Ring. Il testo, l'*Auferstanden aus Ruinen* (risorti dalle rovine), era stato scritto da Johannes R. Becher nel '42, in esilio a Mosca. Lui aveva previsto come sarebbe andata a finire. I versi vennero intonati da due coristi della Staatsoper accompagnati al pianoforte dai due compositori finalisti, Ottmar Gerster e Hanns Eisler.

Vinse quest'ultimo, ma anche all'Est la scelta fu accompagnata da problemi. Poche settimane dopo da Vienna si fece vivo il musicista Peter Kreuder accusando i tedeschi « rossi » di plagio e chiedendo i diritti di autore: *Auferstanden aus Ruinen* era uguale, almeno per le prime dieci note, quanto basta, alla sua canzone *Good bye Johnny*, cantata già nel '39 da Hans Albers, divo dell'Ufa, nel film *Wasser für Catanoga*. Kreuder arrivò fino alle Nazioni Unite, ma perse sempre. Testardo, si prese una rivincita nel '76: la sua orchestra venne invitata per una tournée nella DDR. Lui perfidamente le fece suonare *Good bye Johnny* e il pubblico balzò in piedi. Una vittoria morale. Non sono un esperto musicale, ma più d'un sospetto viene nel sentire che cosa canta il baldo Johnny: « Mag's im Himmel, mag's bei den Teufel, aber einestages werden wir wiedervereinigt » (« Sarà in cielo, sarà all'inferno, ma un giorno ci riuniremo »). Le due Germanie come i due amanti. È chiaro che Eisler copiò pensando alla riunificazione, ma con gli anni l'inno dell'Est subì lo stesso destino di quello dell'Ovest: i versi che inneggiavano all'unità non vennero più cantati. Meglio la separazione. Dopo il crollo del « muro », l'ultimo leader dell'Est, Hans Modrow, suggerì che la Grande Germania preferisse almeno l'inno orientale a Haydn. I sudditi della DDR che si erano conquistati da soli la libertà non meritavano almeno questa consolazione? Se mai ci fosse stato un dubbio, bastò la richiesta di un comunista a togliere l'ultima chance a « Risorti dalle rovine ».

Deutschland über alles, dunque. In fondo, la « Pravda » non ha torto. Già von Fallesleben, per chi lo conosce, non intendeva aizzare i tedeschi a invadere i suoi vicini ma invitava a considerare la Germania « al di sopra » dei tanti piccoli Stati tedeschi che si sarebbero dovuti riunire, e ciò va inteso simbolicamente, cioè al di sopra di ogni interesse particolare e non obbligatoriamente « sopra » ai fanti italiani arroccati dietro un Piave inquinato, o i francesi chiusi nella loro Maginot in attesa di un nemico che giunge sempre da un'altra parte.

Nell'orgia nazionalistica del secolo scorso si è fatto di peggio. Si può cantare la *Marsigliese* senza essere francesi, ma il *« wright or wrong my country »* degli inglesi (« giusto o sbagliato, la mia patria ») è più arrogante e sciovinista, e nessuno se ne preoccupa. E per finire, anche Haydn copiò. A quanto sostengono gli esperti, per la sua bella musica si ispirò a una canzone popolare slava, croata per la precisione. Gli eserciti dei due Stati tedeschi, che intimorivano i rispettivi nemici, avrebbero marciato gli uni contro gli altri (forse) trascinati da due canzoni d'amore. « Stringimi forte, Johnny », *« über alles in der Welt »*.

IL TRICOLORE

Alla TV italiana, dopo la fine dei programmi, il tricolore svolazza per lo schermo, strizzato, shakerato, ribaltato dal computer, e finisce stilizzato a strisce orizzontali, tramutato se non sbaglio nella bandiera del Libano (hanno un significato anche i lapsus elettronici?). Sembra che solo grazie a barocchismi grafici si riesca a vincere l'imbarazzo di lasciar sventolare la nostra bandiera.

Il rosso e il nero e l'oro della Germania invece dopo l'ultimo telegiornale garriscono con nobiltà sui luoghi storici. Sulla Wartburg, la rocca di Lutero, o sulle scogliere rossastre dell'isola di Helgoland, l'ultimo frammento di patria nel Mare del Nord, puntato verso la Gran Bretagna (gli inglesi infatti dopo la guerra volevano letteralmente farla saltare in aria cancellandola dalla carta geografica). Oppure sul castello di Hambach, là dove sventolò per i moti del 1831, a poca distanza dal paese natale di Helmut Kohl.

Un italiano che balzi in piedi al passaggio della bandiera rischia (o rischiava?) di farsi dare del fascista. Un problema che francesi o inglesi non si pongono, per tacere degli americani. La mia infanzia al cinema è stata accompagnata da sventolii frenetici a stelle e strisce su portaerei in navigazione sul Pacifico, in avamposti assediati da indiani, ad Alamo sommersa da messicani cattivissimi. Avevano ragione Sioux e messicani, come scoprii da grande, già prima che la bandiera americana venisse data alle fiamme insieme con i reggiseni negli anni Sessanta.

E i tedeschi? Il 67 per cento si commuove al passaggio del tricolore, tornato alle origini dopo la parentesi del II e III Reich. E se vogliamo tornare lontano, i colori base sono addirittura quelli del Sacro Romano Impero, il giallo e il rosso della Roma di Hässler e di Völler, per chi si diletta con le coincidenze storiche. L'antico vessillo era giallo, o meglio oro, con l'aquila imperiale nera con il rostro rivolto verso l'asta, che in un secondo tempo venne dipinta di rosso. Ed il rosso e nero erano i colori della corporazione studentesca protagonista dei moti di Jena, e vennero aggiunti alla bandiera simbolo di democrazia, di libertà e di unità.

Il nero è il colore della notte, ovviamente; rosso è il cuore sanguigno dell'aurora, che annuncia la nuova èra, così rovente da fondere l'oro delle corone imperiali. Guastafeste come sempre, Heinrich Heine dà un'altra spiegazione:

> « C'era un gran piumino
> e tendine di rosso damasco,
> il cielo d'oro
> con una nappa sporca. »

Per prudenza, Bismarck al posto dell'oro mise il bianco, più rassicurante e meno rivoluzionario. Ma i due vessilli continuarono a sventolare insieme. « Quando ero bambino a Berlino all'inizio degli anni Settanta », racconta lo storico Friedrich Meinecke, « vedevo nei giorni di festa nazionale le case drappeggiate con bandiere nere bianche e rosse, ed accanto sventolare altre nere rosse e oro. Quelli sono i democratici, mi avvertivano i miei genitori conservatori. »

Il nero e il rosso e l'oro saranno dunque i colori della Repubblica di Weimar dalla vita breve. Hitler tornerà al bianco, e consacrerà la svastica come emblema nazionale solo nel '35. Dieci anni dopo, insieme con l'inno i vincitori vietano anche la bandiera, il che è imbarazzante in particolare per i capitani delle navi. Che cosa alzare sul pennone? I comandanti d'acqua dolce non ci pensano su tanto e rispolverano per le loro chiatte il glorioso nero rosso e oro. Gli alleati si indignano e si spaventano; con il tricolore torna l'antica Germania, denunciano preoccupati i giornali. Le spiegazioni storiche, che sia la bandiera dei rivoluzionari con simpatie marxiste è ancor più inquietante, non rassicurano. Ai capitani viene imposto di usare come segno di nazionalità la bandierina che nel codice di navigazione corrisponde alla « C », e per evitare confusione si deve issare una doppia « C »: blu-bianco-rosso-bianco-blu-blu-bianco-rosso-bianco-blu, a strisce da sinistra a destra. Ma la confusione divenne totale, dato che in codice la « C » equivale anche a « Sì ».

All'inizio degli anni Cinquanta in marina si raccontava questa storiella. Il comandante d'una nave inglese incrocia un mercantile senza contrassegni.

« Quale nazionalità? », fa chiedere.

Il tedesco risponde con « CC ».

Si sono sbagliati, pensa l'inglese, sarà CH, poi si ricorda che la Svizzera non ha flotta.

« Bandiera! », ordina seccato.

« Quell'ignorante non sa che cosa significa CC », commenta il tedesco; « non abbiamo niente a bordo di rosso nero e oro? », chiede al nostromo.

« Da qualche parte c'è la bandiera con la svastica », risponde.

« Sei mica pazzo? »

« Ci penso io », lo calma il nostromo. Taglia via il rosso dal vessillo con la croce uncinata, poi prende la bandierina della quarantena che è gialla, e le cuce insieme con una camicia nera. Poco dopo l'improvvisato tricolore viene innalzato sul pennone. Ma nella fretta il nostromo fa un po' di confusione nell'ordine dei colori.

« Buon viaggio, belgi! », saluta l'inglese. Il tedesco risponde lasciando sventolare la doppia « C ». « Cafoni », mormora il capitano dell'Union Jack, « potevano rispondere almeno grazie, invece di sì, sì. »

E perché « C » invece di « D », come Deutschland? Stava per « Control Council », l'organismo di sorveglianza sui territori occupati formato dalle quattro potenze vincitrici. Infine torna a sventolare il vecchio tricolore, all'Ovest e all'Est, ma da « questa parte » ci aggiungono al centro il compasso e le spighe dorate, simbolo dei lavoratori della DDR.

Nella Germania unita è tornata di moda fra i nostalgici la vecchia bandiera di guerra della marina del Reich, il rosso il bianco e il nero, con nell'angolo in alto a sinistra l'aquila prussiana. Nell'autunno del '92, un manager della

Dasa, l'industria aerospaziale che fa capo alla Daimler-Benz, finì sulle prime pagine perché ogni mattina la issava sul pennone che teneva in giardino. Forse la cerimonia casalinga tra barbecue e nanetti di gesso gli sarebbe pure stata perdonata, se non avesse anche avuto la malaugurata idea di celebrare il 50mo anniversario del lancio della prima V2 a Peenemunde, ad opera di Von Braun.

Il razzo di Hitler che scatenò il terrore a Londra era comunque stato il primo passo dell'uomo verso la luna, sosteneva: bisognava onorare il genio tedesco. Il mondo non comprese e si indignò, il party a Peenemunde venne disdetto, anche se gli invitati erano già in viaggio, e il manager perse il posto e probabilmente continua a consolarsi con il suo alzabandiera da pensionato.

Nei giorni epici dell'89, in Germania Est come in altri Paesi dell'ex blocco comunista, sventolarono bandiere con un buco al centro. In Romania, in Bulgaria, in Cecoslovacchia. A Dresda e a Lipsia però, dopo la foga iniziale, si rimediò in fretta. Diligenti *Hausfrauen* cucirono al centro le strisce mancanti, ovviamente di un colore più vivo rispetto alla vecchia stoffa un po' sbiadita. Un abile lavoro di patchwork. Bandiere con riporto sventolarono nei giorni esaltanti della riunificazione salutando la libertà e le virtù casalinghe delle madri di famiglia della Germania orientale. In quanto alle bandiere con il compasso e con le spighe, le troverete senza difficoltà, di ogni dimensione, sui banchetti intorno alla Porta di Brandeburgo, come souvenir per i turisti.

ICH LIEBE YOU

Il tedesco è più facile dell'inglese. Questo mio giudizio provoca reazioni irritate, persino furenti. O qualcuno ride pensando che sia una battuta.

«Non lo scriverai anche nel tuo libro», si è insospettita Fernanda, mia moglie.

«Perché no? In fondo è un pamphlet», ho ribattuto sulla difensiva.

«Un pamphlet, non un'assoluta follia», ha concluso lei.

Bene, sarà un pamphlet folle, ma insisto: la lingua di Goethe è più facile dell'idioma di Shakespeare.

A livello di ristorante, per ordinare una bistecca o una birra, l'inglese è l'ideale. In quindici giorni posso conquistare quelle conoscenze base per districarmi con il cameriere o in albergo. Con il tedesco ciò non è possibile. Bisogna costruire la frase, sapere che la bistecca desiderata va messa all'accusativo, e che *Doppelzimmer*, una camera doppia, è neutro.

L'inizio è estremamente più complicato. È *dopo* che il tedesco diventa più facile. Invece più si progredisce e più il facile inglese diventa incomprensibile, o ingannevole. Un mio collega, corrispondente da Londra, stravede per l'inglese, com'è giusto, «la lingua più ricca al mondo con 500mila vocaboli, come nessun altro idioma al mondo». Per la verità, secondo quanto mi assicurano, il tedesco ne vanterebbe un milione, ma non li ostenta. Un intellettuale ne usa non più di 15mila.

In realtà la vanteria inglese è un bluff: ci si appropria di parole eschimesi, hawaiane o creole, stravolgendone con arroganza pronuncia e scrittura. È un pot-pourri di slang. Una lingua gonfiata come il polistirolo espanso, dove una parola cambia di significato di luogo in luogo, e di anno in anno.

E poi la pronuncia. Posso parlare inglese ma non essere mai sicuro di venir capito ovunque, e soprattutto di capire. Perché seguo senza difficoltà una conferenza stampa con l'americano Ivory, e mi sento incerto alle prese con il suo connazionale Brian de Palma che con mio disgusto pronuncia *bok* per *book*, libro, due « O » uguali a una « U », il primo insegnamento che mi fu impartito?

« Perché hai studiato a Londra e non negli States », mi spiega con ovvietà l'amico che vive (felice) a Los Angeles. Lui sarà un esperto dei vari dialetti delle ville di Hollywood, però si troverà in impaccio con un tassista di Liverpool.

Sono convinto che l'inglese lo parlino in modo comprensibile tutti, tranne gli inglesi e gli americani. L'ho scoperto al mio primo viaggio oltre Manica, che compii in treno per non perdermi le bianche scogliere di Dover.

Il controllore britannico, il mio primo impatto con un « vero » isolano, domandò a un passeggero del mio vagone dove fosse diretto.

« London », rispose. L'indigeno non comprese, e ripeté la domanda. Al quarto o quinto « London », vidi la faccia del controllore illuminarsi, fulminato dalla comprensione.

« Ah, Landon », corresse con superiore disgusto. Ebbi un presentimento. Non potevo contare sui miei anni di studi, sulla mia presuntuosa traduzione di *Giulietta e Romeo* ferma al primo atto, per sperare di sopravvivere senza problemi in quella mia lontana estate londinese.

Questo con i tedeschi non vi capiterà, ve lo assicuro. Sono così grati che riusciate a balbettare qualche parola in *Deutsch* che si sforzeranno di comprendere la più orrenda storpiatura. E non vi preoccupate dell'ordine della frase. Vi seguiranno anche se metterete sottosopra quel lindo salotto ordinato che dovrebbe essere il tedesco.

« Come un treno », mi spiegava il mio primo professore; « avanti la locomotiva, poi il tender, quindi la prima classe, il vagone ristorante... » Non abbiate paura. Capiranno quel che volete anche se ponete il locomotore in coda, o al centro del convoglio. E il controllore saprà dove volete andare, anche se pronunciate « Hamburg » senza aspirare l'« H ».

Se avete imparato una sola parola la riconoscerete pronunciata dallo speaker della TV, o al cinema. Sempre e ovunque, nella Foresta Nera e sul Baltico, sulle labbra del professore d'Università o del tassista. E una parola tira l'altra. All'inizio, lo ammetto, verrete presi dallo scoramento. Vi sembrerà impossibile giungere alla comprensione di quel treno che vi passa davanti sempre in ordine ma senza senso apparente.

Con l'inglese, o altre lingue, la comprensione procede per gradi, ogni giorno sempre di più. Con il tedesco è impossibile. Non si capisce nulla, poi a un tratto, come se qualcuno avesse girato l'interruttore, capite tutto. Quasi tutto, voglio essere onesto. Studiare il tedesco è come imparare ad andare in bicicletta. Non ci sono vie di mezzo. O si sta su, o piombate nella polvere. E dopo non lo dimenticherete. Per la vita.

Purché si cominci con lo spirito giusto. Ricordo un collega del « Sunday Mirror » con cui dividevo l'ufficio ad Amburgo. I tedeschi educati parlano tutti inglese, sosteneva. Ma lui lavorava per un giornale popolare e quasi mai i suoi temi lo ponevano in contatto con « gente coltivata », così si esprimeva per l'esattezza.

Dopo otto anni in Germania, sapeva pronunciare solo due frasi in tedesco al telefono. « Sono un giornalista del "Sunday Mirror" », diceva, « lei certamente parla inglese. » Immaginavo più che percepire il *nein* che rimbombava dall'altra parte della linea. E lui, sempre in tedesco, continuava: « Allora, se non le dispiace, le passo un collega », e mi porgeva la cornetta.

Oppure la moglie di un collega italiano a Bonn. Una persona dal temperamento travolgente, ma prevenuta contro la maniera dei tedeschi di esprimersi. Appena giunta sulle rive del Reno si iscrisse a un corso di perfezionamento. In inglese. « Tanto non resteremo a lungo », mi spiegò. Invece rimase, le piacque Bonn, le piacquero i tedeschi, ha voluto che sua figlia nascesse in Germania. Ora nella città natale di Beethoven non studia più l'inglese. Sta imparando l'arabo. E crea problemi nella scuola perché è l'unica straniera donna del suo corso.

Il guaio è che, almeno in Italia, il tedesco viene insegnato come una lingua morta. La costruzione è simile al latino, cosa che facilitò i miei inizi, e i professori adottano lo stesso metodo d'insegnamento, intestardendosi sulle declinazioni, che in realtà sono atrofizzate, e su astruserie sintattiche. Io ho avuto fortuna. Quando incontrai la parola *Löwe*, leone, il mio insegnante domandò: « Dove andrà ad abitare in Germania? ».

« Ad Amburgo. »

« Bene, allora lasciamo perdere. *Löwe* è una parola irregolare, ma che le importa? Non incontrerà mai leoni ad Amburgo. » Era un ottimo professore e un tedesco con humour.

In un celebre articolo, che non manca in nessuna antologia, Mark Twain si fa beffe della lingua tedesca, la più assurda del mondo, priva di qualsiasi sistema e logica. Perché mai, si domanda, la prosperosa biondina che gli sorride a Heidelberg, è « un » *Mädchen*, un neutro? I tedeschi sono anche ciechi?

A Sans-Souci, la residenza di Federico II a Potsdam, la lingua corrente era il francese, e in francese il « vecchio Fritz » scriveva all'amico Voltaire, non per cortesia ma perché era incapace di scrivere in tedesco. L'« idioma » locale era confinato alle scuderie, e ai campi di battaglia. Da qui nasce la vecchia battuta che conosce molte varianti: l'inglese è la lingua del teatro, il francese della diplomazia, l'italiano serve per parlare alle donne, e il tedesco per parlare ai cavalli. Tranne a quelli di Twain.

Ma l'umorista americano ha torto. Il tedesco, al contrario, è una lingua che caso mai soffre di un eccesso di sistema e di precisione. Anche il neutro per la bella ragazza di Heidelberg ha una sua logica, ma ve la risparmio. Una lingua così esatta che diventa arduo tradurla. Mia moglie, sempre lei, è una studiosa di Hegel e si orizzonta alla perfezione nella *Scienza della logica*, anche se ogni termine ha di rado un equivalente in italiano. O francese o inglese. Una semplice parola va resa con una frase se non si vogliono compiere crimini che vanno al di là della filosofia, come quell'*Übermensch* di Nietzsche reso con « Superuomo », con gli equivoci sui tedeschi che ne sono seguiti. L'autore di *Così parlò Zarathustra* come un antesignano di Nembo Kid. *Übermensch* si può rendere con «al di là dell'uomo», o dell'umano. Forse. Ma suona meno bene. La faciloneria con il tedesco è pericolosa, e non solo quando si legge Nietzsche. Se in un parcheggio sotterraneo leggete *Ausgang*, «Uscita», non vi precipitate subito a tutto gas. Finireste sulle scale. *Ausgang* è uscita a piedi, *Ausfahrt* uscita su un mezzo motorizzato. Una dimostrazione brutale dell'inesistenza dei sinonimi.

Il guaio, e la bellezza, del tedesco è l'unione delle parole. Si sommano le une alle altre, e a volte si sommano i loro significati, altre volte si crea una parola completamente nuova. Ma non credete a Twain quando vi descrive gli orrori d'una parola lunga tre righe. Quanto è lunga la più lunga parola in tedesco?

«Non esiste, la parola tedesca più lunga è senza fine», spiega Frau Doktor Karin Frank Cyrus, il difensore, il padrino, il tutore della lingua di Goethe. È lei la direttrice della *Gesellschaft für deutsche Sprache*, ovvero la «Società per la lingua tedesca», con la sua brava sigla GfdS, con maiuscole e minuscole ben distribuite, con sede a Wiesbaden, la stessa città che ospita il BKA, la polizia federale. Sarà un caso?

Frau Dr. Karin, una bella signora sulla quarantina dai capelli neri, e i suoi collaboratori controllano le novità, correggono gli errori, impartiscono consigli sul «modo d'uso» dell'idioma adatto ai cavalli. Una specie di Accademia della Crusca, ma è come paragonare l'accolta dei nostri posati professori che congelano l'italiano al ritmo d'un volume a decennio, con una brigata di marines. Chi ha dubbi può anche telefonare a un numero di pronto intervento (lo 0611/524499), il GfdS funziona come la Croce Rossa e i pompieri.

Fin dal 1971, la società sceglie la «parola dell'anno», nata dagli eventi: attraverso queste parole si ripercorre la storia tedesca dell'ultimo ventennio. All'83 risale «autunno caldo», l'87 ha «Aids» e «Kondom», a pari merito; l'anno seguente troviamo «riforma sanitaria»; nell'89, l'anno del crollo del «muro», ecco «libertà di viaggio»; nel '90 con la riunificazione giungono «nuove regioni federali». E dodici mesi dopo siamo già in piena crisi con «Besserwessi», che sarebbero i saputoni tedeschi dell'Ovest che danno lezione sempre e su tutto ai nuovi fratelli dell'Est.

La società sceglie anche la *Unwort*, la «non-parola» dell'anno, l'orrore linguistico, e una volta ha premiato Helmut Kohl autore di *kollektiver Freizeitpark*, «parco collettivo di divertimenti», riferito alla Germania dove si lavora sempre meno. Il Cancelliere rifiuta di considerarsi un intellettuale, ma è un *Doktor* e se l'è presa a male. I paladini di Frau Karin invece di far quadrato intorno alla loro signora hanno compiuto una rapida marcia indietro. Da Bonn arriva il 40 per cento dei finanziamenti, e il resto dall'Assia e dai duemila soci. Il Deutsche Mark è piu forte anche della grammatica.

Per la verità *Herr Doktor* Kohl si batte anche per la madrelingua. In patria lo prendono in giro perché si serve dell'interprete anche per domandare a Bush, Clinton, Gorbaciov o alla Thatcher se hanno fatto buon viaggio. Come se loro sapessero farfugliare *Guten Tag*. Così Kohl ha chiesto che il tedesco diventi una lingua ufficiale della Comunità alla pari dell'inglese e del francese. Apriti cielo. I britannici si sono scagliati contro l'arroganza teutonica, un'ulteriore prova che il pacifico Kohl si accinge a conquistare il mondo come Hitler o Fu Manchu.

I francesi, che odiano le lingue come il Cancelliere, e difendono con le multe chi attenti alla purezza della loro *langue*, hanno fatto commenti sarcastici. A loro i cavalli servono per scommetterci, non per fare conversazione. Però Mitterrand il tedesco lo parla, anche se è un pessimo cavallerizzo. E conosce anche l'italiano. Per le donne, s'intende.

«Che ho detto di male?», si è sfogato Kohl in un incontro con i giornalisti stranieri. «Il tedesco che io amo in fin dei conti è la lingua più parlata della Comunità.» Ottanta milioni di cittadini della Repubblica Federale, cui stanno per aggiungersi gli austriaci, e forse un domani gli svizzeri.

In questo momento venti milioni di persone stanno imparando il tedesco nel mondo. Appena 50mila nelle scuole pubbliche da noi (e per questo scrivo tale capitolo), ma ben un milione e 385mila nella Francia, che ho appena preso in giro, dove il tedesco è considerato « la lingua dell'élite ». L'inglese per i camerieri, il tedesco per gli *énarques*, i dirigenti di domani. Greci e turchi parlano tedesco fra loro. In Camerun, ex colonia, rimane la lingua più amata, secondo la « Frankfurter Allgemeine ». All'aeroporto di Tiflis siete accolti dalla scritta: « *Willkommen bei uns in Georgien* », « benvenuti fra noi in Georgia », dove il tedesco è la lingua straniera più parlata.

Il tedesco era la lingua di Praga al tempo di Kafka, e lo è tornata, come in tutto il resto dell'Europa orientale, dove era stata momentaneamente sostituita con la forza dal russo. Nella Repubblica céca mancano 8mila professori di tedesco, in Polonia 10mila, mentre i docenti di russo sono disoccupati. In Ungheria 300mila bambini stanno scoprendo perché *Mädchen* è neutro.

Nel 1848, al primo congresso panslavo, i delegati furono costretti a capirsi tra loro in tedesco. Ciò divertì Karl Marx, ma la situazione non è cambiata di molto. Dal Caucaso al Baltico i Deutsche Mark battono i dollari, e si finisce per studiare la lingua che « rende di più ». Ma non a Bruxelles.

« Sostenere che il tedesco possa servire come lingua di comunicazione europea suona come affermare che il Vaticano sia uno Stato industriale », commenta con autoironia la « Frankfurter Rundschau ».

Al Goethe Institut di Roma per la prima volta hanno respinto 500 domande in soprannumero, e c'è la lista d'attesa per iscriversi all'asilo. In Svezia, nell'89, gli studenti dopo l'inglese scelsero come seconda lingua per il 43 per cento il tedesco, e il 20 per cento il francese. Dopo il « muro », la percentuale è oggi di 50 contro 12. La « Welt » osserva che alle porte del Cremlino i bambini chiedono l'elemosina in tedesco.

« Il tedesco è la più lunga frontiera linguistica d'Europa, oltre 5mila chilometri, e si scontra con altre 14 regioni linguistiche», scrive Burkhard Müller-Ullrich. «Il tema tocca una profonda sfera della nostra identità. Anche fra noi si allarga come in Francia una certa idiosincrasia contro l'inglese... ma all'estero, per molti il tedesco è ancora la lingua del nazismo.» In Germania, il 95 per cento dei liceali studia l'inglese, e il 40 il francese come terza lingua.

La lingua come segno d'identità, ma anche di attacco. Alla conferenza negli Stati Uniti sugli aiuti alle nuove repubbliche dell'ex Urss, undici ministri degli Esteri risposero in inglese alle domande, tranne il solo Hans-Dietrich Genscher, benché padroneggi alla perfezione la lingua di Shakespeare, imparata con tenacia quando era già ministro, oltre i quarant'anni. «Tipica arroganza sassone», fu il commento del «New York Times». «La colpa è dei tedeschi, che sono troppo portati per le lingue», commenta *Frau Doktor* Karin; «che cosa si può pretendere se il Segretario generale della Nato, il tedesco Wörner, scriveva in inglese al Cancelliere Kohl?» Che è costretto a chiedere la traduzione in tedesco. Il mio amico del «Sunday Mirror» non sarebbe mai riuscito a parlare al telefono con lui.

Ma concludo con una buona notizia per Mark Twain. *Frau Doktor* Karin è impegnata nella ricerca d'una nuova parola per rivolgersi alla cameriera in un ristorante. Per un uomo si usa l'autorevole *Herr Ober*, «signor cameriere». Per lei un familiare Fräulein, «signorina», sessista e per giunta sempre neutro. Chi ha suggerimenti telefoni a Wiesbaden, ma io lascerei perdere. Con tutto il rispetto per *Frau Doktor* Karin e Mark Twain, io trovo che il neutro abbia un suo fascino di erotico e filosofico mistero. Come la lingua tedesca.

III.
Italia e Germania

ARCADIA CONTROLUCE

Il rapporto tra Italia e Germania e i rapporti tra italiani e tedeschi non sono la stessa cosa. È difficile non cadere nei luoghi comuni, anche perché non sempre sono falsi. Intanto la Germania non è *Deutschland*, come Italia non è *Italien*. La Germania è quella dei libri di scuola, di Tacito, di Cesare e le sue legioni, i barbari oltre le montagne. *Italien* è l'Arcadia di Goethe e dei suoi compagni di viaggio.

Nel quadro di Overbeck, *Germania e Italia*, due fanciulle, entrambe dai capelli chiari, si studiano e accennano una carezza, il preludio di un gioco d'amore, un dipinto erotico e ambiguo. Come i rapporti tra di noi, appunto. E non è che nella tela di Overbeck si distingua a prima vista quale sia l'Italia e quale la Germania. Benché vivesse a Roma, nella colonia di quei «Nazareni», artisti dalla barba lunga e capelloni, infatuati di rovine e sempre ebbri di vino dei Castelli, Overbeck ebbe il buon gusto di non scegliere come modella una pastora ciociara.

Il suo quadro piacque a Ludwig I, nonno del secondo, quello folle dei castelli alla Disney, a suo modo il primo turista in Italia. Ci venne una ventina di volte, frequentava gli artisti di Roma, e prima di giungere alla città eterna non mancava di compiere una deviazione verso Perugia, dove l'attendeva fedele Marianina Florenzi, bella donna, nobile e intelligente (fu la prima a tradurre Schelling in italiano). Il suo ritratto è nella «Galleria delle bellezze», quell'harem di donne ritratte dal pittore di corte per il sovrano, ma lei si offese quando seppe che il suo «Luigino» vi aveva appeso anche quello della «poco rispettabile» Lola Montez.

Luigino anno dopo anno si portò a casa quadri e statue, e trasformò la sua Monaco in una sorta di Roma, mista ad

Atene e a Parigi. Lo aveva preceduto Goethe, e l'autore di *Faust* per la verità imitò il genitore Johann Caspar che scrisse un mezzo secolo prima di lui *Un viaggio in Italia*, oltre mille pagine direttamente in italiano. Ma è più facile identificarsi con Ludwig di Baviera che con i Goethe, padre e figlio. L'amico di Marianina sognava l'antica Roma ma si godeva il presente, e a casa non portò mai «patacche».

Un'arte di viaggiare che non tutti i suoi odierni compatrioti riescono ancora a padroneggiare.

Girare per l'Italia con Goethe come Baedeker e vagare per la Germania seguendo Tacito, con testo a fronte, non è una romantica illusione. È un pericoloso equivoco. Il sociologo Hans Peter Duerr sbeffeggia il toscano Poggio Bracciolini che giunto a Baden lodò la «naturalezza primitiva» dei bravi tedeschi che facevano il bagno tutti insieme, tutti nudi. Li scambiò per barbari innocenti, commenta Duerr, mentre probabilmente era finito in un bordello. Forse ha ragione, ma la Germania d'oggi è disseminata di «impianti acquatici» dove le famiglie fanno il bagno e la sauna «senza tessili», e non c'è il minimo sospetto che si tratti di lupanari. Anzi, sono luoghi assolutamente asettici, e casti. Ma non sempre. E non vi fidate delle insegne. Sono volutamente ambigue.

I «Nazareni» dipingevano opere idilliache e a loro piacere «spostavano» ruderi, cascate e vallate per creare «paesaggi d'invenzione», popolati da pastorelli e pescatori impegnati in giocose tarantelle. Sui banconi del mercato fra le colonne dei Fori, si possono ammirare superbi salmoni. La domanda è: le acque del Tevere a quel tempo non erano così inquinate e i salmoni risalivano la corrente, o i pittori scesi dal Nord li vollero vedere insieme con triglie e saraghi? Pastorelle e contadinotti erano veramente così simili a fauni e ninfe? Gli artisti non si resero conto o vollero sublimare la loro povertà, la loro spietata arte della sopravvivenza? Joachim Fest, per anni uno dei condirettori della «Frankfurter Allgemeine» e autore della celebre biografia di Hitler, ha scritto un bel libro di viaggio «alla Goethe», ma al contrario: ha cominciato dalla mia Palermo per poi risalire la Penisola, e ha scelto il titolo allusivo *Im Gegenlicht*, « In controluce », quando i riflessi e le ombre ingannano.

A un tedesco criticone, della vecchia guardia, risposi che le strade e gli acquedotti della sua Colonia erano stati tracciati dai romani, e lui commentò: « Gli antichi romani non sono italiani ». Non aveva del tutto torto. Ma in genere, soprattutto fra gli intellettuali, i tedeschi al contrario dei francesi tradiscono quasi un complesso d'inferiorità nei nostri confronti: loro non fanno distinzione tra i romani di Ovidio e Catullo e i contemporanei di Lucio Dalla e Gianna Nannini.

In controluce, per gli italiani la Germania è il Paese dove venerano la stella a tre punte della Mercedes, che spicca sul cuore degli atleti della Nazionale, ruota sul palazzo più alto, a Bonn come a Berlino, e sulla stazione di Stoccarda dove i treni giungono puntuali, e negli aeroporti sono affisse le foto dei terroristi ricercati, come nel Far West l'effigie di Jesse James e di Billy the Kid. Ma i treni sempre più di frequente sono in ritardo, la Mercedes non è più uno *status symbol*, e la « 190 », che ancora fa spasimare il professionista rampante di Cinisello Balsamo, è considerata l'auto dei taxisti (che se ne lamentano) e dei turchi. In quanto ai terroristi, non li prendono mai. Ci sono riusciti una sola volta negli ultimi anni ed hanno scatenato a Bad Kleinen, pacifico paesotto del Nord, una folle sparatoria al cui confronto *Mezzogiorno di fuoco* è un bisticcio tra innamorati.

Anni fa, assistei a Londra a un minimusical sulla vita dei Beatles. Non si dimenticava il loro debutto internazionale allo « Star Club » di Amburgo, nel frattempo raso al suolo. Gli anseatici visti dagli inglesi indossavano i tradizionali calzoncini di cuoio alla bavarese. E Monaco è più distante in linea aerea, e per costumi e mentalità, di quanto sia Londra da Amburgo, dove il dialetto è per buona parte inglese.

Ad Amburgo andai invece a una rappresentazione della *Castalda* di Goldoni. La villa veneta si era trasformata in una fattoria calabrese, e i personaggi goldoniani vestiti da siciliani si rincorrevano fra i fichi d'India. Niente di scandaloso né di sorprendente. Per gli italiani, il tedesco tipico canta jodel, beve birra e saltella in *Lederhosen* che gli scoprono ginocchia ossute e polpacci pelosi.

Per i tedeschi, l'italiano ha i baffi, ed è un virtuoso nel cantare *O Sole mio* e nell'ingozzarsi di spaghetti allo stesso tempo senza morire soffocato o stonare. Il tedesco visto da noi ha un santino di Hitler sotto il materasso, e l'italiano visto da Amburgo fa il tifo per la Juve e gioca per la mafia, organizzazione perfetta, gerarchicamente ordinata, con un solo capo sulla vetta. Per paradosso, secondo i tedeschi l'unica cosa funzionante in Italia dovrebbe essere proprio la mafia, gestita come gli italiani si immaginano che venga diretta la Germania. Pregiudizi speculari.

I rapporti tra i rispettivi mezzi d'informazione possono essere sintetizzati in: «Tedeschi tutti nazisti, italiani tutti mafiosi». E se loro fossero più «mafiosi» di quanto sospettano, e non solo per colpa degli ospiti stranieri, e noi più sensibili al passato di quanto vogliamo ammettere?

Le vacanze nella Penisola e il «contagio» di oltre mezzo milione di emigrati hanno probabilmente influito nel cambiare in meglio la nostra immagine. Non ho prove, ma sono convinto che vi abbia contribuito anche l'atteggiamento responsabile della stampa e della TV tedesca nel riportare i fatti di casa nostra, salvo le inevitabili eccezioni. Lo sfacelo di Tangentopoli e la fine dei grandi partiti sono stati visti sempre (o quasi) in chiave positiva. Da tempo i tedeschi avevano imparato a distinguere tra la nostra classe politica e il resto del Paese. Che i politici nostrani fossero corrotti è stata una sorpresa solo per noi, in apparenza. Loro hanno invece lodato la nostra capacità di far pulizia, in fretta, senza disordine.

E noi? Alcuni giornalisti stranieri in Germania, non solo gli italiani, anche francesi, americani, inglesi, hanno il vizio di descrivere Helmut Kohl come un simpatizzante in doppiopetto dei naziskin e denunciare la Bundesbank come una combriccola di ex banchieri di Hitler che si prendono la rivincita triturando con il Deutsche Mark la lira, la sterlina, il franco, la peseta, il dollaro. Sarebbe bello se fosse vero: per risolvere i nostri guai finanziari ed economici basterebbe convincere un *Herr* Tietmeyer, o chi per lui.

Una volta all'anno, a gennaio, corrispondenti italiani e tedeschi si incontrano a Villa Vigoni, una splendida residenza nel magnifico scenario del Lago di Como, che i discendenti di un commerciante tedesco amico di Goethe hanno lasciato in eredità alla Repubblica Federale. Una sorta di terra di nessuno, quindi, dove ci si dovrebbe dire la verità a brutto muso, e chiarire equivoci e malintesi. Ma la cornice è troppo bella per litigare, si finisce col trascorrere un logorroico week-end, e si riparte pronti a dimenticare i buoni propositi. Però, anche se qualche collega non mi perdonerà il « tradimento », devo aggiungere che siamo noi a lasciarci tentare da qualche colpo proibito di troppo.

Le notizie pubblicate in Italia sono vere ma vengono scelte con accanimento per presentare una Germania tentata dal passato e finiscono col dare un'immagine assolutamente distorta della Repubblica Federale. Se ci sono madri che mi telefonano per informarsi se possono mandare l'adorata prole in Germania per il normale scambio tra studenti, e amici domandano se le vacanze a Berlino « non siano troppo pericolose », evidentemente qualcuno esagera.

A cominciare sono stati loro, si obietta. Quella copertina di « Der Spiegel » con il revolver sugli spaghetti fumanti, che ancora brucia agli italiani, risale per l'esattezza al 25 luglio del '77. Fui il primo a parlarne, probabilmente perché in quell'estate lontana ero l'unico nelle redazioni italiane che parlasse tedesco e non fosse in vacanza. Avvertii che ogni dato riportato nel lungo articolo era preso dai nostri giornali. Si poteva discutere sullo spirito del « montaggio », non sulla veridicità. Infine, gli spaghetti della bella copertina erano visibilmente al dente.

Com'era inevitabile, fui travolto dal risentimento nazionale. Gli italiani insorsero contro i « cattivi tedeschi » che ancora una volta ci colpivano alle spalle. Invece di replicare all'analisi della rivista amburghese, si rispondeva citando Hitler e Attila. Loro ci rimproverano di mangiare gli uccellini con la polenta, e noi ricordiamo Auschwitz. Così non si compie un passo avanti, e il confronto è di un gusto atroce.

Sono trascorsi quasi vent'anni, e quando si parla di rapporti italo-tedeschi prima o poi qualcuno finisce col citare quella copertina. Si vede che tanto sbagliata non era.

Il problema tra Italia e Germania è anche di linguaggio, più che di lingua. Noi scambiamo la sincerità per arroganza. I tedeschi prendono la nostra cortesia per sintomo di debolezza, o di ipocrisia. Con conseguenze a volte catastrofiche, o costose. Il «pappagallo» chiede alla turista se vuole mangiare un piatto di spaghetti a casa sua. Lei risponde di sì, e il *latin lover* pensa che la conquista sia cosa fatta. La valchiria invece ha solo fame. Lui le propone una passeggiata al chiar di luna per l'Appia antica, e lei si illude che si tratti di una cortesia per gli ospiti. Forse non ha alcuna voglia di ammirare pietre antiche, e accetta per non deludere il nuovo amico, mentre avrebbe preferito una più intima serata, se lui lo avesse proposto direttamente. E quando la passeggiata si rivela un agguato, la tedesca, anzi la tedeschina (per i nostri cronisti sono tutte tedeschine appena varcano il Brennero, anche se hanno la stazza di Boris Becker) si ribella sdegnata della sua slealtà. I tedeschi sono diretti fino alla brutalità, semplici fino all'ingenuità. Ma non è un difetto.

All'ITB di Berlino, la più grande fiera del mondo dedicata al turismo (tutte le fiere tedesche sono le più grandi del mondo), l'assessore d'una località romagnola tenne una conferenza stampa sul pericolo delle alghe in Adriatico. Offrì spaghetti e vino rosso, e alla fatidica domanda: «Torneranno o no le alghe quest'estate?», rispose: «Se lei va in montagna e non c'è neve, con chi se la prende?».

Dopo, mi domandò che cosa avessero capito i tedeschi.

«Che ci saranno le alghe», lo delusi.

I tedeschi amano la verità, anche quando fa male. Ogni parola gentile, ogni sfumatura diplomatica viene scambiata per una trappola diabolica, per un inganno, un bluff, una truffa. E stanno in guardia soprattutto nei nostri confronti. Per loro siamo sempre i nipotini di Machiavelli. È un complimento che non ci meritiamo, ma sovente tentiamo tutto il possibile per rafforzare questo pregiudizio.

L'invasione degli albanesi a Bari ci ha causato un danno d'immagine enorme da queste parti. Non perché, come sospettiamo, i ventimila profughi siano stati chiusi in uno stadio alla Pinochet per essere rispediti al mittente. Anzi: una parte dell'opinione pubblica tedesca ritiene che abbiamo fatto bene e che i politici di Bonn dovrebbero imitarci. Ma per il modo: il nostro ministro responsabile che prima promette asilo agli ultimi irriducibili « invasori », li convince, li rifocilla e li ospita in albergo, e li fa prelevare la mattina seguente a uno a uno, impacchettare e mettere su un aereo o una nave per Tirana, ha convinto i tedeschi che di noi italiani proprio non c'è da fidarsi. Diciamo una cosa e già tramiamo per compiere il contrario. La furbata del nostro governo è stata una catastrofe.

Un esempio opposto. A suo tempo, Helmut Schmidt in un'intervista a « Der Spiegel » confidò che « avrebbe saputo quali consigli darci, ma gli italiani sono troppo suscettibili », e quindi stette zitto. Subito dopo arrivò a Bonn il nostro Guido Carli e gli domandai se anche lui era suscettibile tanto da non ascoltare il padrone di casa, Schmidt, soprannominato *Die Schnauze*, « il grugno », anche dai suoi compagni di partito.

Venni immediatamente interrotto dal nostro ambasciatore che mi rimproverò di non aver tradotto « bene » il settimanale. Fu lo stesso Carli a intervenire in mia difesa: la traduzione era corretta, e lui i consigli li prendeva e anche li dava. Carli era un'eccezione, anche perché parlava tedesco. Di solito noi in Italia preferiamo giocare con le parole, piuttosto che affrontare la realtà di petto.

Schmidt e i tedeschi come lui preferiscono dire la verità a brutto muso, senza paura di passare per scorbutici o antipatici. Poi sono pronti ad agire di conseguenza. E il Cancelliere ci tese la mano con un prestito colossale che ci permise di superare uno dei tanti periodici momenti drammatici.

4 a 3

Per gli sportivi (e non solo) il rapporto è molto semplice, chiuso in due numeri: Italia-Germania 4 a 3. La magica notte (in Europa) di Toluca ha congelato i ricordi di una generazione, e l'occulto sceneggiatore non ha tralasciato neppure una sfumatura. Gli « azzurri » vincenti e « traditi » all'ultimo secondo dal legionario Schnellinger. I « bianchi » che passano in testa, Rivera che fa segnare e poi corre dall'altra parte del campo a sospingere il pallone in rete. E Beckenbauer che si batte con il braccio al collo. Almeno nel calcio, perdiamo le amichevoli e vinciamo gli incontri « che contano », ma quel 4 a 3, in realtà non ha né vincitori né vinti. Bianchi e azzurri non sono avversari ma interpreti di un'opera come Capuleti e Montecchi in un *Giulietta e Romeo* del pallone, che allora era ancora classicamente color cuoio. Dietro le quinte, tolte le maglie, ci si congratula da professionisti, e da colleghi, che insieme hanno dato spettacolo per il mondo intero.

Si può storcere la bocca, ma per molti i rapporti calcistici sono più importanti di Goethe e di Ludwig, o di Overbeck. La « furbizia » di Boninsegna che finge (?) di crollare tramortito da una lattina vuota, la bionda chioma oscillante di Günther Netzer mentre caracolla verso la nostra porta, valgono quanto le cifre della bilancia dei pagamenti, che vede l'Italia il più importante partner della Repubblica Federale.

Ed il campo di calcio ospita anche scambi linguistici. Catenaccio e libero sono espressioni comuni in tedesco, anche fuori dallo sport, come da noi. Ma si continua negli equivoci. *Panzer* è la parola più usata dai giornali italiani, si lamenta la « Frankfurter Allgemeine », i *panzer* del Bayern di Monaco, e i *panzer* dell'industria tedesca. Noi usiamo il termine per complimento, ma loro pensano che noi pensiamo alla guerra, e si risentono.

Malintesi che possono avere conseguenze imprevedibili. «La Gazzetta dello sport» scrisse che Steffi Graf «era mostruosa», e la «Bild Zeitung» scambiò un apprezzamento alle sue qualità di atleta per un giudizio estetico ed ha riportato il commento in prima pagina, e migliaia di lettori imbufaliti hanno minacciato di disdire le vacanze in Italia, dove si osava dubitare della bellezza dell'amata Steffi, muscolosa eppure piena di grazia. Invano i colpevoli hanno cercato di nascondersi dietro un errore di traduzione: «mostruoso» in italiano è anche un complimento, «cara, sei di una bellezza mostruosa». Bisogna andarci piano con i simboli, di qualsiasi genere, da queste parti. Un complesso rock di Osnabrück, gli «Angefahrenen Schulkinder», che sarebbero «gli scolaretti in rodaggio», sono stati condannati a pagare 60mila marchi di risarcimento a Steffi «per eccessivo entusiasmo». In una loro canzoncina cantavano: *«I wanna make love with Steffi Graf as her father dit it thousand times before»*. Non è stato apprezzato, né da padre, né da figlia.

Con intuito la Barilla ha affidato all'idolo nazionale Steffi Graf la presentazione dei suoi «gioielli». La campionessa cambia maglietta e gonnellino per un abito da sera nero e scollato, e sfoggia farfalle di pasta come orecchini, collane di fusilli, broche di maccheroni, così affascinante, così elegante, così seducente.

Gli equivoci non sono a senso unico. Ormai i tedeschi si salutano con uno squillante «ciao», al posto di un estenuante *Aufwiedersehen*, ma si ostinano a ritenere che «Picco Bello», per «ottimo», sia italiano, come *Alles paletti*, «tutto a posto», di cui mi sfugge l'etimologia. Mio fratello Andrea, professore di storia antica a Roma, i cui saggi sono tradotti anche in Germania, si vede recapitare lettere indirizzate a *Fraülein* o *Frau Professor*. Andrea è femminile in tedesco, e per evitare il malinteso mio fratello dovrebbe aggiungersi una «S», Andreas.

Ignoranza linguistica e anche geografica. Ancora una volta, bisogna precisarlo, siamo noi a peccare di più. I tedeschi, a parte quelli fedeli da decenni a Rimini o Riccione, visitano tutte le chiese di Roma con metodo e con 40 all'ombra, o conoscono le tombe etrusche e il burocratico rito per esservi ammessi. Le nostre conoscenze della Germania, più o meno, sono ferme al solito Tacito.

Alle elementari ho dovuto imparare a memoria i versi sullo sfortunato Corradino di Svevia, e con me altri milioni di italiani. Però molti che ancora li ricordano sono sempre convinti che venisse «dalla Svezia», e non dal Baden-Württemberg che confina con la Svizzera.

Se tradurre e come tradurre i nomi di città è un mistero sempre insoluto. Che Aachen diventi Aquisgrana sono tutti d'accordo. Ma Augsburg o Augusta? Trier è la Treviri di Marx, ma Speyer è Spira, e Regensburg deve proprio tornare Ratisbona? Non sono un purista, però quando in un mio libro parlai del quadro preraffaellita intitolato *Il nero cavaliere di Braunschweig*, protestai quando nelle bozze trovai Brunswick. Mi sarei anche potuto arrendere innanzi al desueto e italiano Brunsvico, ma perché usare il nome inglese? Il redattore finì col darmi ragione, però è uscito «Brunswick». Il computer della casa editrice si «rifiutò» di usare la forma tedesca.

Finché non è caduto il «muro», molti italiani (anche colleghi) erano convinti che Berlino sorgesse proprio al confine tra le due Germanie, e per questo fosse divisa a metà. Un inviato scrisse in un articolo: «...esco in auto da Berlino diretto a Ovest, e attraverso la DDR». Fu chiamato a tarda sera da un redattore che lo avvertì: «Oggi, eri un po' distratto..., ti ho messo a posto io il pezzo... esco da Berlino, diretto a Est... se no, come puoi attraversare la DDR?».

Bene, ne erano convinti anche nostri politici che pretendevano di dare lezione ai tedeschi sul loro destino, ma per fair-play non faccio nomi. È acqua passata.

Però, niente resiste quanto gli errori di noi giornalisti. E alcuni hanno tormentato la mia permanenza in Germania. Uno dei quotidiani più autorevoli scrisse che «gli amburghesi la sera sogliono andare sul ponte che dà sull'Oceano a sentire l'urlo delle onde». Amici e conoscenti che venivano a trovarmi ad Amburgo finivano sempre col chiedermi, dopo cena: « Andiamo al ponte ».

« Non c'è ponte », rispondevo.

« Vediamo l'Oceano. »

« Non c'è neppure l'Oceano. »

« Il Mare del Nord, allora », si correggeva l'ospite vincendo l'irritazione per la mia pignoleria. Mare o oceano, comunque urlerà. « O forse il Baltico », aggiungeva.

« Né l'uno né l'altro. Amburgo non sta sul mare. »

Ho vissuto sei anni ad Amburgo, eppure qualcuno mi ha chiesto con espressione dubbiosa: « Ma ne sei sicuro? ». Ad Amburgo c'è un porto, mi spiegavano.

GERMANIA ALL'ITALIANA

Quale Paese d'Europa può vantare il record mondiale del minor numero di ore lavorative all'anno e delle più lunghe vacanze scolastiche? Un Paese in cui gli automobilisti si danno guerra sulle autostrade e per partire tutti insieme al week-end creano gli ingorghi più spaventosi nella storia dell'auto, con un bilancio di morti e di feriti degno della guerra in Vietnam? E non si preoccupano che la benzina sia fra le più care al mondo.

Sempre in questo Paese, si erige un monumento al disertore ignoto, gli obiettori crescono di anno in anno, i soldati hanno il diritto di non obbedire a un ordine a loro avviso ingiusto, affermano a stragrande maggioranza di non voler sparare sul nemico, si vergognano della divisa e vanno in libera uscita in borghese. Per ragioni di bilancio si risparmia sulle munizioni, e alle manovre gli ufficiali consigliano ai loro eroi di fare *bang* con la bocca invece di sparare sul serio.

I politici di questa nazione hanno di recente diminuito le tasse ai ricchi e aumentato indirettamente quelle dei contribuenti meno fortunati, e cercando di tassare i guadagni di capitale hanno provocato una fuga di denaro caldo all'estero, oltre centomila miliardi di lire verso più accoglienti paradisi fiscali.

Sono stati coinvolti in una serie di scandali d'ogni genere, intascando soldi a miliardi in proprio o per i loro partiti, lasciandosi corrompere da tenutari di casinò e speculatori edilizi. Imitati dai sindacalisti che autopagandosi stipendi d'oro hanno mandato in fumo il più grande patrimonio di case sociali al mondo, creato in teoria per dare un tetto a ogni lavoratore. Oppure, mentre invitavano gli operai a lavorare di più e a guadagnare di meno, speculavano in borsa grazie a informazioni riservate, intascando qualche centinaio di milioni in una mattinata.

Qualcuno ha cercato di fare le scarpe agli avversari con tutti i mezzi, leciti e no, rimettendoci la vita. In questo Paese d'egoisti nascono sempre meno figli e i vecchi vengono abbandonati a se stessi, mentre i più giovani spendono e spandono come cicale impazzite acquistando i migliori vini stranieri, vestendosi con abiti firmati e saccheggiando i gioiellieri a Natale.

Sempre da queste parti appaiono scritte sui muri contro gli stranieri, i senzatetto aumentano di ora in ora e vengono alloggiati nelle scuole, nelle palestre, nei container e perfino negli ex bordelli. Ma il governo spreca centinaia di miliardi per ricostruire un inutile e pomposo albergo riservato agli ospiti di Stato, in una città dove presto gli ospiti ufficiali non dovrebbero più arrivare. Innalza un grattacielo per gli uffici dei deputati che non lo occuperanno mai, e si dimentica di proteggere le fondamenta che vengono invase da un fiume in piena, perché l'acqua alta era attesa per il mese successivo.

Tanto i cittadini se ne infischiano, sbavano per il calcio ma sono afflitti da pance esorbitanti, trovano che la loro cucina sia insostituibile e cercano (e trovano) i piatti nazionali in ogni parte del globo terrestre. Si ritengono i migliori amatori della specie umana benché secondo i sondaggi preferiscano l'auto alla moglie. La loro chiesa è la più ricca (sempre del mondo) ma alla domenica i banchi sono vuoti o occupati da signore con i capelli bianchi.

Qui i poliziotti sono odiati e i dipendenti statali disprezzati. È difficile trovare un letto in ospedale, i medici preferiscono amputare piuttosto che prescrivere cure costose, e spesso compiono errori per cui non pagano, ed è quasi impossibile trovare un posto all'Università. Architetti senza scrupoli distruggono i centri storici, i fiumi sono inquinati e farvi il bagno è una sorta di suicidio. I boschi vengono distrutti dagli scarichi industriali, e i mari sono soffocati dalle alghe.

I furti in casa sono triplicati negli ultimi anni, le organizzazioni criminali diventano più potenti, i treni arrivano sempre meno puntuali e un quarto dei voli aerei atterra in ritardo. Infatti la compagnia di bandiera rischia il fallimento ma non riesce a licenziare i funzionari più costosi e inutili.

La gente si lamenta delle poste, delle banche, della televisione, e fra tutti gli uomini pubblici preferisce di gran lunga il presidente della Repubblica, considerato un vecchio gentiluomo di cui ci si può fidare.

Ebbene, qual è dunque questo paese? No, non è l'Italia. È la grande Germania.

Tutti questi giudizi sono dovuti agli stessi tedeschi e, in un certo senso, sono esatti, pur non essendo «veri». Il loro difetto principale è quello di essere ipercritici su se stessi. Vedono il loro Paese devastato dal malgoverno, dalla corruzione, dai servizi pubblici sempre meno funzionanti. Per me invece la Germania nonostante tutto è un'oasi di ordine, di efficienza e, grazie a Dio, non priva di qualche macchia. La Germania non è un Paese perfetto, il che lo rende vivibile. Solo che di questo i suoi abitanti non si rendono conto e, a dirglielo, si sentono presi in giro. Perché è bene ricordare, se si hanno rapporti con loro, che la critica è riservata agli «indigeni». Se si lascia trapelare l'impressione di condividere i loro pessimi giudizi su se stessi, diventano di colpo suscettibili e intrattabili.

I tedeschi sono insoddisfatti perché tendono alla perfezione, ma in ogni caso ritengono che gli altri siano peggio di loro. Allo stesso tempo, sono pronti a riconoscere che i loro vicini sono superiori almeno in qualche campo: continuo a sentirmi dire che noi italiani siamo maestri nel saper vivere, ammirano il *self-control* britannico, la diligenza giapponese, il temperamento spagnolo, la ricchezza americana. E, senza invidia, cercano di copiare. Una contraddizione solo apparente.

Come si nota, infatti, i «pregi» stranieri coincidono pericolosamente con i luoghi comuni e agli occhi teutonici sono legati ad altrettanti insopprimibili difetti: la superficialità latina, l'ignoranza yankee, la frigidità inglese. In fondo al cuore i tedeschi sono convinti di apprezzare le nostre virtù e di poterle imitare senza commettere i nostri stessi peccati. E potrebbero anche riuscirci.

ITALIANI DI GERMANIA

Più che di emigrati italiani in Germania si dovrebbe parlare di italiani che vivono in Germania: non considerano il loro distacco definitivo. Si pensano solo provvisoriamente all'estero, un atteggiamento psicologico facilitato dalla vicinanza, dalle vie di comunicazione più comode e meno care. E magari, un anno alla volta, finiscono col restare tutta la vita nella Repubblica Federale.

Dopo la grande ondata degli anni Sessanta sono stati superati sia dai turchi (un milione e 800mila) sia dagli ex jugoslavi (poco più d'un milione), e con 557.709 unità al 31 dicembre del '92, sono al terzo posto, distanziando sempre greci (346mila) e polacchi (285mila). Gli emigranti di seconda e terza generazione ormai non si arrampicano più sulle impalcature dei cantieri edili né si sprofondano nelle miniere della Ruhr. Gli italiani sono diventati piccoli imprenditori, negozianti. I camerieri prima o poi finiscono coll'aprire un locale, e magari un secondo.

Sembrano perduti in un passato remoto, e incredibile, i tempi in cui a Biberach, grosso centro della Svevia, si affittavano case a tutti « tranne che agli italiani », o delle baracche come lager per i nostri operai intorno alla Mercedes, che vi vivevano come reclusi volontari per poter risparmiare e mantenere le famiglie in Calabria o Sicilia. La minima « evasione » avrebbe pregiudicato una giornata di lavoro.

Ho visto alla TV regionale di Colonia un servizio su uno spazzino italiano che andava in pensione dopo un'intera vita dedicata a tener pulite le strade cittadine. Era diventato un personaggio perché al lavoro cantava a squarciagola e con bella voce romanze d'opera, rallegrando il risveglio dei concittadini di Heinrich Böll. Non parlava tedesco, e non era mai andato una volta al ristorante con gli amici, cucinandosi gli spaghetti su un fornellino nella sua unica stanza. Solo a questo prezzo era riuscito a far laureare tutti i suoi figli. «Questo è il compito di un uomo che ha famiglia», commentava, sorpreso che la TV lo trovasse così interessante da andarlo a intervistare.

Un altro italiano giunto in Germania negli stessi anni del netturbino di Colonia è il siciliano Giuseppe Vita, diventato capo della Schering, la multinazionale farmaceutica di Berlino. La notizia ha destato scarso interesse in Italia, perché non si «adatta» al *cliché* del nostro emigrato né a quello dei tedeschi che «odiano» gli stranieri. L'architetto Renzo Piano ricostruisce il «cuore» di Berlino, la Potsdamerplatz, che dovrà tornare a unire le due parti della città. Sempre a Berlino, Abbado dirige la Filarmonica. Le Mercedes, orgoglio nazionale, vengono «vestite» dal designer italiano Bruno Sacco. A Bonn, l'Opera è nelle mani di Giancarlo Del Monaco, che è riuscito a far dimenticare di essere figlio del tenore Mario. Gli hanno affidato un palcoscenico di provincia e con le sue idee ha attirato l'attenzione di tutto il mondo della lirica. Lo hanno accusato di spendere troppo, di aver sfondato il bilancio, il «solito italiano spendaccione», ma aveva ragione lui e gli hanno chiesto scusa.

Perfino Beckenbauer ammette che i calciatori tedeschi tornano maturati dal soggiorno in Italia e giocano meglio in nazionale. Tra le vittime della nuova xenofobia troviamo anche nostri connazionali, per la verità: uno picchiato ad Hannover, due malmenati a Francoforte. Finiscono in prima pagina ma a indagare meglio si scopre che si tratta di litigi tra vicini, questioni private. Non sempre, ma quasi sempre.

In complesso siamo meno discriminati di altri gruppi etnici, nonostante la mafia, che comincia a invadere la Repubblica Federale, ma gli emigrati «veri» sono in genere cittadini rispettosi delle leggi. In media, in un anno sono ospiti delle prigioni germaniche appena un migliaio di nostri compatrioti: uno su 557, una media più che invidiabile.

«*Italiener? Zwei linke Hände*», è la frase con cui viene

accolto Primo Levi dal sorvegliante del Lager: « Italiano, due mani sinistre », ed è l'unica battuta « umoristica » di *Se questo è un uomo*. Ma oggi i nostri lavoratori sono ricercati e apprezzati. Anni fa, il mio giornale mi sollecitò un articolo di denuncia contro la Volkswagen che in crisi licenziava i nostri emigrati. Gli operai italiani marciavano per protesta innanzi all'Ambasciata. Ma per poter essere licenziati. La « casa » di Wolfsburg concedeva un premio alle dimissioni (qui non esiste la liquidazione, se non espressamente riconosciuta per contratto), ma lo rifiutava agli italiani: « Non vogliamo che se ne vadano, loro sono essenziali per il ciclo lavorativo », mi spiegarono alla VW, « noi vogliamo liberarci degli impiegati tedeschi che non ci servono ». La piccola liquidazione era considerata una fortuna dagli italiani, per finire la casa in paese, o aprire un negozietto. I tedeschi non sapevano che farsene.

Eppure alcuni dati sembrano contraddirmi: la più alta percentuale di disoccupati fra gli emigrati è degli italiani, la più alta percentuale di bambini stranieri inviati alle *Sonderschule*, cioè alle scuole per chi è in ritardo mentale, è italiana. Ed è sempre nostra la percentuale più alta di chi lascia prima del termine la scuola dell'obbligo. Colpa dei tedeschi?

Dei 35mila italiani senza lavoro, l'80 per cento non sa pronunciare una semplice frase in tedesco, per non parlare di una qualifica professionale. Sono le nostre autorità che si disinteressano dei nostri emigrati, i cui figli finiscono nei corsi speciali non perché siano di intelligenza inferiore alla media ma perché non vengono assistiti da insegnanti « nella loro lingua », come avviene per i turchi o per i greci, spagnoli o portoghesi. Il nostro governo è intervenuto solo dopo che un nostro console a Stoccarda davanti alle autorità tedesche ha ammesso che « Roma se ne infischiava dei problemi scolastici » della comunità italiana. Il console è stato richiamato in sede, per punizione.

IV.

La Germania è una pin-up

GUERRA DI COPERTINE

Prima e dopo la riunificazione si apre una guerra, a colpi di copertine. La Germania sbattuta in prima pagina come una pin-up discinta per aumentare la tiratura delle riviste. A riguardare quei titoli, qualche tempo dopo, si ha un senso di disagio. Sono patetici. Neanche uno ha colpito il bersaglio (non cito riviste italiane, perché non ho pensato a metterle da parte, non per censura sciovinistica).

Si comincia con « L'Express » del 30 gennaio '87: un'aquila in volo con un biglietto da cento marchi tra gli artigli, quei bei fogli blu purtroppo messi fuori corso, e il titolo « Allemagne - L'envol d'un supergrand » (« Germania, prende il volo un supergrande »). Premonizione gallica?

Due anni dopo, con lodevole anticipo arriva per primo « Time » l'11 di settembre a domandarsi: « One Germany? », e un ago che cuce le due bandiere tedesche, un paio di mesi prima del crollo del « muro », quando ancora pochi tedeschi osavano pensare alla riunificazione. Il 26 febbraio del '90, « Newsweek » ci mostra ancora un'aquila teutonica minacciosa con le ali sollevate come un culturista che esibisce i muscoli, e il titolo: « A united GERMANY the new superpower ». Senza punto interrogativo. L'ampio articolo preannuncia che la nuova Germania tornerà a dominare l'Europa e si cita lo slogan scandito dai dimostranti: *« Wir sind wieder wer »* (« Siamo di nuovo qualcuno »). Si citano i dati dell'export, e la Germania con 354 miliardi di dollari balza in testa contro i 321 degli Usa, i 264 del Giappone, i 110 dell'Urss. Si sommano con rozza semplicità le cifre della Repubblica Federale e della morente DDR: nessuno che preveda il tracollo dell'economia « rossa »?

Singolare doppia e uguale copertina di « Time » a un anno di distanza. « Quasi » la stessa copertina. Il 25 giugno del '90, alla vigilia dell'unificazione valutaria, a poco più di tre mesi da quella politica, mentre la Germania si accinge a vincere i campionati del mondo di calcio a Roma, dal tronco tagliato d'una quercia si sviluppano due nuovi alberi più sottili ma rigogliosi; le loro chiome si intrecciano e le foglie hanno i colori della bandiera, dorate in basso, rossastre al centro, e più scure in alto. Su di esse campeggia la scritta: « Germany toward Unity ».

Lo stesso albero troviamo nel numero del 1° luglio '91, e il titolo: « Germany one year later »; un anno dopo, la chioma sulla destra è spelacchiata, perde le foglie, e le tinte rigogliose svaniscono in un bianco spettrale. È cominciata la crisi dell'ex Germania Est.

Ritorniamo all'estate precedente: il 9 luglio « Newsweek » ritrae due tedeschi che si stringono la mano sull'orlo dell'abisso, due mondi separati ancora, a sinistra i grattacieli della Germania opulenta, a destra le case e i campanili di una Germania antiquata, e più romantica. E il titolo avverte: « The Almighty Deutsche Mark - who'll prosper, who'll be hurt in the New Germany ».

Meno raffinato « Le Figaro-Magazine », il supplemento del quotidiano, che si limita il 29 settembre a pubblicare la foto di Kohl e Mitterrand, a fianco a fianco, e il Cancelliere con il suo fisico prorompente schiaccia il presidente francese. « *Achtung!* », avverte la rivista, « la France face à la grande Allemagne ». Un editoriale di Louis Powels denuncia l'arroganza tedesca che minaccia l'Europa e lamenta il declino della Francia. Si ricorda una frase di Mitterrand del '63: « Finché ci saranno delle Germanie potremo andarci a passeggio. Quando sarà nata una sola Germania finiremo di sorridere. Oggi ce ne sono due, possiamo dormire, almeno con un occhio aperto ».

L'italiano « Panorama » del 7 ottobre '90, l'unico superstite nel mio archivio, annuncia in copertina « Über alles », la nuova Germania, il gigante che dominerà il mondo. Lo stesso giorno « Le Point » ci mostra un Kohl « incinto » ripreso di profilo: « L'inquietude française - Quelle Allemagne va naître? ». E gli risponde « Der Spiegel »: l'aquila tedesca con gli artigli affondati nel mondo, e la domanda:

« Nach der Einheit Weltmacht Deutschland? »: « Dopo l'unità, Germania potenza mondiale? ». Il punto interrogativo sembra solo uno scrupolo d'eleganza. Sempre la rivista di Amburgo, nel febbraio del '92 torna sull'eterno tema dei tedeschi poco simpatici: un giovane muscoloso con la canottiera tricolore, come un flemmatico Atlante tiene sulla spalla il globo terrestre. Il titolo è senza interrogativo: « Die unbeliebten Deutschen », « i tedeschi non amati », perché *bewundert, gefürchtet, beneidet*, cioè ammirati, temuti, invidiati.

Proprio vero? Già il mese dopo lo stesso « Spiegel » cambia idea: l'atleta teutonico con la faccia di Kohl è in sfacelo, la canottiera trattiene a stento la pancia flaccida, e tenta invano di sollevare un manubrio con i marchi al posto dei pesi. « Grosse Pleite », annuncia il titolo, « grande fallimento », l'unità è senza prezzo, non può essere pagata?

I tedeschi se ne sono accorti, all'estero no. Ecco « Time » dell'aprile '92 con la solita aquila stilizzata che mostra i bicipiti: « Germany New Muscle old Fears » (« Nuovi muscoli antiche paure »). C'è un'invasione di aquile: volatile rosso fuoco per « Business Week », con un biglietto da venti marchi nel becco, e le zampe ovviamente poggiate sul nostro continente, sui Balcani e la Francia per l'esattezza. « Germany how it's shaping the future of Europe », annuncia la rivista americana.

Nel maggio del '92, invece, « The Economist » esce con una copertina quasi a lutto, fondo scuro, e un Kohl vestito di nero, di profilo, con gli occhiali, palesemente invecchiato, le guance cascanti. Su tutto spiccano i suoi capelli candidi e la scritta in giallo « The new German question ». Forse non tutto procede secondo il previsto. « L'Express » il mese seguente pubblica una copertina fitta di gente festante fra uno sventolio di bandiere con la semplice scritta « Les allemands », ognuno comprenda quel che vuole.

Finisce l'estate, e in settembre « Newsweek » insiste sul tema della forza con una caricatura: « Mr Big - Germany's mighty mark - a test of european unity » (« Il forte marco tedesco, un test per l'unità europea »), con Kohl che fa pendere l'altalena tutta dalla sua parte, con gli altri undici partner europei, più gli Stati Uniti, minuscoli, in precario equilibrio, che rischiano di cadere. Sono i giorni della tempesta valutaria, quando il Deutsche Mark miete vittime una dopo l'altra, la lira, la sterlina, la peseta, il dollaro. Ma le vittime non sono più colpevoli del loro boia?

Da settembre a marzo '93, dalla vigilia dell'autunno alla vigilia della primavera, e l'« Economist » sceglie un'altra caricatura: Kohl, la boccuccia stretta dal disappunto, al volante di una Mercedes cabriolet, e il titolo « The engine of Europe » (« Il motore d'Europa »), ma il cofano è spalancato e ne esce un fumo nero, la macchina teutonica ha fuso. E non si nasconde un certo compiacimento. Ma non era tutta colpa loro se eravamo nei guai fino al collo?

Finiamo con una copertina di speranza, quella di « Business Week » del maggio '93: in stile anni Venti un operaio stilizzato impugna una chiave inglese come se fosse un'arma, e il titolo annuncia: « The Struggle to regain its competitive Edge » (« Lo sforzo per riconquistare la sua competitività »). Chi? La Germania, naturalmente.

QUANDO TUTTO COMINCIA

È sempre sbagliato, o pretestuoso, fissare date precise per l'inizio o la fine di un amore, o di un'èra della storia. Di solito, quando si pensa: « Ecco, questo è l'istante in cui tutto sta per iniziare, o finire, una grande passione o una rivoluzione sociale », tutto si è già concluso da tempo, e non ce ne siamo accorti, o è cominciato a nostra insaputa. Siamo già entrati in un nuovo decennio, o in un nuovo secolo che, ovviamente, non corrisponde mai con il 31 dicembre a mezzanotte, come pretendono i calendari e, spesso, storici e sociologi.

Per me, il momento dell'inizio fu verso le sette di sera del 19 dicembre del 1989, innanzi alle rovine della Frauenkirche a Dresda. Il cancelliere Helmut Kohl non avrebbe potuto scegliere ora e luogo più adatti per rivolgere il suo « storico discorso » (così lo definì) ai futuri connazionali.

Il palco era stato innalzato nel cuore della Firenze dell'Elba, distrutta dai bombardamenti alleati negli ultimi mesi di guerra, che uccisero forse 100mila civili (il numero esatto non si saprà mai), in gran parte vecchi, donne e bambini, per fiaccare il morale delle truppe al fronte (e Churchill sbagliò i suoi calcoli). Dresda è il simbolo della Germania vittima e non solo colpevole.

L'immenso Cancelliere, vestito di blu, si stagliava contro il sole al tramonto in un tripudio di bandiere nuove di zecca, il tricolore tedesco senza più simboli, mentre poco più in là le giostre del Luna Park, in legno laccato, *altmodisch*, senza luccichii elettronici, come si usava in quella che era ancora la Germania Est, diffondevano parole natalizie, che non hanno confine: *« Oh Tannenbaum, oh Tannenbaum, wie grün sind deine Blätter »* (« Come sono verdi le tue foglie, albero di Natale »), mentre Kohl sopra la mia testa continuava a ripetere un altro termine sacro: *Vaterland*, «patria», un'ora storica per la patria, e le bandiere continuavano a sventolarmi sul viso. Quelle vecchie di cotone a cui avevano tagliato via dal centro le spighe di grano e il compasso della DDR, ricomponendo le strisce con un sapiente lavoro di patchwork, e quelle nuovissime, di materiale sintetico, lucide e viscide.

«Chi ve le ha fornite?» domandai ai più vicini.

«Le hanno cucite in casa le nostre mogli.»

«Sono tutte uguali», osservai. Un collega mi tirò indietro al momento giusto. Non mi ero accorto della diffidenza che mi circondava. Le bandiere erano state fornite a centinaia dai gruppi di destra dell'Ovest, i *Republikaner* della ex SS Franz Schönhuber in prima linea. Erano venuti altri gruppi di giovani con le bandiere della DDR, ma furono respinti senza tanti riguardi. Per me, la piazza della Frauenkirche non era colma, non più di diecimila persone, forse ventimila, tanto che le giostre continuarono a funzionare indisturbate, con le famiglie in fila, a comprare zucchero filato.

L'impressione alla TV, quando rividi la scena quella stessa sera, fu completamente diversa. Per il telegiornale erano venuti in centomila, in duecentomila, le telecamere escludevano le zone vuote. Sul video, lo spettacolo di Kohl contro il sole al tramonto, al di sopra di un mare di bandiere, tra gli inni e il ritorno ossessionante della parola *Vaterland*, avrebbe fatto arrossire perfino uno Zeffirelli. Per la storia, varranno sempre i duecentomila della TV contro i miei diecimila, ma questa contabilità ha poca importanza.

In quell'istante sentii che la *Stimmung*, il «modo di sentire», in Germania era cambiato, che la riunificazione contro cui si battevano ancora americani, inglesi, francesi, parte degli stessi tedeschi, era una cosa già compiuta, che i trattati internazionali avrebbero solo sancito e non deciso.

I grandi eventi cominciano con particolari trascurabili. Già qualche giorno dopo il crollo del «muro» le carte delle previsioni meteorologiche alla TV apparvero senza più confini, e comunicavano temperatura e pressione atmosferica di Lipsia e di Francoforte, quella sull'Oder, anche se per raggiungerle occorreva sempre il visto.

Alla fine dell'estate, quando le fughe dalla DDR stavano mettendo in ginocchio il regime di Honecker, intervistai il professor Jens Reich, biologo di fama internazionale, che era fra i fondatori di Neues Forum, il primo movimento di contestazione ufficiale.

« Lei pensa che si possa giungere a una riunificazione? », gli domandai, ma la domanda era ipotetica.

« E perché mai? La Germania è stata unita solo per settant'anni, e non sono stati i più felici della sua storia. Esiste un'identità per gli abitanti della Sassonia o del Brandeburgo all'Est, o della Renania o dell'Assia all'Ovest, che è forse più forte dell'identità nazionale di una Grande Germania. »

I primi dimostranti di Lipsia, all'inizio poche centinaia, che uscendo dalla Nikolaikirche sfilavano per il centro della città, vennero caricati dagli agenti della Stasi, la polizia segreta, perché innalzavano cartelli con la scritta: « Noi vogliamo rimanere qui ».

Ma il professor Reich, e molti con lui, si sbagliavano.

Di ritorno da Dresda, Kohl incontrò Mitterrand che era in visita a Berlino, proprio il giorno in cui si sarebbe riaperta la Porta di Brandeburgo, simbolo della potenza militare teutonica. « Andrà alla cerimonia? », domandammo al presidente francese, che aveva appena conquistato gli studenti dell'Università di Lipsia sostenendo di amare il popolo tedesco che l'aveva aiutato quando era fuggito da un campo di prigionia in Turingia, tornando in patria a piedi.

« No », rispose secco. « E se mi domandate: "Perché no?", vi dirò che non mi hanno invitato. E se mi avessero invitato, avrei detto sempre di no. »

In quell'istante, un funzionario dell'ambasciata francese gli porse un biglietto, e Mitterrand non riuscì a celare un sorriso di maligna soddisfazione: « D'altra parte, mi informano che la cerimonia non ci sarà ». Ma i diplomatici avevano commesso un errore di traduzione per *Feier*, festa o cerimonia. Non ci sarebbe stato giubilo per via dei morti di Timisoara, in gran parte inventati dalla TV, ma la cerimonia avrebbe avuto luogo. Bisogna scomodare Freud per spiegare questa gaffe? Da non dimenticare che il luogo dove sorge la Brandenburger Tor si chiama Pariserplatz.

La cerimonia, senza festa ma festosa, si svolse sotto la pioggia, e la cosa che più sembrò impressionare i miei amici della DDR fu che i loro connazionali «osavano parcheggiare le auto sui marciapiedi della Unter den Linden». Il loro mondo stava per tramontare.

La notte di San Silvestro, berlinesi eccitati dalla birra e dai fuochi d'artificio salirono sulla Porta e danneggiarono la quadriga di bronzo. Uno cadde e perse la vita. Così si iniziò l'anno che doveva portare all'unità delle Germanie, a cui solo il 7 per cento dei tedeschi qualche mese prima, secondo il consueto sondaggio di opinione, sperava di poter assistere un giorno. Lo stesso Gorbaciov diceva: «Nella storia non si può escludere nulla, ma forse se ne parlerà il prossimo secolo». Un assegno di venti miliardi di dollari offertogli da Kohl durante l'incontro del luglio '90 nel Caucaso affrettò la «procedura».

«Non mi piace la velocità con cui si corre verso la riunificazione», osò protestare Günther Grass in un duello televisivo con Rudolf Augstein, il fondatore e direttore di «Der Spiegel», il settimanale che è stato ed è un pilastro della democrazia federale.

«La riunificazione è partita ed è un treno che non si può fermare», replicò Augstein che, con sorpresa di molti, si era precipitato a cavalcare l'ondata di euforia nazionale.

«I treni della storia che non si possono più arrestare mi hanno sempre spaventato», commentò l'autore del *Tamburo di latta*, che essendo di Danzica ha sempre vissuto sulla propria pelle, fin da bambino, le vicende di una patria dai confini incerti come le maree. Le sue furono considerate ubbie da intellettuale.

«Il padrino dell'unità è stata la tristezza», denuncia Grass. «Il denaro sostituisce la mancanza di idee. Si sacrifica al vitello d'oro, al Deutsche Mark. Ma che parlo a fare? Chi mi ascolta?»

Non basta un assegno per quanto gigantesco a conquistare Gorbaciov. L'ex ambasciatore sovietico a Bonn, Falin, suo amico personale, e profondo conoscitore dei tedeschi, lo convince che «la riunificazione è possibile perché i nuovi tedeschi sono incapaci di condurre una guerra..., quindi la Germania unita non rappresenta nessun pericolo per l'Unione Sovietica ».

Le diffidenze sono più forti e manifeste all'Ovest.

« Per quasi mezzo secolo », dice lo storico Arnulf Baring, « noi dell'Ovest, per quanto all'inizio ci sentissimo minacciati, abbiamo vissuto in condizioni stabili e prevedibili, e molto benessere è cresciuto in questi decenni. All'est del continente, e quindi anche nella zona sovietica tedesca, imperava allo stesso tempo terrore e stagnazione... adesso si sono uniti benessere e desolazione. »

Certamente, Baring è uno di quegli storici che piacciono alla « Bild Zeitung » e ai giornali del gruppo Springer, ma aggiunge: « Secondo molti, con la riunificazione non è cambiato nulla, abbiamo ricevuto in regalo, contro le nostre aspettative, e anche contro le nostre intenzioni, la DDR ».

Il compito è immane e possibile, allo stesso tempo. In fondo, ci si rassicura, i 16 milioni di cittadini della ex DDR corrispondono agli abitanti di un Land come la Nord Renania Westfalia. La DDR, avverte Baring, « non è soltanto un problema finanziario, ma anche personale e psicologico..., e la psicologia è soprattutto una cosa che viene poco considerata in politica ».

« La Germania può scegliere un'Europa alla Jean Monnet, con una struttura federale, o un'Europa dai legami più lenti, dalla struttura confederativa, con una Germania dominante al centro », ritiene lo storico George Valance.

Gilles Martinet sentenzia: « Il 18mo secolo è stato francese, il 19mo britannico, il Ventesimo secolo sarà tedesco ». Il ministro inglese Nicholas Ridley nel '90 commentò rozzamente: « Il Mec è un *German Racket* con il compito di conquistare l'Europa », e perse il posto. Due anni dopo, il « Financial Times » si ricorda di lui: « Forse non sbagliava », scrive.

« La Germania sta per prendere il timone in Europa », avverte James Rollo del Royal Institute of International Affairs di Londra, « un tempo i francesi ricattavano i tedeschi, lo abbiamo fatto un po' tutti, adesso possono fare quel che vogliono e dobbiamo abituarci. »

« Ma che vogliono i tedeschi? », comincia a domandarsi il francese « L'Expansion ». E « Le Point » gli fa eco: « Un'Europe allemande? ». « L'immagine dei tedeschi è rapidamente cambiata in pochi mesi », osserva « Der Spiegel ». « Si allarga la sfiducia nei nostri confronti », ammonisce il leader socialista Oskar Lafontaine. « Non ci piace come i tedeschi cominciano a mostrare i muscoli », commenta il « New York Times », ed usa un termine, *assertiviness*, la cui traduzione è ambigua, tra « energia » e « arroganza ». Ma non era stato lo stesso Bush a salutare i tedeschi come « il principale partner in Europa »? Si chiede a Bonn una leadership, ma non si vuole che si ponga in prima linea? « L'Allemagne agace », commenta Yves Cau su « L'Express ».

La nascita della brigata franco-tedesca, 4200 uomini a Böblingen, ha uno scopo duplice, se non triplice nelle intenzioni: da una parte, Parigi la gioca in chiave antiamericana, dall'altra obbliga la Germania a spartire la guida militare nella nuova Nato, mentre per i tedeschi il legame speciale con Parigi è una sorta di assicurazione, di impegno, a non subire la tentazione di una nuova Rapallo, di cui quest'anno ricorre il 70mo anniversario.

« La Germania ha cominciato una nuova forma di dominazione, non con le armi ma con il Deutsche Mark », osserva Jaroslav Kabylka, della « Business International » di Vienna; « conquisterà l'Est con i suoi banchieri. »

Il ministro degli Esteri Hans Dietrich Genscher osservò: « Adesso la Germania controlla nuovamente il cuore dell'Europa. Rispetto a noi gli altri popoli sono diventati periferici: gli inglesi sulla loro isola, i francesi schiacciati di fronte all'Atlantico, gli spagnoli e gli italiani chiusi nelle loro penisole, il resto, danesi, olandesi, belgi, lussemburghesi, irlandesi, greci, portoghesi, senza peso... Toccherà dunque a noi dare il buon esempio e costruire un nuovo ordine internazionale ».

È la risposta all'interrogativo di « Le Point ». « La geografia è l'unica costante nei rapporti internazionali », diceva Bismarck, e con la caduta dei blocchi la Grande Germania si ritrova a fare da cerniera tra Est e Ovest. Gli americani la vogliono limitare al ruolo di avamposto, ai margini del mondo del disordine e della povertà. Come continuerà a fare da ago della bilancia tra Est e Ovest, come voleva Genscher, che infatti si è ritirato, più che per il cuore logoro, perché il suo gioco era finito, se non esiste equilibrio possibile.

Ricomincia il vecchio sogno: ecco, torna a spalancarsi l'Est, tramutato in una colonia commerciale fino agli Urali. Si creerà un asse Bonn (o Berlino) con Mosca, con l'Austria e il Giappone, contro il nuovo polo Parigi-Londra, e l'America che torna a sprofondare nel proprio isolazionismo? Sembra il sogno di un paranoico. Ma in passato anche i paranoici hanno avuto il loro seguito.

L'ungherese Laszlo Land, del Budapester European Research Center, dichiara: «Questa è una zona di influenza tedesca. Chi deve investire da questa parte? I Giapponesi?». Tentano anche loro, per la verità, ma trovano le stesse difficoltà degli altri europei. In tutti i Paesi della Mitteleuropa, i manager della Repubblica Federale sono largamente al primo posto per *joint-ventures*, grazie alla vicinanza, alle facilità linguistiche, ai vecchi rapporti, anche quelli della Germania Est. I funzionari «rossi» sono stati assunti dalle industrie occidentali: sanno come trattare con i loro partner d'un tempo, che non è poi così lontano, senza metterli in imbarazzo con la «tipica superiorità capitalistica». «Sognatori sono coloro che sognano che la Mitteleuropa sia un sogno», scrive Günther Nenning sul settimanale viennese «Profil».

I giornali popolari tedeschi propongono uno sciovinistico Euromark, ma un Kohl più pragmatico ha già proposto ai francesi di battezzare pure la valuta con «Eurofranc», purché la Banca Europea abbia sede a Francoforte. I nuovi tedeschi badano molto meno ai simboli di quanto ci ostiniamo a credere.

All'Est si conia l'espressione *«Deutsche Mark Imperialismus»*, ma ci si arrende con masochistica gioia, e qualche lamento.

Si chiedono marchi, o si pretendono, in nome dei favori concessi prima dell'unificazione (come da Budapest che lasciò passare i tedeschi dell'Est fuggitivi), o in riparazione dei vecchi torti, come ricorda Walesa, che poi protesta per la «germanizzazione» del suo Paese.

Nei casinò di Varsavia o di Praga si gioca in marchi, e Walesa progetta di tramutare Danzica in una sorta di Las Vegas del Baltico, ma «gli invasori non sono immuni dal contagio». L'Europa dell'Est è preda di uno sfrenato nazionalismo, e l'infezione dilaga nella vicina Germania. Non è un caso che, nonostante i divieti, il best-seller della stagione a Varsavia sia il *Mein Kampf* di Hitler.

Il crollo del blocco orientale riporta alla luce «vecchi peccati» diplomaticamente dimenticati in questo mezzo secolo.

La «Weltwoche» di Zurigo si preoccupa: «Ciò che ci minaccia è una Mitteleuropa tedesca, con la complicità dell'Austria», che riscopre il fascino del potente vicino, mentre Jörg Haider, il giovane e bello leader dell'FPO, il partito liberale, che conquista voti copiando gli slogan dal *Mein Kampf*, sogna di ricreare «una nazione tedesca, dal Memel all'Adige».

«La germanizzazione della Mitteleuropa», osservano gli svizzeri, «è inevitabile, e c'è poco da fare per impedirla.» Forse che il céco Kafka non scriveva in tedesco? Con il crollo del «muro» la Mitteleuropa che avevamo dimenticato si ripresenta alla nostra porta: in autostrada (e verrà costruita, dai tedeschi), Praga sarà a poco più di un'ora da Norimberga, e si progetta di unire Varsavia e Mosca a Francoforte con gli ICE, i treni superveloci da 250 km all'ora.

Ma la Mitteleuropa non è più identica al nostro sogno, è un luogo della mente più che una zona geografica. A Praga, nel 1988, così lontano e così vicino, gli oppositori del regime mi mostrarono una carta geografica in cui al posto delle città erano segnati i nomi di coloro che vi erano nati, Billy Wilder e Lubitsch, Kafka, Canetti, Gustav Mahler... e decine di altri, emigrati o uccisi nei forni crematori. La Mitteleuropa era formata da un'intelligenza, in gran parte ebrea, che è stata spazzata via. Oggi esiste solo una classe che vuole arricchire al più presto, in Deutsche Mark.

« La Germania è diventata di nuovo il *Land der Mitte*, la regione del centro », si esalta « Die Welt »; « da una parte ci sono 400 milioni di uomini privi di tutto e 150 milioni di lavoratori mal pagati. Essi rappresentano la crisi di oggi, ma anche i partner e i mercati di domani. Non si tratta di volere l'integrazione europea a ogni prezzo, ma bensì si deve cercare nei prossimi decenni di creare una zona di libero scambio fino al Pacifico. »

LA PAURA DEI TEDESCHI

« Perché noi tedeschi vediamo sempre nero? », si domanda il settimanale popolare « Neue Revue », e accompagna l'articolo con foto di Boris Becker, Steffi Graf, Helmut Kohl che, pur nel momento del successo, tradiscono preoccupazione e pessimismo. Alla domanda se la bottiglia è mezza piena o mezza vuota, 80 milioni di tedeschi sceglierebbero la seconda più triste versione. Non è un tratto caratteriale su cui scherzare.

Uno storico come l'americano Gordon A. Craig dedica un saggio al problema: « Perché i tedeschi vedono sempre nero? ». Nelle carte private di Dean Rusk, ministro degli Esteri sotto Kennedy e Johnson, ricorda Craig, c'è un memorandum in cui si prende in giro Adenauer « che deve costantemente rassicurare... tutto è nell'ordine migliore, e non c'è alcun pericolo, né alcuna catastrofe alla porta ». Richard Pearle, sottosegretario agli Esteri di Reagan, commenta: « Devo sempre prendere per mano i tedeschi e rassicurarli ».

I tedeschi, scrive Craig, sono i più convinti della legge di Murphy, secondo cui se qualcosa può andar male, prima o poi ci andrà, ma si dimenticano del secondo corollario: « Però ci sarà sempre qualcuno che riuscirà a mettere a posto le cose ». I tedeschi pensano sempre al peggio: si attendono che l'ufficiale giudiziario bussi alla porta mentre la cucina va in fiamme.

Certo, le esperienze recenti, due guerre, due inflazioni, due dittature, l'orrore dell'Olocausto, qualcuno osserverà, non inducono all'ottimismo; ma quest'aspetto del carattere appartiene a un remoto passato. Lo ritroviamo in Lutero e in Beethoven, nel « vecchio Fritz » e in Wagner.

In altri popoli le sfortune della storia hanno provocato

effetti diversi: il napoletano vive alla giornata e invita a « dimenticarsi del passato », il siciliano non canta, e tramuta il pessimismo esistenziale in una filosofia di vita che non gli guasta il pranzo. Nulla cambia.

Invece il tedesco appena starnuta pensa di avere la polmonite e che gli antibiotici saranno scaduti e inservibili. Se l'inflazione supera il 4 per cento, ecco che « ritorna lo spettro di Weimar ». All'inizio, ci ho creduto: se lo dicono loro, la situazione sarà grave sul serio. Ma lo dicono da sempre, e rifiutano irritati ogni tentativo di rassicurarli.

Lo svizzero Fritz René Alleman con quest'intento scrisse un libro: *Bonn ist nicht Weimar*. Nel 1955. « Bonn non è Weimar ». I tedeschi lo criticarono con sufficienza: il bravo Fritz poteva essere ottimista, al rifugio dietro le montagne e le banche svizzere.

Leggiamo la corrispondenza tra Karl Jaspers e Hanna Arendt, ci invita Craig. Lei è ebrea e si può capire la diffidenza verso la neonata Repubblica Federale: « Questa cosiddetta Repubblica è proprio come l'ultima », scrive al maestro, e lui risponde di essere completamente d'accordo. « Per quel che riguarda la Bundesrepublik non c'è da spendere parole. Il suo tracollo è scritto in viso », prevede Hanna. Nel '65 Jaspers pubblica *Wohin treibt die Bundesrepublik*, « Dove va a finire la Repubblica », e Hanna è d'accordo: « La situazione spirituale del tempo mi ricorda il 1931 ». Due anni dopo arriva al potere Hitler, ma a Bonn arriva la grande coalizione e quattro anni dopo Willy Brandt diventa Cancelliere.

Negli anni Settanta, si torna a parlare di Weimar: il marco scricchiola, i terroristi della Baader-Meinhof sono imprendibili e nel '72 si deve ricorrere a elezioni anticipate. Si parla di Weimar e di « situazione italiana », un'espressione sinonimo di caos e miseria. La Repubblica Federale come l'Italia dai cinquanta governi.

A che cosa serve osservare che il marco è in difficoltà ma per eccessivo benessere, come un crapulone che mangi troppo, perché a Francoforte arrivano un miliardo di dollari al minuto, spediti da speculatori internazionali che considerano la Germania « una scommessa sicura »?

Dopo la riunificazione, ecco tornare lo spettro di Weimar: inflazione, mio Dio, il 4,3 per cento, i disoccupati che superano i quattro milioni, mai così tanti dal 1932, ricordano i giornali, e un anno dopo arrivò Hitler. Ma in percentuale i disoccupati della Repubblica di Weimar sono ben più di quelli d'oggi, e allora chi perdeva il posto aveva ben poche speranze di trovare un'altra occupazione e soprattutto non aveva alcuna assistenza. Lo attendeva la strada, e la fame.

È una sorta di paura innata, un timore esistenziale, ereditario, parte della loro natura come i capelli biondi e la pelle chiara. Non è facile avvertire in tempo quando dalla paura i tedeschi cominciano a scivolare nell'angoscia, nel panico. Proprio perché la paura è un sentimento quotidiano e, direi, «normale».

Noi siamo più abituati a fronteggiare le situazioni d'emergenza, perché siamo più superficiali, o semplicemente più allenati. Non si ha più paura dell'acqua fredda se si continua a far naufragio. I tedeschi cominciano a misurare la temperatura del mare e a tenere tavole rotonde sugli squali al primo scricchiolio dello scafo.

Forse è proprio questa la differenza. Noi non pensiamo mai alla catastrofe, la esorcizziamo, e pensiamo che comunque ce la caveremo. Quando il disastro avviene ci prende impreparati. Semplicemente non abbiamo avuto il tempo di aver paura, e dopo bisogna nuotare. I tedeschi continuano a veder nero e si preparano al peggio, giorno dopo giorno. La catastrofe viene sempre rinviata, diventa qualcosa di familiare, di casalingo, ci si abitua all'apocalisse perenne. Quando si trovano «davvero» in piena tragedia, non se l'aspettano più e perdono la testa. Travolgendo quel che gli sta intorno, mettendo in pericolo loro e noi. Ecco, non bisognerebbe avere paura dei tedeschi, proprio per dargli coraggio. La nostra paura potrebbe diventare contagiosa, con effetti imprevedibili.

PAURA DEI TEDESCHI?

« Come amare i tedeschi », quasi il titolo di questo libro, era l'indicazione di massima che avevo suggerito per una conferenza sulla Germania a Ravenna, su invito della locale società di amicizia italo-tedesca. Quando giunsi, vidi che sui manifesti la mia proposta era stata cambiata in « Paura dei tedeschi? ». Alla vigilia i naziskin avevano dato alle fiamme una casa abitata da turchi a Mölln, pochi chilometri da Amburgo, e bruciato vive tre giovani donne.

Da realista, mi attendevo una sala semivuota, e invece era affollata. Per il tema, non per me. Paura dei tedeschi? No, esordii, e il pubblico insorse, con educazione come si usa da quelle parti. Però alla fine li convinsi. Forse non li convinsi tutti e del tutto. Diciamo che l'incontro si concluse alla pari.

Quando l'incendio di Mölln si ripeté, a Pentecoste del '93 a Solingen, con altri cinque turchi bruciati vivi, Helmut Kohl si rifiutò ostinatamente di spostarsi da Bonn a Colonia, venticinque chilometri, per presenziare ai funerali delle vittime. Il mondo intero condannò l'insensibilità del Cancelliere. Ci andò il presidente della Repubblica von Weizsäcker ma non fu sufficiente per salvare l'immagine della Germania.

Sospetto che Kohl non sia un mostro di sensibilità, ma le accuse allora erano ingiuste. Sbagliava, ma non perché fosse indifferente alla tragedia: temeva, recandosi alla moschea di Colonia, di confermare le accuse alla Germania, di dare una dimensione politica e nazionale alla tragedia di Solingen. Aveva paura anche davanti ai propri occhi di ammettere che non si trattava di un atto di teppismo degenerato commesso da pochi e isolati stolti, e di mettere sul banco degli accusati la Germania intera recandosi « da Cancelliere » ai funerali.

È un terreno minato ed è difficile non venire fraintesi. Quasi impossibile uscire dalla morsa: « Solo i tedeschi sono capaci di questo, ecco che tornano i vecchi nazi, i tedeschi non cambiano », da una parte, e dell'altra: « Naziskin ci sono ovunque, a Solingen come a Londra, a Foggia come a Parigi ». Certo, è così facile cedere alla tentazione e sposare una bella tesi, chiara, senza ambiguità. Di preferenza la prima.

I naziskin sono dappertutto in Europa, da Mosca a Varsavia, da Marsiglia a Londra, e Roma, ma, lo si voglia o no, sia giusto o no, una testa pelata che grida *« Heil Hitler »* a Rostock suscita più inquietudine di un naziskin di Liverpool. E non cambia granché il fatto che quel ragazzotto andasse magari ancora alle elementari quando cadde il « muro » e non sappia neanche chi fosse Hitler.

Esistono dozzine di volumi dedicati all'analisi sociologica del fenomeno neonazi in Germania. E ognuno rimane della propria idea, autori e lettori: la Germania di Kohl è il IV Reich, o lo diventerà presto, oppure i naziskin sono teppistelli che si annoiano. Vorrei solo ricordare i tre punti di cui sono assolutamente sicuro:

1) I neonazi non sono un frutto della caduta del « muro », né sono provocati dalla ritrovata presunta grandezza d'una nuova Germania unita. Esistevano anche nella DDR. La svolta dell'89 li ha resi solo più visibili nell'ex Germania comunista e nella Mitteleuropa, senza dimenticare Mosca.

2) È un errore affrontare il problema neonazi come se fosse una riedizione del nazismo degli anni Trenta. Sarà altrettanto pericoloso, ma si tratta di un altro morbo, che va curato con metodi e rimedi diversi, se esistono, e non consultando i libri di storia.

3) « Siamo tutti tedeschi, noi europei »; lo ha scritto una persona al di sopra di ogni sospetto come Arrigo Levi. A voce, mi ha aggiunto: « Ma loro non se la possono prendere poi tanto per le accuse che giungono dall'estero. È passato ancora troppo poco tempo dall'Olocausto, ed è un prezzo accettabile e comprensibile da pagare ».

Se a sventolare la svastica è un adolescente tedesco il

mondo sussulta, e direi che i tedeschi dovrebbero accettare questa «particolarità», anche se perfino il Cancelliere, per usare una sua espressione, gode della cosiddetta «grazia di una nascita tardiva». È ingiusto parlare di una colpa collettiva, e di una responsabilità collettiva, ma c'è un dovere al ricordo. Da parte nostra, si dovrebbe evitare di calcare la mano, proprio per non avere reazioni del tipo di Kohl dopo Solingen.

I tedeschi responsabili - e sono convinto che siano la maggioranza - reagiscono con sensibilità estrema a ogni rigurgito neonazi, e molti, come il Cancelliere, per rassicurare e rassicurarsi sono pronti a ogni contorsione, cercano gli alibi più improbabili, le scuse più patetiche per sminuire il problema, o per sostenere che non esiste. Il risultato è che la loro reazione finisce coll'essere sbagliata, o inadeguata. Consideriamoli pure «particolari» ma dimostriamo loro la nostra solidarietà, «in quanto afflitti dagli stessi problemi».

Le censure, le mezze verità, il ritardo con cui vengono diffuse le notizie sulle violenze dei naziskin non sono la prova d'una partecipazione ideologica dei mass-media e delle autorità. Dimostrano solo il loro imbarazzo. Sono goffi, non complici.

EUROPA TEDESCA O GERMANIA EUROPEA

« Da dove viene? », mi domandò un vicino d'aereo in un volo per il Centro America.

« Dall'Europa. »

« Ah, dalla Germania », commentò ed aggiunse: « Io vengo dal Texas ».

Se mai ci sarà, l'Europa unita sarà un'Europa alla tedesca. « L'Europe sera-t-elle Allemande? », si domanda « Le Point », con in copertina la solita aquila prussiana circondata dalle dodici stelle comunitarie, il 22 febbraio del '92.

« La Germania diventerà la potenza militare guida d'Europa », si allarma il « Daily Telegraph », ma nonostante la buona opinione che godono in Italia, i quotidiani britannici di solito seguono più i propri pregiudizi che le notizie.

« Meglio un'Europa guidata dalla Germania che un'Europa senza guida », riconosce invece Reginald Dale dell'« International Herald Tribune ».

Oggi, per l'86 per cento dei francesi e il 74 per cento dei tedeschi, l'asse portante d'Europa è il patto tra Parigi e Bonn. E lo stesso ritengono i principi dell'industria. Edzard Reuter, il capo della Daimler-Benz, il colosso di Stoccarda più forte del governo di Bonn, dichiara: « La *partnership* franco-tedesca non è sostituibile. Se fallirà, niente altro riuscirà ». È un accordo che assomiglia molto a un patto d'amore tra due amanti che vanno a letto insieme, ma con il pugnale sotto il cuscino per punire il partner in caso di tradimento.

In Germania, Peter Glotz, l'ideologo del partito socialdemocratico, ricorda: « In questo secolo i tedeschi hanno fallito sanguinosamente due volte quando hanno tentato di distruggere l'equilibrio degli Stati. Dovrebbero dunque cercare di venire integrati in un sistema dove ciò non sarebbe più possibile. Ed è quanto pensavano i padri fondatori della Comunità europea ».

La Germania viene invitata di continuo ad « assumersi le sue nuove responsabilità » nella politica europea e mondiale, in economia e in finanza, sacrificando il Deutsche Mark per gli interessi degli alleati in crisi, e spedendo i suoi soldati qua e là per il mondo. Ma appena Bonn si muove tutti si allarmano.

Il destino della nuova Germania è di essere criticata qualunque sia la sua scelta. Si tiene fuori dalla guerra, ed è accusata di vile egoismo. Prende l'iniziativa nel conflitto dei balcani e le si rinfaccia di seguire la politica di Hitler. Kohl parla di *Erfolg*, di « successo », con il riconoscimento della Croazia e della Slovenia, ma il « New York Times » traduce con *Sieg*, « vittoria »: la politica di Genscher si è imposta contro gli altri undici alleati europei. « Ma in nessun luogo è stato dimenticato tranne in Germania che fu Hitler a "creare" la Croazia per darla al feroce fascista Ante Pavelic », commenta Heinrich Jaenecke.

« Finalmente fuori dal convoglio », trionfa « Die Welt »; « per la prima volta la politica estera tedesca abbandona il convoglio occidentale. » E ciò sembra più importante del commento di « Die Zeit »: « Abbiamo impiegato la nostra forza per il bene d'Europa ».

Con il senno di poi, forse Genscher ha sbagliato nell'affrettare il riconoscimento di Slovenia e Croazia, o forse la politica nei Balcani andava continuata in una direzione diversa da quella che ha preso, ma non si può accusare Bonn di avere mire espansionistiche nei Balcani, « secondo la vecchia tradizione ». Anzi, qui ci si allarma ogni volta che dall'Italia giungono voci secondo cui saremmo noi a voler rivedere i confini con l'Istria.

Si accusa la Germania di « aver dimenticato » l'Europa dopo l'unificazione, troppo presa dai problemi della ricostruzione nell'ex DDR, e al contempo di voler dominare la Comunità, perché chiede qualche posto in più al Parlamento europeo, dato che i tedeschi sono aumentati di numero, o che la lingua di Goethe diventi una delle lingue ufficiali della Comunità, come il francese o l'inglese.

Il nostro De Benedetti scrive un articolo pubblicato dallo « Spiegel » dal titolo indicativo: « Non vogliamo morire per Dresda ». Secondo lui, la Germania attraverso la Bundesbank « succhia valuta per il mondo » per finanziare la ricostruzione.

Sarà vero, ma spagnoli e italiani e portoghesi e greci non hanno chiesto e ottenuto finanziamenti dalla Comunità per le loro regioni in crisi? Ora anche la Repubblica Federale conosce la novità di avere una zona depressa, all'Est e non al Sud. E comunque un manager come De Benedetti « sa » che ognuno fa gli affari che può, come può, quanto può. Perché scandalizzarsi se a sfruttare le leggi di mercato e della finanza sono i tedeschi? Chi investe in Germania pensa di compiere un buon affare. Prevedere che il crollo del « muro » avrebbe cambiato i rapporti europei non era certo difficile.

I più europeisti (a parole) siamo noi italiani, seguiti dai tedeschi, veramente convinti che i loro problemi possano essere risolti più facilmente grazie all'integrazione europea. Kohl, e non solo lui, è diventato il paladino dei Paesi della Mitteleuropa che chiedono a loro volta di entrare nel Club di Bruxelles. In nome dell'ideale d'Europa o in previsione di proficui affari all'Est? Allargare eccessivamente la Comunità non significa forse svuotarla di significato, proprio quando ai tedeschi fa comodo?

I pessimisti potranno avere ragione con i loro sospetti « antideutsch » ma lamentarsi serve a poco. Si dovrebbe reagire, ma chi è in grado di tentarlo? Forse l'effetto Germania avrà il risultato di scardinare una Comunità burocratica per un'altra unione su altre basi e su confini più ampi, e che non finisca alla Sprea.

L'Europa alla tedesca non sarà comunque quella paventata oggi, perché anche i tedeschi, come cerco di dimostrare, hanno acquistato altri difetti o virtù europee, sono diventati più francesi o italiani di quanto vogliamo sospettare.

Sarò un illuso, ma prima o poi a un tedesco in volo per il Centro America qualcuno domanderà da dove viene, e alla risposta: « Da Berlino », il texano commenterà: « Ah Berlino, dall'Europa ».

V.
Lo Stato

MARTIN E KARL, SENZA DIMENTICARE MARK

Il sistema sociale tedesco è un ibrido, un corpo con due anime in conflitto perenne, ma il contrasto si risolve in un compromesso rinnovato di continuo, stabile nella sua incertezza. È basato sui princìpi del libero mercato e allo stesso tempo sulla solidarietà di matrice cristiana e socialista. Non si arriva alla società spietata americana, o al cinismo della Thatcher, pur rispettando le leggi dell'economia e della finanza, e si cerca di tutelare il capitale insieme con i diritti del più debole, le esigenze della grande industria e le necessità dell'individuo. Lutero, Marx, la Chiesa cattolica e il Deutsche Mark si ritrovano in un miscuglio che soddisfa tutti e non piace a nessuno. Ma funziona.

Non sempre, e spesso non bene, con esagerazioni in un senso o in quello opposto, con forze contrarie che si compensano a vicenda, senza che l'equilibrio porti all'immobilismo. Si continua a oscillare, il percorso è sinuoso, ma alla fine si rispetta la rotta. Il ricco diventa più ricco, il povero resta povero, e qualche volta riesce perfino a migliorare le proprie condizioni. Non si muore di fame, si ha sempre un tetto, sia pure in un container. E chi bussa alla porta non viene respinto. Caso mai rispedito indietro, dopo avergli concesso una sosta.

La giustizia sociale non è perfetta ma in nessun luogo si vive meglio che in Germania. Altri Paesi sono più ricchi, ed in altri si offrono più garanzie ai singoli. Perfino da noi, sovente solo sulla carta. Troviamo così dei liberali conservatori in economia, che si battono per gli sgravi fiscali alle imprese, e ammoniscono contro le sovvenzioni troppo generose, e l'assistenza indiscriminata, e al contempo si trovano su posizioni avanzate quando sono in gioco le libertà democratiche. O socialisti come Karl Schiller ed Helmut

Schmidt che favoriscono il miracolo economico senza « viziare » i lavoratori. Alla Volkswagen – che è impresa statale, una rarità in Germania – che in un momento di crisi chiedeva aiuti Schmidt rispose: « Costruite auto migliori, o chiudete ». Loro le progettarono, ed ebbero successo, a scapito delle nostre.

Si tassa il capitale solo perché lo pretendono i giudici della Corte Costituzionale, preoccupati che la giustizia fiscale sia uguale per tutti. E il ministro delle Finanze, il conservatore Theo Waigel, obbedisce « il meno che può », per non scatenare la fuga all'estero delle fortune in marchi. Quando un'industria è in difficoltà può licenziare, e la cassa integrazione è considerata una follia italica. E chi resta senza lavoro non viene abbandonato a se stesso. Ottiene l'80 per cento dell'ultimo salario per un anno, e anche più, secondo i casi. E può riscuotere il sussidio disoccupazione in vacanza. Il denaro gli sarà inviato a Majorca o alle Canarie, dove il costo della vita è inferiore, purché si ripresenti ogni tre mesi all'ufficio del lavoro.

Deve anche assoggettarsi ai corsi di riqualificazione professionale, e verrà pagato per tutto il periodo. Un mestiere non è per la vita. Ma si rispettano le idiosincrasie del singolo. Un camionista a cui era stato offerto di guidare un camion della spazzatura a Francoforte ha risposto: « Io non faccio un lavoro per turchi », che sono l'80 per cento dei dipendenti della nettezza urbana nella capitale finanziaria. Aveva torto, ma continuarono a pagargli il corso e il sussidio.

Il disoccupato è tenuto ad accettare un nuovo posto in una località diversa: dalla nordica Amburgo trasferirsi nella meridionale Monaco, ed è come chiedere a un veneziano di andare a lavorare a Palermo. Un'elasticità possibile perché il sistema lo consente. Trovare casa non sarà facile, ma non è impossibile come da noi. Ed il fisco accetta in detrazione le spese di trasloco.

Se non pagate l'affitto vi sbattono fuori, ma non finirete sotto un ponte come a New York. Ed il padrone di casa non può troncare il contratto a suo piacere o non rinnovarlo senza un fondato motivo. Anche l'uso personale, previsto, non sempre consente lo sfratto: se il proprietario, o il suo familiare, ha bisogno dell'appartamento può tentare di trovarne uno simile in zona, e allo stesso affitto. Non ci perde e non ci guadagna, e viene riconosciuto di fatto anche il diritto dell'inquilino a conservare la casa dove abita da anni, con i suoi ricordi, le sue abitudini.

Non c'è un equo canone all'italiana, ma l'affitto deve restare entro una certa media secondo l'appartamento e il quartiere, e non può essere aumentato a capriccio. Ci sono eccezioni. Io a Berlino pago almeno tre volte di più di chi abita sotto di me, un berlinese che gode del particolare privilegio dell'ex città divisa, e naturalmente si guarda bene dall'andarsene. Con pragmatismo, per venire incontro alla scarsezza degli alloggi si è permesso di trasformare le soffitte, ed in cerca di casa non ho trovato che *Dachgeschoss*, cioè mansarde trasformate da architetti postmoderni, che piazzano cupole di plexiglass sopra la vasca da bagno e in camera da letto. Sarà poetico aprire gli occhi all'alba e vedere un corvo o una gazza che sorvolano il mio letto, o fare la doccia sbirciato dai gabbiani, ma il sole sorge presto ed escogitare tende circolari o triangolari costa un patrimonio.

Se non si raggiunge una media soddisfacente non si andrà al liceo ma si verrà dirottati su una scuola professionale. In certe facoltà esiste il numero chiuso, che si apre secondo il voto ottenuto all'Abitur, la nostra maturità.

I voti vanno dall'uno, il massimo, al cinque, insufficiente. Ed occorre un due per ottenere un posto in medicina. Ci si domanda perché un brutto voto in latino o in storia, che ci fa precipitare sul tre, ci impedirà di diventare dentisti o architetti. Ma queste sono le regole del gioco, che non vengono cambiate mentre la partita è in corso. E chi si può permettere una scuola privata riesce a recuperare l'handicap di un brutto voto alle medie, o alla disperata impara l'italiano e tenta di diventare medico a Roma o a Napoli.

La partita è dura, e con qualcuno l'arbitro è compiacente, ma non ci fischierà un rigore contro se non lo meritiamo. E se siamo i migliori, se il fiato basta e le gambe reggono, saremo noi a vincere. Bisogna avere la fortuna di non attraversare una crisi di giovinezza, un amore troppo intenso, un divorzio dei genitori, una malattia, un colpo di sfortuna. Non si concedono tempi supplementari. Ma alla fine non ci ingannano con un diploma senza valore.

Dopo, è quasi fatta. La disoccupazione giovanile è un quarto della nostra. Un dato che segna la differenza tra una situazione senza uscita e una che ci lascia sperare. Agli emarginati per scelta o per disgrazia rimane l'assistenza pubblica, che in italiano suona più umiliante di *Sozialhilfe*. Per alcuni è fin troppo generosa: genitori con un paio di figli ricevono tra le varie voci, casa, bambini, vestiario, un paio di centinaia di marchi in meno rispetto al salario del capofamiglia, con tutti gli extra.

« Bisogna ridare dignità al lavoro e premiarlo », ha ammonito il Cancelliere. Alcuni miei amici di Berlino solo dopo la caduta del « muro » e la fine delle speciali agevolazioni concesse a questo avamposto del « mondo libero », oggi a quarant'anni suonati sono posti davanti alla eventualità di dover lavorare sul serio.

Bastano lavori alternativi, parziali e saltuari per arrotondare i contributi sociali, e concedersi perfino una vacanza a Ibiza, una volta all'anno. A chi è senza lavoro, dopo il contributo per l'affitto, a volte superiore a quello reale in caso di coabitazione e finti contratti (anche i tedeschi in caso di necessità si scoprono napoletani), il contributo per il riscaldamento e il sussidio per le spese alimentari, si concedono buoni per il vestiario, due paia di scarpe all'anno, un cappotto ogni due. E non è obbligatorio comprarlo, si può sempre ricorrere al « seconda mano ».

« Parto per Mallorca, in vacanza », mi annunciò una conoscente, che sapevo priva di mezzi.

« E come fai? »

« Mi sono venduta i funerali », spiegò. Non era una battuta. Il *Sozialamt* pagava per le esequie circa cinquemila marchi, se non ricordo male. Lei era riuscita a trovare un'impresa di pompe funebri più economica.

« "A noi non importa", mi hanno detto quelli dell'assistenza sociale, "ci porti una ricevuta che provi il pagamento, che il problema sia risolto, e si tenga il resto". » E così fece, e vi assicuro che non è una favola urbana.

Anche se per noi italiani ha un gusto un po' macabro andare al mare risparmiando sulla bara, la mia amica berlinese non aveva fatto che imitare Radetzky, vecchia nostra conoscenza scolastica. Grande giocatore, meno abile sul tavolo verde che sul campo di battaglia, il generale saldò i suoi debiti d'onore grazie a un fan.

«Invece di farsi seppellire nella Cripta dei Cappuccini come eroe nazionale», gli propose, «venga nella mia tomba di famiglia, accanto a me.» Radetzky «vendé» il proprio cadavere, e l'acquirente si conquistò una fama riflessa grazie allo storico vicino di bara.

Senza giungere agli estremi di Radetzky e della sua imitatrice, anche se adesso si stringono i cordoni della borsa, a Berlino e in Germania il *Sozialamt* continua ad assistere quanti per scelta o per sfortuna non sono in grado di procurarsi un reddito. Non sarà allegro ma neanche troppo umiliante (dato che è un vostro diritto), e mi sembra che sia comunque meno umiliante di una cassa integrazione a vita, o di dover ricorrere a mille stratagemmi per ottenere una falsa minima pensione da invalido, come si è costretti da noi.

Le mutue funzionano, sempre meno e con qualche ingiustizia. Se all'infermiera in sala d'aspetto pronunciate le fatidiche parole *«Privat Patient»*, passate davanti agli altri, senza attesa, ma nessuno viene respinto in ospedale o obbligato a svenarsi per una clinica privata.

Alla vigilia di una campagna elettorale difficile e dall'esito più che incerto, il ministro del Lavoro, il cristiano democratico Norbert Blüm, è riuscito a imporre il suo progetto, per cui si batteva da anni, per la *Pflegeversicherung*, cioè l'assistenza agli inabili, circa un milione e 800 mila in Germania. Curare un anziano che non riesce più a badare a se stesso, o chiunque sia rimasto vittima d'un grave incidente, o sia colpito da gravi mali, costa in media fino a 5 milioni di lire al mese, e neanche i benestanti possono permettersi una simile spesa, per anni. I tedeschi ora avranno questa sicurezza, ma con un costo supplementare per i datori di lavoro e per i lavoratori, costretti anche a rinunciare a un giorno di ferie all'anno. Quale governo avrebbe avuto il coraggio di aumentare i contributi a qualche mese dalle elezioni? Naturalmente a questa nuova forma di assistenza è stato dato scarso o nullo rilievo all'estero.

Per finire, il sistema è pieno di difetti e di ingiustizie, ma meno numerosi e meno gravi che altrove. I tedeschi ne sono scontenti, com'è inevitabile, ma sono più avanti rispetto agli altri. Con tutte le approssimazioni possibili, hanno creato una società che è esattamente il contrario della nostra. Noi siamo riusciti a mettere insieme gli svantaggi di un caotico sistema capitalistico con i difetti della retorica socialista. Loro sono riusciti a far sedere alla stessa tavola Martin Lutero e Karl Marx, entrambi buone forchette. E il conto lo fanno pagare all'uno e all'altro. Con la possibilità di farselo rimborsare dall'azienda o dal fisco.

I PALADINI DELLO STATO

I *Beamte*, i funzionari statali, sono una sorta di ordine cavalleresco, a tutela dell'amministrazione pubblica come Lancillotto e Artù si battevano per il Santo Graal.

Un tempo, invece dell'armatura, indossavano la divisa, ben riconoscibile per attività e grado, dal postino al suo capoufficio. Militari e ufficiali civili dell'Impero guglielmino, e ogni *Beamte*, pur sperduto in un catasto di provincia, potevano provare l'orgoglio di un comandante in prima linea, e passare in rassegna i loro lindi scaffali come un colonnello dei dragoni un attimo prima di comandare una carica gloriosa.

I *Beamte* hanno privilegi e doveri negati agli altri comuni cittadini. Il primo e il più importante, in un Paese dove si può venir licenziati con preavviso di un mese in caso di crisi, il diritto al posto di lavoro è sacro, dall'assunzione alla pensione, che è più ricca ed arriva prima. Diritto pagato con il divieto di scioperare, norma che ha fatto sgorgare fiumi d'inchiostro ai commentatori stranieri sull'ordinamento antidemocratico dello Stato tedesco.

Qui ribattono che nessuno ti obbliga a diventare un funzionario pubblico, e se ti va di scioperare è meglio che ti scegli un'altra attività «meno onorevole», consiglio che vale (o valeva) in Germania dove l'impiego pubblico è una meta e non un ripiego, una scappatoia alla fame come da noi. È sufficiente che scioperino settanta *Beamte*, mi hanno spiegato, per paralizzare la nazione, e questo era un lusso che solo l'Italia si poteva permettere.

I *Beamte* hanno anche altri privilegi: una tredicesima effettiva, e non una gratifica come gli altri lavoratori, e quindi soggetta a riduzioni. La mutua più efficiente e con contributi più esigui, e così via.

Le virtù del *Beamte* vengono date per scontate e finiscono col coincidere con i soliti valori nazionali: laboriosità, onestà, affidabilità. I tedeschi guardano indietro al mitico passato e trovano (al 55 per cento) che i *Beamte* oggi sono superflui, e propongono di abolirli. « Sono una specie in via di estinzione », commenta il settimanale « Focus »; « che diventino semplici impiegati come i loro sottoposti. »

Per la verità, il 58 per cento dei cittadini li trova ancora « qualificati », ma è più alta la percentuale dei *Beamte* che ritiene di meritarsi questo giudizio: il 76 per cento. Infatti, il 30 per cento li trova anche orgogliosi e arroganti, il 55 li giudica « amichevoli », il 53 « precisi », ma già un tedesco su cinque li ritiene « sgarbati », una percentuale minacciosa in un Paese che trova preoccupante tutto ciò che si allontana sia pur di poco dalla perfezione.

Soprattutto, i *Beamte* sono troppi e troppo cari: su 7 milioni di statali, pari al 7 per cento della popolazione, neonati compresi, i *Beamte* sono un milione e 900mila. Come nell'esercito infantile della via Paal, ufficiali e sottufficiali abbondano rispetto alla truppa (che invece può perdere il posto). All'erario costano 80 miliardi di marchi all'anno, 80mila miliardi di lire, un conto che si potrebbe ridurre senza perdere in efficienza. Le cronache di questo *Jurassicstaat* raccontano di una professoressa di medicina che non ha insegnato un solo giorno in cinque anni e ha incassato 400mila marchi (400 milioni di lire) e di un suo collega di liceo che marcava visita perché « allergico agli studenti ».

I loro stipendi vanno da un minimo di 3mila marchi lordi (meno di tre milioni di lire) ai 12mila di un direttore ministeriale. Ma si calcola che metà delle tasse se ne vada per il personale, e le paghe vengono integrate con « voci » dal sapore medioevale: il controllore che pizzica un portoghese sull'autobus riceve una « taglia » di 5 pfennig (50 lire) più il 2 per cento della multa eventualmente inflitta. C'è perfino uno straordinario se la nebbia scende sul porto. Tra sconti sulle assicurazioni e premi matrimoniali, gli extra sanciti per legge sono oltre 400.

Il professor Jürgen Weber di Coblenza è l'uomo più odiato dai *Beamte*: ha preparato un piano in dieci punti per ridurre il loro costo e i loro privilegi e per aumentare la produttività, che con divisa o senza, è della metà rispetto al settore privato. Offenbach, città alle porte di Francoforte, celebre per la sua Fiera del cuoio e per aver ospitato la prima fiera del sesso al mondo in un lontanissimo '69, è ricorsa a un «mercenario privato» per risolvere il problema *Beamte*. Ha assunto il consigliere di problemi aziendali Gerahrd Grandke, trentanove anni, per combattere la montagna di debiti, 700 miliardi di lire, per un centro di 110mila abitanti, e l'esperto ha ridotto i dipendenti da 2540 a 1450 e intende arrivare a 1200 e al pareggio. Il «modello Offenbach» sarà applicato a tutta la Germania?

I Comuni rischiano di dichiarare fallimento. Tutti insieme hanno debiti per 150 miliardi di marchi (150mila miliardi di lire). Ma c'è un'eccezione: a Raesfeld, paese di diecimila abitanti, a ovest di Münster, in Nord Renania Westfalia, il bilancio è in attivo, sia pure di poco. «E senza rinunciare a nulla», afferma il sindaco Maria Honvehlmann, quarantun anni; «nulla di quel che conta», precisa. Lei invece di comprare una nuova auto blu si reca in municipio con la sua Vespa.

A Raesfeld hanno aperto sei *Kindergarten*, hanno costruito un centro sportivo, rifatto la canalizzazione, acquistato un camion dei pompieri nuovo fiammante, ma stando attenti ai centesimi. Invece di chiedere un prestito per costruire la piscina, costo minimo un miliardo di lire, due volte alla settimana chi vuole può salire gratis su un bus e recarsi nella piscina di Borken, il paese a dieci chilometri di distanza. Costo annuo: 13mila marchi. E si è cercato di affidare ai privati ogni servizio possibile, a cominciare dalla nettezza urbana, o l'assistenza scolastica. Il personale del municipio è ridotto al minimo. La segretaria di *Frau* Maria batte a macchina le lettere anche per gli altri uffici, e non si rifiuta di fare la telefonista.

«Noi siamo gente che non getta i quattrini», dice il sindaco, «un bilancio sano è una questione d'onore per ogni famiglia, e nessuno pensa di comprare mobili nuovi o di andare in vacanza pagando a rate.» Naturalmente anche il sindaco e gli assessori non pesano sul bilancio: da vent'anni nessuno chiede rimborsi a causa dell'attività pubblica, e i gettoni di presenza sono fermi a 10 marchi a seduta invece dei 18 concessi dalla legge.

A me italiano questi *Beamte* pieni di difetti sembrano personaggi da fantaburocrazia rispetto ai nostri dipendenti pubblici. Paragone di cui i tedeschi si infischiano. Quando nacque mio figlio ad Amburgo, l'andai a denunciare allo Stato civile l'ultimo giorno, come sempre càpita. « Il certificato di matrimonio », mi chiese la *Beamtin*.

« Non l'ho mai avuto, e se l'ho avuto l'ho perduto. »

« Chieda un duplicato e torni tra una settimana », insisté lei.

« Tornerò tra sette anni, se va bene. » Lei sorrise, conosceva le difficoltà burocratiche mie e dei miei compatrioti, mi rassicurò: « Dichiari quel che vuole, sulla sua parola d'onore », propose. E così feci. « Ma », lei aggiunse, « chieda il certificato e me lo porti con calma, e non si offenda se le telefonerò per un sollecito... »

Fu costretta a telefonare, e io non mi offesi. Intanto avevamo risolto il nostro problema « sulla parola ». Lo so che è possibile adesso anche in Italia, ma in teoria. In Germania non è una prassi normale solo perché non è necessario provare di essere in vita e di appartenere alla razza umana per qualsiasi evenienza.

I documenti se li procura e se li controlla, se vuole, chi è addetto ai controlli. E chiedere un duplicato non è un dramma. Ho perso la patente tedesca e l'ho scoperto al confine di Basilea quando me l'hanno chiesta. Hanno controllato per computer se effettivamente l'avevo e mi hanno lasciato proseguire con la raccomandazione di procurarmela al più presto.

Avevo ottenuto la patente quasi vent'anni prima e ad Amburgo. Come fare? Andai all'ufficio responsabile più vicino nella zona di Bonn, a Siegburg, roccaforte di burocrati che lavorano nella capitale. Non sono molto gentili, per la verità.

« Chieda un attestato ad Amburgo e poi torni da noi. »

« Dove ad Amburgo? »

« Si arrangi », fu la risposta brutale.

All'ufficio informazioni dei telefoni chiesi il numero del *Verkersamt* (la Motorizzazione) di Amburgo. « Di quale zona? » Non vi era un solo ufficio competente per il mio caso, mi spiegò la telefonista, niente affatto competente per la questione.

Le diedi il mio vecchio indirizzo e lei mi fornì il numero. Sbagliato.

Ma a questo punto in Germania non vi abbandonano più. Poco precisi e molto gentili. Di numero in numero, sempre non esatto, alla quinta tappa arrivai infine alla persona responsabile. Sempre una donna.

« Quando ha ottenuto la patente? Le manderemo una fotocopia se lei ci invia sette marchi in francobolli per le spese. »

Le dissi l'anno dell'esame ma sbagliai di un paio di mesi. Lei trovò ugualmente la pagina della registrazione e a giro di posta mi inviò la fotocopia. Con essa tornai a Siegburg, e insieme con una foto e altri 27 marchi ottenni un documento provvisorio, e dopo un mese il duplicato.

Ho perso più tempo perché ignoravo la procedura e perché intanto mi ero trasferito. Di fatto basta una telefonata. Che cosa accadrebbe se perdessi la patente rilasciatami a Palermo quando Kennedy non era ancora presidente?

I tedeschi si sentono oppressi dalla loro burocrazia e avranno anche ragione. Ricordano magari altri tempi quando era meglio, ma li assicuro che il loro è un paradiso in confronto al nostro, anche se il paragone – prevedo – non li consola affatto.

Una delle ragioni fondamentali per cui vivo bene all'estero è la fuga dalle carte quotidiane che mi minacciano in Italia, pratiche incomprensibili da svolgere subito, pena condanne severissime, multe e prigione. Ho calcolato che vivere in Germania mi fa risparmiare almeno un'ora di vita al giorno. E questo mi consola. La mia « fuga » non è però totale, ovviamente. Di quando in quando un tentacolo repellente della burocrazia della mia Vaterland mi raggiunge anche a Berlino, Amburgo o a Bonn.

Con effetti catastrofici, perché mi si chiedono documenti che non è possibile ottenere, semplicemente perché in

Germania non esistono. Di solito, a certificati di stato in vita, e simili, provvedono pazienti impiegati del consolato. Ma non sempre. E ogni volta ho trovato comprensione dagli impiegati tedeschi che mi hanno accolto come un profugo alla ricerca di rifugio burocratico e non politico.

Come quella volta che per una collaborazione alla TV italiana mi fu chiesto un certificato del fisco tedesco in cui si garantiva che io pagavo le tasse in Germania, ad evitare la trattenuta d'acconto in Italia in base all'accordo sulla doppia tassazione firmato dai nostri due paesi. L'impiegato delle imposte firmò il modulo inviato da Roma.

« Sbagliato », mi dissero dall'Italia, « hanno firmato il nostro modulo. »

« E allora? »

« Era un facsimile. Lei deve far copiare il nostro modulo dall'impiegato tedesco che poi lo firmerà. » Incredibile, ma lui eseguì. Per la verità lo corruppi, e non se ne rese conto. Affermai solennemente che la Germania avrebbe vinto i campionati del mondo di calcio in Italia, anche se non lo credevo. Noi italiani, come si sa, siamo senza scrupoli. Sbagliato ancora. L'impiegato doveva copiare il modulo sulla sua carta, e su di essa io dovevo scrivere che non percepivo redditi in Italia, e ancora una volta il tedesco doveva firmare che, « a quanto a lui constava », io dicevo la verità.

« Lei non può scrivere nulla sulla nostra carta », osservò giustamente, ma era ben disposto nei miei confronti: la Germania aveva vinto il titolo, e non ci eravamo neppure scontrati sul campo.

« Mi arrendo », dissi.

« No, io ho la soluzione: lei scriva quel che vuole su una carta qualsiasi. Io la vidimo con il nostro timbro e sotto garantisco che lei a quanto mi consta non guadagna un marco in Italia. Tanto di quel che lei fa in Italia a noi non importa niente. » E così fece.

La Germania di Beckenbauer si era meritata il titolo di campione del mondo, pensai. Mandai l'ennesimo documento in Italia e non ne seppi più nulla. Dopo sei mesi ricevetti il mio compenso. Meno la trattenuta d'acconto, anche sulle spese.

RISPETTO PER IL CITTADINO

Il tedesco rispetta l'autorità. Di quando in quando anche un pregiudizio può essere vero. Il cittadino è sempre dalla parte dello Stato, per principio, e chi detiene il potere ha ragione. Il *Kanzlersbonus*, che è meglio tradurre liberamente il «vantaggio del Cancelliere», indica appunto l'handicap dello sfidante contro chi è già capo del governo. La vittoria ai punti non esiste, bisogna mettere k.o. il campione per prevalere.

In caso di dubbio, il favore va al Cancelliere, e lo sfidante deve stare attento a non usare toni troppo violenti. Al contrario di quanto avviene da noi, per gli specialisti delle risse televisive, chi aggredisce viene giudicato un maleducato che disturba la quiete sociale.

Sì, ma anche l'autorità rispetta l'individuo. O quasi sempre. È questa la base del patto sociale che resiste in Germania. Da una parte e dall'altra vale la parola data, fino a prova contraria. E non c'è perdono per chi sgarra. I tedeschi non hanno mai perdonato a Helmut Kohl la bugia elettorale al primo voto dopo l'unificazione. Promise che non avrebbe aumentato le tasse e pochi mesi dopo fu costretto a rimangiarsi la parola.

Il Cancelliere in passato, con molta franchezza, aveva ammesso di essersi sbagliato, e più d'una volta. Lo ripeté anche quando «mise le mani in tasca» ai contribuenti: «Mi dispiace, ho sbagliato i conti». In questo caso non servì. E si iniziò la parabola discendente di Kohl, che sperava di superare il record di durata del Cancelliere di Ferro, Konrad Adenauer.

Allo stesso modo le dichiarazioni dei cittadini vengono accettate per oro colato. I guai cominciano se da un controllo risulta che ho asserito il falso.

Il tedesco sa che il suo Stato non è perfetto. Ma non è una mostruosità cangiante e furbastra all'italiana, pronta a cambiare le regole del gioco quando le conviene, a esigere e a non dare, sprezzante dei diritti individuali e spietata nel perseguire futili distrazioni come atroci delitti. In fondo anche gli errori dello Stato in Germania sono prevedibili e si può porvi rimedio.

« Sciatterie pubbliche », denuncia la « Berliner Morgenpost », e fra i vari esempi di funzionari statali pigri e incompetenti, leggo: « Ben 157 giorni di attesa per ricevere il denaro percepito in più dal fisco ». Gli italiani farebbero un balzo di gioia, abituati a pazientare per un paio di lustri, per ottenere somme largamente svalutate. Già detto che ai tedeschi dei guai nostri e degli altri europei in genere poco importa. Loro pretendono la perfezione.

Forse dovrebbero cominciare a imparare la moderazione.

Ritornato dalle vacanze natalizie in Italia, trovai una lettera del fisco che mi annunciava un credito a mio favore d'un migliaio di marchi. Mentre continuavo ad aprire la posta accumulata in mia assenza, già mi domandavo che cosa avrei dovuto fare per riscuotere la somma, quando mi accorsi che era già stata versata sul mio conto in banca. Non ne avevo mai comunicato il numero al fisco, ma l'impiegato si era limitato a controllare da quale banca pagavo le mie imposte. Normale per i tedeschi, fantastico per me.

In Germania si pagano le tasse, ci rimproverano i nostri politici. Per cominciare, le aliquote, per quanto sempre in aumento, non sono catastrofiche come quelle italiane. Perfino lo scorbutico cancelliere Helmut Schmidt, a cui non eravamo del tutto simpatici, nelle sue memorie osserva che « se un imprenditore italiano dovesse realmente pagare tutte le imposte, tributi e balzelli fino all'ultima lira, dovrebbe versare al fisco il 120 per cento delle entrate ».

I tedeschi non sono dei santi. Se possono, le imposte le evadono, ma se le pagano sanno che il denaro, non tutto almeno, non viene dilapidato, bruciato, sottratto al bene pubblico. Il cittadino può contare che avrà in cambio servizi, garanzie, sicurezza. Da quando ho cominciato a lavorare la pensione per i giornalisti è cambiata almeno quattro volte: il massimo dopo venti anni, con un tetto, senza tetto, il massimo dopo trenta anni, o dopo trentacinque, con l'80 o il 90 per cento della media degli ultimi cinque anni. No, degli ultimi dieci; dei migliori dieci. Diritto (o obbligo?) della pensione a cinquantacinque o sessanta? E oggi, ma probabilmente non più domani, quando compirò sessant'anni, dovrò attendere i sessantuno e quindi i sessantadue, impegnato in una gara come Achille contro la tartaruga. E al traguardo, temo, scoprirò che non c'è alcun premio ad attendermi. Un tedesco avrà il massimo della pensione, l'80 per cento del salario, solo dopo quarant'anni di lavoro. Per un laureato è di fatto impossibile. Ma sa anche che la pensione non viene decretata come un premio della lotteria come da noi. La cifra è quella uguale per tutti coloro che hanno versato gli stessi contributi e hanno lavorato per lo stesso periodo. E soprattutto possono essere sicuri che la somma con cui vanno in pensione, aumentata dell'1 o 2 per cento annuo, basterà a farli campare anche dopo vent'anni, senza l'incubo di dover bruciare i risparmi o ricorrere all'aiuto dei figli.

Un patto sociale garantito da un eccezionale padrino, il Deutsche Mark, anzi bisognerebbe dire madrina, dato che il marco in tedesco è femminile. All'estero, in Italia, come in Francia o in Gran Bretagna, non si comprende la rigida ostinatezza con cui la Bundesbank difende la stabilità della valuta nazionale.

Tassi d'inflazione ridicoli in confronto ai nostri inducono non solo i giornali ma anche gli addetti ai lavori, finanzieri, politici e banchieri, a sventolare lo spettro di Weimar, e compaiono rievocazioni sui tempi in cui un uovo costava un milione di Reichsmark a colazione, e un miliardo a cena. La soglia di guardia è il 4 per cento, oltre cui si prevede il disastro nazionale, l'inizio di una drammatica inflazione. Noi sorridiamo, i direttori delle altre Banche Centrali si arrabbiano, ma il cittadino tedesco si addormenta tranquillo. Magari dubita che Dio esista, ma crede nella Bundesbank.

UNA GIORNATA PARTICOLARE

Il postino arrivava a casa mia alle nove meno cinque. Ma abitavo in fondo alla strada, ed ero fra gli ultimi a ricevere la posta. Lui era in divisa e aveva le chiavi per aprire il cancello del giardino e raggiungere le cassette degli inquilini. Quando è andato in pensione, l'ha sostituito una postina in jeans: una studentessa universitaria che ha scelto questo modo per mantenersi agli studi. Non porta la divisa, anche se ai tempi di Bismarck nessuno ci rinunciava, neanche terminato l'orario di lavoro. Era un onore.

La ragazza arriva in ritardo, ma se ne scusa: da mezz'ora, in poche settimane siamo scesi a venti minuti: deve imparare bene gli indirizzi. Quando piove si ripara in qualche negozio: si sa, mormorano le mie vicine, i giovani non sono come una volta. E neanche la posta, *der Gelbe Riese*, « il gigante giallo », come viene soprannominata.

Vent'anni fa il postino suonava due volte al giorno, ricordano con nostalgia, e saliva fino al piano, e le poste erano in attivo come ai tempi dei principi Thurn und Taxis, che si arricchirono grazie a plichi e diligenze. Furono loro a « dare » il nome ai taxi. La vedova dell'ultimo discendente, la principessa Gloria, è una celebrità anche da noi. Perso il marito, ha smesso i capelli alla punk, verdi o amaranto, ha licenziato i collaboratori infedeli e ha messo all'asta le gioie di famiglia per pagare le tasse.

Eppure, nonostante le critiche, una lettera arriva da Amburgo a Monaco entro le 24 ore. Ma non sempre, si adirano i tedeschi. Solo il 79,7 per cento delle missive rispetta questo tempo. All'Ovest si è all'83,6 ma « un Paese civile », si sostiene, deve arrivare a una media del 90 per cento, come il Lussemburgo o la Danimarca. Quando cerco di difendere la mia postina (« Quelli sono Paesi piccoli, vogliamo mettere? »), gli amici tedeschi si irritano. « Non è una scusa, questa », ribattono. Il ministro italiano competente sostiene che da noi il 14 per cento delle lettere arriva in giornata. Non si può infierire. Non è un bugiardo, solo che si vergogna.

Parlo di lettere normali. Qui gli espressi sono una cosa seria, e devo avvertire gli amici italiani di non inviarmeli. Il postino si precipita a casa, a qualsiasi ora, e a Berlino dove abito all'ultimo piano si fa cinque piani con ritmo da pentatleta (perché l'ascensore è chiuso a chiave). Se non mi trova si riporta indietro il prezioso plico e dopo una settimana lo rispedisce al mittente.

Un esercito di 550mila impiegati è al servizio del « gigante giallo », e il 60 per cento è addetto allo smistamento della posta, con un fatturato pari al terzo del totale. Ma lavorano in perdita, quasi tremila miliardi di lire all'anno. Un tempo a coprire il buco ci pensava la sezione telecomunicazioni, con un attivo di quasi tremila miliardi, anche se le tariffe telefoniche sono rimaste quasi invariate nell'ultimo quarto di secolo: 20 pfennig contro i 23 di adesso a unità, e 30 se si telefona da una cabina pubblica. È vero, 25 anni fa corrispondevano a 15 lire e adesso siamo a poco meno di 230, ma solo perché il Deutsche Mark nel frattempo è balzato da 155 lire a quasi mille. In realtà i prezzi interni per i tedeschi si sono dimezzati.

E si scoprono piccoli « misteri » europei: una telefonata dalla mia casa di Berlino all'Italia costa circa un marco al minuto; in senso inverso, da Roma a Berlino, una volta e mezzo, e sempre grazie al marco. Prima dell'ultima svalutazione costava il doppio, benché la Telekom tedesca faccia salire il conto per le chiamate su lunga distanza a favore di quelle urbane o entro la regione, che altrimenti dovrebbero costare dieci volte di più. Il *Quatschen*, « le chiacchiere », sono un diritto quasi sancito dalla Costituzione, e molti pensionati e persone sole godono della bolletta gratuita (si paga ogni mese e il costo base si aggira sui 26 marchi).

In qualunque altra nazione, si sarebbe andati avanti di questo passo secondo la regola « una mano lava l'altra »: gli uni perdono e gli altri guadagnano, i conti tornano. Invece in Germania il gigante si è spaccato in due: da una parte la vecchia posta, dall'altra la nuova Telekom, cui è affidato lo sviluppo delle telecomunicazioni. « Un Paese non può sperare di progredire se poste e telefoni non funzionano », ha detto il cancelliere Kohl. E l'ex Germania Est verrà dotata della più avanzata rete telefonica del mondo, promettono i tecnici.

Per il momento, anche in certi quartieri della ex Berlino orientale i tempi di attesa per ottenere un apparecchio arrivano ai quattro anni. Quando mi sono trasferito da Bonn, in una via centrale « all'Ovest », ho chiesto tre linee e quanto tempo avrei dovuto attendere: « *Kein Problem*, lei è giornalista ». Il *Kein Problem*, « non c'è problema », era un'espressione magica nella Germania d'un tempo. Ci si poteva fidare a occhi chiusi.

Quando sono giunto con il camion del trasloco, le linee non c'erano. « Che cosa avevamo detto? *Kein Problem*: lei è giornalista, le avrà in tre mesi, gli altri attendono un anno; si affitti un telefonino. » Ho fatto intervenire da Bonn il *Bundespressamt*, l'ufficio federale della stampa, e l'associazione Stampa estera.

« È un problema nostro, non della Federazione », hanno risposto gelidamente.

Mi ero cacciato in un conflitto tra il potere locale e il Bund, tra la Prussia e il Reno. Ho affittato un telefonino. Per una settimana non ha funzionato. La mia tessera era abilitata ma non ricevevo il « passi » dal satellite. « Misteri », si sono giustificati. Il *Funktelephon*, che suona più autorevole di « telefonino », ovviamente non serve per il fax, così sono diventato anch'io « un ragazzo dello zoo di Berlino », la stazione dove si trova uno dei pochi apparecchi che il cliente può utilizzare di persona. Tra drogati, poliziotti con giganteschi cani lupo, barboni, alcolizzati, profughi dell'Est che mi scambiavano per un dipendente del « gigante giallo » e mi chiedevano di inviare fax a Volgograd o a Samarcanda (ci sono anche riuscito), e collezionisti di tessere telefoniche. Gli unici pericolosi erano questi ultimi.

Con i telefonini ci si arrangia a Berlino e nell'ex DDR.

La densità degli apparecchi è pari a quella italiana, il 15 per mille, eppure per le strade e nei locali non si vede mai nessuno aggirarsi con il *Funktelephon* appeso alla cintura, come la colt di un cow-boy, o intento a stupide telefonate al bar o al tavolo del ristorante. Ma questo non è un mistero: è solo prova di educazione. E in molti locali l'uso del telefonino è vietato: sarà indispensabile come gli stuzzicadenti, e come questi adoperato con pudore.

Però tra tedeschi dell'Est che implorano un numero e Telekom che non paga più i conti ci si è messi a risparmiare. Al mio ufficio postale berlinese su dodici sportelli non ne sono in funzione mai più di tre, e si formano code, sconosciute fino a ieri in Germania. Coda in tedesco si dice *Schlange*, « serpente »; in realtà finora sono lombrichi in confronto alle Anaconde che infestano i nostri uffici. Il governo ha annunciato anche la soppressione di migliaia di uffici poco redditizi. Gli utenti faranno qualche centinaio di metri in più, o potranno andare dal giornalaio, spedire un espresso dalla ricevitoria del lotto. I tedeschi sono scesi in piazza manifestando « in difesa delle poste ». L'ufficio postale di quartiere, in ogni paese, fa parte della nostra civiltà, sostengono.

Pur impegnati nel risparmio, i tedeschi hanno investito oltre 400 miliardi di lire per cambiare il numero di codice postale, da quattro a cinque cifre, aumento reso necessario dalla riunificazione (località a Est e a Ovest avevano lo stesso numero). Alcune sono rimaste con la stessa cifra anche dopo, ma sono queste le panne che fanno impazzire i tedeschi e che invece li rendono simpatici. Per mesi, le poste hanno tempestato con spot televisivi affidati a registi da oscar, e milioni di ditte, uffici, privati hanno dovuto riorganizzare i propri archivi.

Provate a spedire un espresso senza i fatidici cinque numeretti. L'impiegato vi respingerà come uno scolaretto che non ha fatto i compiti. Accetta solo le lettere per l'Italia.

« Manca il codice », mi avverte.

« Da noi non serve. » Lui scuote la testa e timbra la busta.

Dopo questo primo impatto mattiniero con i servizi statali, i mezzi di comunicazione: posso scegliere fra un tram che passa appena due volte all'ora, ma con assoluta puntualità, e finisce la sua corsa sotto la stazione: una dozzina di chilometri per 3,60 marchi, 3600 lire, ma ovviamente ci si può abbonare. Oppure un taxi che arriverà sotto casa mia, anche se lo chiamo dal centro, con il tassametro spento. Sarà una Mercedes, o al peggio un'Audi, e il primo scatto mi costerà quanto il biglietto del tram. Cinquantamila lire per l'aeroporto, che è a una distanza superiore a quella di Fiumicino, senza extra, supplementi, penali, ritorni e altri balzelli.

Posso usare la mia auto, se non sta passando il Tüv, la severa revisione obbligatoria ogni due anni, mentre ogni dodici mesi va controllato il tasso di inquinamento degli scarichi. Un appuntamento che non si tramuta in incubo come da noi. Vengo avvisato con una cartolina e se voglio posso spostare la data e l'orario indicato, e anche anticiparlo. C'è stato qualche inghippo al Tüv – tutto il mondo è paese – ma solo i tedeschi si scandalizzano per queste piccolezze. Non godo di sgravi fiscali perché la mia auto non può adottare la marmitta catalitica. L'addetto del Tüv quando vide la mia Alfa 2000 Coupé vecchia di ventidue anni, sospirò e mi strizzò l'occhio: «La sua non è un'auto, è una diva». Me la promosse a pieni voti. Un impiegato statale con senso dell'humour e non sciovinista.

Non faccio code per il bollo: ho indicato alla motorizzazione il mio numero di banca e annualmente prelevano da soli la cifra dovuta. Lo stesso avviene per l'assicurazione. Avete notato che le auto tedesche non hanno il parabrezza deturpato da alcun bollo o ricevuta? A un mio collega è stata rubata l'auto e la polizia non l'ha ritrovata nel tempo dovuto. Dopo il risarcimento dell'assicurazione è arrivato in banca anche quello della tassa di circolazione per i mesi già pagati in anticipo dalla data del furto. Da bravo italiano non avevo neanche pensato che fosse possibile chiedere il rimborso. La mia patente tedesca, ottenuta vent'anni fa, è sempre valida, senza controlli medici e senza balzelli annuali, purché non violi il codice o venga sorpreso brillo al volante. Una generosità magari esagerata: i giornali periodicamente pubblicano notizie di baldi novantenni che « volontariamente » restituiscono il permesso di guida, ottenuto quando Hemingway faceva la fame a Parigi. Un suggerimento a imitarli.

LA SOCIETÀ MULTINAZIONALE

Sto per atterrare a Francoforte e la hostess della Lufthansa che mi avverte di allacciare le cinture è italiana. E porta un nome italiano il miglior ristorante dello scalo più grande di Germania. Il taxista che mi conduce in centro è giunto dieci anni fa dal Pakistan. Il portiere dell'albergo è greco, e alla reception mi accoglie ancora un italiano. Il ragazzo dell'ascensore ha il viso orientale, e la cameriera al piano viene dall'Africa, ma non capisco esattamente da dove. Non parla una parola di tedesco, e finge di conoscere l'inglese. La mattina dopo, alla prima colazione, il giovane cameriere sarà particolarmente gentile. Fa i doppi turni per risparmiare e aprire al più presto una pizzeria «nella sua Romania». Non sarà più il primo, mi spiega, ma vuole essere il migliore. Non ho consigli per un'ottima Margherita?

Il 25 per cento degli abitanti di Francoforte, la capitale finanziaria di Germania, è straniero. Senza di loro la città si trasformerebbe in un letamaio, i grattacieli delle banche diventerebbero impraticabili, e nessuno riuscirebbe a raggiungerli perché i mezzi pubblici sarebbero paralizzati. «Il 13 per cento dei ragazzi delle scuole medie nella mia Stoccarda sono stranieri, turchi, o spagnoli o croati, ma parlano il dialetto svevo meglio di me», mi dice Manfred Rommel, sindaco della città, e figlio della «Volpe del Deserto». È stato il primo a chiedere il diritto di voto per la comunità straniera in Germania nelle elezioni comunali.

Al week-end sul prato davanti al Reichstag le famiglie turche si riuniscono intorno al barbecue. Un frammento esotico nel cuore della Prussia. Le signore di Lubecca, la città dei Buddenbrook, si ritrovano la sera per imparare la danza del ventre. Ci sarebbe andata anche *Frau Konsul*? Il posto più snob per mangiare e farsi vedere a Berlino è un ristorante francese, a Bonn i politici della vecchia guardia si incontrano al «Cecilienhöge» che, nonostante le apparenze, è un italianissimo ristorante sulla collina che domina Bad Godesberg. I più giovani, invece, vanno «Al Gabbiano», che si raggiunge a piedi dal Bundestag.

I tedeschi si vestono all'italiana o alla francese, bevono Brunello se amano il rosso, Sancerre per accompagnare il pesce, e ingrassano con il Tiramisu.

Una squadra turca dal nome che significa pressappoco «Turchia patria mia» ha vinto la coppa di Berlino. Bel guaio per la Federazione calcio, dato che la norma vuole che in squadra ci siano al massimo tre stranieri, e i campioni invece erano dieci immigrati e un biondo centravanti germanico, al settimo cielo. «Mi trattano come se fossi Maradona», confessa. I turchi diplomaticamente hanno risolto il problema lasciandosi eliminare al primo turno nella Coppa di Germania. Ma in un incontro di Coppa Uefa, l'Eintracht di Francoforte ha giocato fuori casa nel suo stadio, tutto uno sventolio di bandiere rosse turche, contro il Galatasaray, che ha finito col passare il turno. Ad Amburgo una piscina è stata tramutata in tempio tibetano.

I tedeschi discutono se la Germania sia da considerare un paese d'immigrazione come gli Stati Uniti e l'Australia, o no, e dato che mentre la disputa continua, regolari o meno, gli stranieri continuano ad affluire, si discute anche se bisogna favorire la nascita di una società multiculturale, e dei suoi possibili vantaggi e lati negativi. Sospetto che i locali, concreti come sempre, si immaginino la nascita di un ibrido con la precisione teutonica, la fantasia partenopea, e l'*esprit* della Mitteleuropa, una sorta di Frankenstein comunitario con spruzzi d'Oriente.

Di fatto la società multiculturale esiste già, e per il momento è un caos sotto controllo, come una miscela in provetta che ribolle e fuma senza esplodere. Ma basta aggiungere una goccia, o toglierla, o agitarla in modo sconsiderato per farla esplodere. I turchi sono la comunità straniera più numerosa, e in apparenza più tranquilla, anche se sono bersagliati dai naziskin. Forse non è un caso.

Non danno assolutamente fastidio ma stanno appartati,

come un tempo gli ebrei, e questo irrita. In particolare chi sta peggio di loro, materialmente e moralmente. I turchi sono abili e pronti a cogliere le occasioni che offre loro il mercato. Sarebbero disposti a tenere aperto il loro negozio anche tutta la notte, come avviene a Londra o a Parigi, solo se la legge lo consentisse. Offrono una gamma più vasta a prezzi più abbordabili. Quando ci siamo trasferiti da Bonn a Berlino, abbiamo avuto la sconsiderata idea di mandare parte dei mobili a Roma, per comprarne altri più adatti a una soffitta prussiana. Anche il letto: abbiamo dormito per tre mesi su un divano letto prima che ce ne fosse consegnato uno, scelto senza la minima pretesa, ve lo assicuro. Solo i turchi ce lo avrebbero consegnato in giornata, ma la nostra indifferenza sullo stile aveva un limite.

I tedeschi si lamentano, e i turchi guadagnano. Si comprano la casa e l'auto, e sono gli unici che sognano la Mercedes, anche se all'inizio si accontentano di un cassone vecchio e dalla vernice incerta, purché sul radiatore svetti la stella a tre punte, e sia in grado di giungere per le vacanze in patria a provare che «il figlio lontano» ha conquistato benessere e successo. La guerra nei Balcani ha creato un problema all'orgoglio dei turchi in carriera, ma un loro manager ha escogitato una soluzione geniale: ha comprato alcuni vecchi e giganteschi velivoli per il trasporto di truppe e carri armati e li ha divisi in tre piani: quello superiore è riservato ai passeggeri, i due inferiori alle vetture. Si va da Amburgo a Istanbul in cinque persone e una Mercedes a un prezzo complessivo inferiore a quello del traghetto Bari-Grecia, senza contare il percorso che resta.

Una divagazione per spiegare come i turchi facciano i soldi, provocando il risentimento di qualche testa pelata, che forse più della Mercedes invidia loro il forte nucleo familiare, che manca a loro. Così bruciano le loro case, con le donne dentro. E solo in questi casi estremi gli immigrati dal Bosforo hanno perso il controllo, mettendo a soqquadro Solingen (dove avvenne l'ultimo rogo), le città vicine, e bloccando le autostrade della Ruhr, anche se i turchi sostengono di essere innocenti delle violenze più irragionevoli, provocate dai curdi o dai «lupi grigi», gli estremisti di cui avrebbe fatto parte anche l'attentatore del Papa.

Dietro la facciata compatta, la comunità turca è divisa da rivalità che lasciano interdette le autorità tedesche: giovani bande di turchi che si uniscono per fronteggiare i naziskin, ma ci sono turchi di destra e di sinistra che si alleano a loro volta con i gruppi ideologicamente vicini dei tedeschi, senza dimenticare i curdi che se la prendono con i turchi e con i tedeschi, accusati di non condannare il governo di Ankara e che anzi gli vendono armi.

Dopo i turchi, per numero vengono gli ex jugoslavi. Sloveni e croati, serbi e macedoni, bosniaci, che si scannano nella loro ex patria, in Germania non hanno provocato violenze, ma creano problemi sul posto di lavoro: si ignorano, e non si rivolgono la parola neanche per esigenze di produzione, e i tedeschi tentano di tenerli separati per prudenza. Senza trascurare che parecchi criminali di guerra serbi hanno trovato rifugio in Germania, confondendosi fra gli immigrati e trovando protezione grazie al sangue e al ricatto. La polizia ne ha arrestato uno dei più feroci per strada a Monaco, ed ora «in base al diritto delle genti» la Germania lo processerà per le atrocità commesse in un lager. E si mette già in conto la reazione dei compagni.

Dalle frontiere aperte dell'Est giungono i russi di remota origine tedesca. Magari un loro antenato nel '700 se ne andò a Pietroburgo per costruire i palazzi dello zar e dei suoi principi, ed oggi grazie a lui possono presentarsi in Germania e diventare subito tedeschi a tutti gli effetti.

Una conoscente che insegna ai russi-tedeschi mi ha detto che se la passano male; trapiantati dai silenzi della steppa siberiana, o dalle placide campagne lungo il Volga nell'inferno metropolitano, rischiano la follia: gli manca il cielo vasto e l'aria pura, «eppure scrivono a casa di stare benissimo». Perché?, ha chiesto loro. «Perché i parenti si aspettano che noi stiamo bene; se scriviamo la verità penserebbero che siamo egoisti e non li vogliamo qui.»

E giungono le bande polacche con la loro micidiale droga fatta in casa, economica e bruciacervello, i reduci dell'ex armata sovietica, che rispediti a casa (che non hanno) tornano clandestini e si insediano nelle lugubri caserme abbandonate intorno a Sans-Souci, la reggia di Federico II a Potsdam, che trasformano in centro di smistamento, sempre di droga e di armi.

LA BARCA È PIENA

Nessun Paese al mondo ha una Costituzione così generosa come quella della Germania per il diritto di asilo. Chiunque sia perseguitato viene accolto, da qualunque parte provenga. E ne sono arrivati fino a mezzo milione in un anno, quasi il doppio degli abitanti di Bonn, a cui dare assistenza, una casa, cibo, una speranza per il futuro. Una legge votata nel dopoguerra in ricordo degli esuli tedeschi a cui durante il Terzo Reich venne dato asilo, in Europa o negli Stati Uniti.

Si pensava a un Willy Brandt o un Thomas Mann, e invece oggi si assiste all'esodo di intere popolazioni, perseguitate spesso dall'inedia. Non sono profughi politici? La fame non è forse provocata da sistemi sociali ingiusti? Belle parole, parole giuste, ma i tedeschi hanno avuto paura a un certo punto di venir sommersi dai nuovi venuti, e la legge sull'asilo è stata modificata. Appena un poco. Rimane ancora la Costituzione più liberale al mondo, e mi sembra ingiusto che per questa modifica i tedeschi siano stati posti sotto accusa da altri Paesi che si guardano bene dall'imitarli, sia pure alla lontana.

Perché in Germania hanno trovato rifugio 340mila profughi dall'ex Jugoslavia, contro i 25mila accolti da noi? Eppure l'Italia è più vicina ai Balcani. E i profughi da un Paese in guerra secondo le convenzioni internazionali non sono comunque perseguitati politici, anche se questa notazione potrà suonare cinica. Noi respingiamo in blocco ventimila albanesi, e consideriamo il loro arrivo come una catastrofe storica, ma i tedeschi si sono trovati a ricevere anche duemila *Asylanten* al giorno. Basta che si accordino con i polacchi per rimandare «direttamente» in Romania gli zingari giunti nella Repubblica Federale, perché i giornali stranieri parlino di «40mila gitani espulsi su carri piombati». Come fece Hitler spedendoli nei lager: il paragone è scontato. Non si tratta d'una notizia poco corretta ma d'una manipolazione vergognosa, specie da parte di chi gli zingari preferisce dimenticarli in campi intorno a Roma, peggio della peggiore bidonville.

La rinuncia alla «vecchia» Costituzione è stata amara, senza dubbio. In base alle nuove norme che distinguono tra esuli provenienti da Paesi «sicuri» e che quindi si possono rimandare al mittente appena giunti alla frontiera, lo stesso Willy Brandt sarebbe stato rispedito a casa dai norvegesi nel '33, in attesa che il suo caso fosse esaminato con calma, ma prima di criticare si dovrebbe ricordare che la Germania ospita perseguitati, d'ogni genere, esuli politici, profughi di guerra, disperati alla ricerca di cibo, più di tutti gli altri Paesi d'Europa messi insieme.

Lo fa con metodo, secondo le consuetudini nazionali. Gli *Asylanten* vengono divisi per il Paese secondo una regola matematica: in proporzione agli abitanti di ogni singolo Land, e ancora nella regione tra città, paesi e villaggi, in rapporto alla popolazione. La popolosa Baviera ne riceverà più della minuscola Saar, e Monaco ospiterà più Tamil che Wilflingen sperduta nella Foresta Nera. Quando una volta spiegai questo sistema ad amici italiani, qualcuno osservò: «Ecco i soliti tedeschi prepotenti. Ognuno deve essere libero di andare dove vuole». Era prima che anche l'Italia venisse sommersa dagli immigrati.

Da noi però il problema non esiste, perché gli ospiti che giungono, con o senza invito, non li contiamo. Ma il rapporto numerico tedesco ovviamente non tiene conto del rapporto psicologico: venti afgani in un paesetto di mille abitanti «turbano» più di mille in una metropoli. Dopo la riunificazione, il rapporto viene corretto per inviare più nuovi venuti nelle ex regioni orientali, «dove c'è più posto» e dove però gli abitanti dopo mezzo secolo d'isolamento sono meno preparati.

Per la verità l'impressione che nell'ex DDR avvengano più episodi di intolleranza razziale è sbagliata, come provano i dati. A Hoyerswerda o a Rostock si è stati più «appariscenti », all'Ovest anche in questo si è più « efficienti », come a Mölln o a Solingen. Gli ex tedeschi dell'Est sono fermi agli anni Trenta, a un'idea ancora più contadina, provinciale e semplice (che non sono di per sé difetti) della loro *Heimat*. « Noi vogliamo restare *unter uns* », « tra di noi », rispondono a chi gli chiede il motivo delle loro reazioni. Come una famiglia che non voglia estranei al pranzo della domenica. « Non ne abbiamo forse il diritto? », aggiungono. Loro non hanno la coscienza di essere razzisti, infatti non votano per i partiti dell'estrema destra, che raccolgono consensi nel cosmopolita Ovest.

Si registrano reazioni non solo violente, ma di una crudeltà triste. In un paese vicino a Berlino, gli abitanti si sono tassati, pochi marchi a testa, per la « mancia » da offrire ai naziskin affinché bruciassero la palestra del paese tramutata in un ostello per gli stranieri, « prima » che arrivassero gli *Asylanten*. C'è anche un altro villaggio dove i paesani sono insorti in difesa dei loro *Asylanten*, minacciati da espulsione, a cui si erano affezionati, riferisco per onestà di cronista, come si diceva un tempo.

Il razzismo del Terzo Reich era connotato da una chiusura totale verso quanto, a torto o a ragione, non fosse « sanamente, puramente tedesco ». E finì col distruggere le radici più profonde della cultura nazionale, mandando nei lager gli ebrei.

Oggi, i tedeschi non sanno neanche più come definirsi. Gli intellettuali scrivono saggi interminabili su che cosa si debba intendere per *Deutsch*, senza poter giungere a una conclusione. Anzi, i più avvertiti spiegano che questa è la verità: non c'è più un *« typisch deutsch »*.

Che cosa spinge i giovani di Dresda o di Lipsia, che sbavano per un paio di jeans di Benetton, amano Dalla senza capirne una parola, o i loro coetanei di Amburgo o di Francoforte, che magari potrebbero permettersi la giacca di Armani, a dare la caccia agli immigrati?

L'invasione degli *« Asylanten »*, la disoccupazione provocata dall'unità, sono ragioni che nessuno può negare. Depressione e paura, ma non ci si deve fermare ad esse.

Gli *skinheads* all'Est esistevano anche prima del crollo del « muro ». Erano circa un migliaio, nell'87-88. E uccisero un immigrato di colore buttandolo giù da un treno. Allora si veniva a sapere meno, e la polizia esercitava ancora un controllo. Oggi, la caccia è aperta tutto l'anno, ma non è limitata all'Est.

A Berlino tagliano la lingua a un polacco. A Trier, la città di Marx, stordiscono un pakistano, lo depongono sulle rotaie, e un rapido gli trancia una gamba. Si bruciano gli ospizi dei profughi. Nella ex città divisa, e ritrovata capitale, la guerra tra bande giovanili è confusa come in una Beirut nel cuore d'Europa. Tedeschi contro turchi, turchi contro curdi, tedeschi di sinistra alleati dei turchi contro gli *skinheads*, e neonazi contro gruppi di sinistra. Alleanze che si stringono e si rompono sotto l'emergenza del giorno o del luogo, o influenzate da fattori personali, dal carisma del capo del momento, e dove non sempre è facile identificare un'ideologia, e i legami di quartiere a volte sono più forti di quelli di razza.

La spartizione degli esuli crea difficoltà di controllo (non si dimentichi che la Germania è uno Stato federale). D'estate in una piscina della Bassa Sassonia, due giovanotti tamil si divertono in tuffi spericolati e nella gara « a chi tiene più il fiato ». Il bagnino li ammonisce e li invita alla prudenza e a non turbare la quiete domenicale del luogo. Loro continuano e il più ostinato resta sul fondo. Dopo, è arduo identificare l'identità del morto. Non perché sia privo di documenti: perché ne ha troppi. Si è divertito a creare nomi unendo sillabe di difficile pronuncia, che forse sono nomi veri, e forse no, comunque le autorità li hanno presi per buoni.

Il ragazzo, scoperto che il computer registra le identità a livello regionale, passava di Land in Land sempre sotto una nuova identità, intascando da ciascuno il sussidio dovuto, circa mille marchi alla volta. Sdegno dei giornali popolari e dei benpensanti su questi « finti *Asylanten* che ci derubano dei nostri soldi ». A evitare di creare uno Stato poliziesco controllato da un *Big Brother* elettronico, alcuni Länder hanno pensato bene di sostituire il sussidio in valuta con coupons da spendere nei negozi, o direttamente con razioni di viveri e capi di vestiario. Sdegno degli *Asylanten*: i pochi marchi risparmiati e inviati a casa a volte bastano per mantenere intere famiglie.

A Tubinga, città di Hölderlin, e di Hegel, e di Schelling, e anche dei professori di medicina che stilarono le regole antropometriche per classificare le razze inferiori, le Chiese hanno invitato alla « disobbedienza civile ». Un migliaio di famiglie ha risposto con entusiasmo comprando per 60 marchi le razioni settimanali degli *Asylanten*, e le hanno provate a casa. L'avvocatessa Sabine Zanker, amante dei tortellini, si è divertita a preparare pietanze esotiche con riso e mele secche, ma la carne non ha osato darla neanche al cane.

Il maestro elementare Martin Löffelhardt si è arreso davanti a una misteriosa confezione con un chilo di patate, formaggio olandese a buon mercato e un mazzetto di radicchio: « Che ci dovrei fare? ». Il succo di frutta in tetrapak l'ha offerto ai suoi scolari: « Loro non hanno paura di nulla ». I più scettici hanno portato scatolette e cibi congelati all'Ufficio d'igiene per un controllo: una delle paure tedesche è la salmonellosi, che miete decine di vittime ogni anno.

L'oste Tobias Raidt del « Brunnenstuben » a Rottenburg ha offerto ai clienti un *Flüchtlings-menu*, il « menu del fuggitivo », per cinque marchi, che, dice, ha incontrato un certo successo, ma ha smesso perché il cuoco minacciava di licenziarsi, leso nella sua dignità.

La rivolta ha sortito i primi effetti. I giudici della Svevia hanno dato ragione a due *Asylanten* che reclamavano contro le razioni: « Ognuno ha il diritto di scegliere liberamente quel che vuole mangiare », hanno sentenziato. E non i menu decretati da burocrati che si informano sui libri d'avventura. Che direi io se fossi costretto in esilio a trangugiare lasagne, « il mio cibo nazionale » forse, ma che odio dall'infanzia? È una preoccupazione risparmiata agli *Asylanten* di casa nostra, costretti ad arrangiarsi.

VI.
I Barbari

UNA GIORNATA TYPISCH DEUTSCH (?)

Al mattino la prima tappa è all'edicola di giornali sulla Kurfürstendamm. Dalla copertina di « Der Spiegel », il più autorevole settimanale di Germania, mi sorride con espressione accattivante Franz Schönhuber, l'ex SS capo dei « Republikaner », partito dell'estrema destra che un giudice ha autorizzato a definire neonazista. All'interno viene descritto come uomo serio (è un giornalista), che veste bene e sa scegliere le sue cravatte. In un'intervista, Schönhuber sostiene che il suo partito non ha nulla a che vedere con il vecchio partito nazista, ma che comunque « Adolf Hitler » passerà alla storia come l'uomo politico più grande del nostro secolo. Segue un'intervista rassicurante con sua moglie, bella donna e « per metà ebrea »; altro particolare che dovrebbe convincere i dubbiosi.

Continuo la mia passeggiata per la Kurfürstendamm fino a un negozio di souvenir nazisti. Sono incerto tra un boccale con l'effigie del Führer, un gagliardetto con svastica, e svariati libri sulle imprese delle SS. Entro nel bar adiacente e ordino un cappuccino, un cliente saluta il barista a braccio alzato, e l'altro gli risponde con il palmo ben alto sulla testa, e un « Heil », amichevole.

Mi siedo a un tavolo a sfogliare il mio pacco di quotidiani e scegliere la notizia del giorno. Una scelta imbarazzante. Seguire il processo ai due ragazzini decenni che hanno torturato e ucciso un bambino di tre anni? Rischiano l'ergastolo perché la legge tedesca giudica i bambini come adulti. Il fatto che vivessero in un quartiere dove la disoccupazione supera il 50 per cento, in conseguenza delle misure economiche estremamente liberali del governo, non viene considerata un'attenuante. In Germania si è preoccupati per il dilagare della delinquenza giovanile e « si chiede che venga impartita una lezione ».

Per lo stesso motivo, la stampa difende il comportamento di due poliziotti che hanno ucciso a rivoltellate un ragazzo di colore di diciassette anni sorpreso privo di documenti sulla metropolitana. Era un emigrante clandestino, si spiega in cronaca. Gli stranieri sono troppi in Germania. E «solo ciò» causa deprecabili incidenti.

Un negro che guidava in modo avventato è stato fermato dalla polizia stradale. Probabilmente ubriaco, ha opposto resistenza ed è stato manganellato per bene. «Purtroppo», aggiunge il commento, sotto l'occhio d'una videocamera, ed ora il filmato è finito all'estero. Gli stranieri sono sempre pieni di preconcetti contro i tedeschi.

E se, eccezionalmente, mi occupassi di sport? Una squadra di calcio ha rinunciato a un campione, un attaccante che avrebbe potuto salvarla dalla retrocessione, cedendo alle pressioni dei tifosi. Gli sportivi locali non gradivano che il loro centravanti avesse un nome «chiaramente ebreo». Meglio la serie B che rinunciare ai propri princìpi. Il calciatore è stato rivenduto sottocosto all'estero. Ma nelle pagine sportive non hanno mai spazio, e rinuncio.

Invece di cronaca perché non occuparmi di spettacolo? Le sale dove proiettano *Schindler' List* sono sempre piene, intere scolaresche vanno a vedere il film di Spielberg. Nel buio i ragazzi si lasciano andare a fischi, rumoracci e grida di scherno durante le scene più commoventi e tragiche, incitando le SS a compiere meglio il loro lavoro. Due studentesse disgustate sono costrette a uscire prima della fine e denunciano l'accaduto in una lettera al giornale cittadino. «È una normale reazione per allentare la tensione», spiegano i responsabili scolastici, e la preside sospende le due studentesse «per essersi allontanate senza permesso». La visione del film in gruppo era da considerare come parte del programma educativo scolastico.

Ma di Schindler e Spielberg si è forse parlato troppo. Potrei scrivere un articolo di storia sul *feuilleton*, sull'ultima biografia dedicata al padre della patria, Konrad Adenauer. Uno storico ha trovato documenti inediti che rivelano le opinioni più intime dello statista: considerava i negri dei sottosviluppati, e anche me in quanto italiano «appartenente a una razza inferiore »: come gli zingari, aggiunge. « Non si può considerare Adenauer un razzista », è il commento del recensore, « perché simili opinioni vanno inquadrate nel tempo in cui furono espresse. Allora, quasi tutti i suoi connazionali la pensavano nello stesso modo... »

Avrei voluto aggiungere che la notizia più interessante della giornata era in realtà il successo ottenuto da una nipote di Hitler che si era candidata come sindaco a Monaco di Baviera, battuta per un soffio nonostante il 44 per cento dei suffragi. Ma avreste subito capito il mio trucco, perché tutti sanno che il « Führer » non lasciò prole. Naturalmente nulla di tutto questo è mai avvenuto in Germania.

Il diciassettenne è stato ucciso nel métro di Parigi, il negro massacrato a Los Angeles, i bambini processati a Liverpool, ed in quanto ai pensieri del « Cancelliere di Ferro », essi sono in realtà di Winston Churchill. Tutto il resto è avvenuto nel mio Paese, compreso il saluto fascista al bar di fronte al liceo « Giulio Cesare » di Roma, da dove qualche decennio fa venni praticamente estromesso (non espulso) perché non compatibile con la maggioranza dei miei compagni nostalgici.

ARRIVANO I BARBARI

I tedeschi? Inguaribili guerrieri dalla notte dei tempi ai nostri giorni, dai barbari di Tacito coperti di pelli d'orso agli eleganti ufficiali nazisti dall'irreprensibile divisa senza una piega, che ordinano massacri mentre suonano al piano la *Patetica* di Beethoven. Il « Time » nei giorni della riunificazione arrivò a scrivere che la nuova Germania avrebbe avuto alle armi un milione e 800mila uomini, la forza militare più temibile del mondo, sommando i soldati dell'Est e quelli dell'Ovest, più le riserve. Una bugia spudorata, ma a cui molti amano credere, come agli orchi e alle streghe di cartapesta al Luna Park.

Gli uomini della riserva non si sottopongono mai più nella loro vita a un richiamo, a un nuovo breve addestramento come i pacifici elvetici, tranne rarissime eccezioni. Già a trent'anni di solito hanno pancia, famiglia, auto e debiti in banca, e magari votano « verde ». Quelli in divisa, di anno in anno sempre di meno per evitare buchi in bilancio, maledicono il loro destino e invidiano quelli che sono riusciti a farla franca. Gli obiettori di coscienza furono 150mila nel '91, e 138mila l'anno seguente, di media sono uno su tre. Il 90 per cento delle domande viene accettato, i riformati sono oltre 70mila all'anno.

Indossa la divisa solo chi non ha nulla in contrario, e per ritardare la chiamata alle armi basta il motivo più futile. Perfino l'essere in vacanza giustifica il ritardato arrivo in caserma, senza la minima conseguenza.

Le forze della Grande Germania si avvicinano ai 300mila uomini. Pochi ma addestrati, superarmati, combattenti irriducibili? In realtà lo spirito bellico scarseggia quanto le munizioni. Per mancanza di « materia prima », ai soldati in manovra, come abbiamo accennato, viene consigliato di imitare con la bocca il rumore degli spari, come nei fumetti: « peng », un colpo di pistola; « bum », fa il mortaio. I loquaci sono addetti alle mitragliatrici.

Non è una battuta da cabaret, ma la denuncia ufficiale del deputato Alfred Biehle, incaricato dei rapporti tra il Bundestag e il personale delle forze armate. Si risparmia anche sulla benzina: i *Panzer* nel '92 hanno consumato 19,9 milioni di litri, contro i 25,3 dell'anno precedente. E i « caccia » stanno attenti al kerosene. Siamo ai limiti della funzionalità, si lamentano i generali, ma dopo la caduta del « muro » trovano scarsa comprensione: perché sprecare marchi preziosi per la ricostruzione della ex DDR in previsione d'una guerra contro un nemico che non c'è? Intanto i piloti tedeschi volano sui Mig-29 venduti da Mosca alla ricerca disperata di valuta occidentale. « Sono ottimi », dichiarano ammirati. Il Cremlino propone un'offerta speciale da saldo di fine guerra fredda: duecento Mig-29, per venti miliardi a unità. Un totale di 4mila miliardi di lire da « scontare » dai debiti che la Russia ha nei confronti della Repubblica Federale. « Accettiamo, per carità », consiglia Manfred Opel, esperto socialdemocratico di questioni militari, « tanto quei soldi non li vedremo mai indietro. »

Un bel risparmio, dato che mancano i fondi per rinnovare gli arsenali. « Di questo passo, fra due o tre anni tanto vale chiudere bottega », dichiarano gli alti ufficiali alla rivista « Focus ». L'esercito tedesco non solo oggi non è in grado di attaccare, ma tantomeno di assicurare un minimo di difesa. « Abbiamo un'armata di ferri vecchi », intitola la rivista.

Il « Leopard » era considerato la Rolls-Royce dei Panzer, ma su 2007 unità ben 258 hanno trent'anni, e si cerca di modernizzarli con sempre nuovi *optional*. Come mettere l'aria condizionata su una Old Car. I 150 caccia « Phantom » risalgono al '71, i 282 Tornado (anno di fabbrica 1982) in confronto sono quasi in rodaggio. I 107 elicotteri « Bell » sono del '67, le 36 rampe di missili « Hawk » risalgono al '63, i 649 Panzer « M-48 » sono stati fabbricati nel '59, prima dell'èra Kennedy. E in quanto alla marina, non andiamo meglio: i diciotto sottomarini U-206 sono stati varati nel '73, i tre incrociatori nel '64, mentre le otto fregate hanno « appena » una dozzina d'anni.

Il governo riduce di anno in anno il budget, di cui comunque solo il 22 per cento è destinato al rinnovo del materiale, e il 51,5 se ne va in spese per il personale. I mezzi sono insufficienti anche a far fronte alle nuove esigenze internazionali.

Quando, durante la guerra del Golfo, Bonn decise di inviare dei reparti in Turchia, a prudente distanza dal conflitto, ci si accorse che non si avevano gli aerei necessari per il trasporto. Venne noleggiato un gigantesco Antonov dai russi, che rimase a lungo bloccato sulla pista di Colonia perché il pilota riteneva l'aeroporto non abbastanza sicuro per il decollo a pieno carico.

Una volta giunti a destinazione, i militari tedeschi si lamentarono perché il loro soldo era un terzo o un quarto di quello dei « ricchi italiani ». Per il blocco contro la ex Jugoslavia, venne inviato un incrociatore nelle acque dell'Adriatico con l'ordine preciso di non farsi coinvolgere in scontri a fuoco. Come avrebbe potuto svolgere il compito di pattuglia « ma con prudenza », è un mistero militare che sembra tipico della nostra tradizione. In televisione vennero mostrate scene patetiche con madri in lacrime che accompagnavano sul molo i pargoli riluttanti.

« Sono tutti volontari », precisarono le autorità. « Non è vero », dichiarò una recluta, sempre in TV; « su di noi si esercita una forte pressione affinché non si abbandoni l'equipaggio e i compagni. » La smentita provocò scandalo e discussioni in Parlamento. Secondo la Costituzione, stilata quando i ricordi della guerra erano ancora drammaticamente freschi, i soldati della Repubblica Federale non potevano partecipare ad azioni belliche al di fuori della zona Nato, e solo a scopi difensivi. Niente Golfo quindi, niente Jugoslavia, niente Somalia finché non si è arrivati a superare la norma, che creava notevole imbarazzo agli alleati. Ad esempio, gli equipaggi degli aerei da ricognizione Awacs di stanza in Germania sono misti con specialisti americani e tedeschi. Come sostituire questi ultimi per i voli sopra i Balcani? Si tratta di superspecialisti che non è facile rimpiazzare.

Prima di partire, per mesi governo e opposizione si accapigliano sulla natura della missione: dentro o fuori dell'area?, come un arbitro che debba decretare un rigore per un fallo proprio sulla linea. E il fine è pacifico, umanitario, difensivo? Solo allora i tedeschi partono per il fronte. Si fa per dire. Per mettere insieme i 1700 volontari per la Somalia si è dovuto ricorrere a uomini di ben 380 unità diverse e giunti sul posto sono stati dislocati in una zona di assoluta tranquillità, a Belet-Huen, sotto la «protezione» dei reparti italiani, che hanno accompagnato e difeso la colonna tedesca anche durante l'insidioso viaggio dalla costa verso l'interno. «Meno male che ci sono gli italiani, loro sì che sono esperti», hanno dichiarato i soldati sotto le tende ai microfoni della TV. Senza la minima ironia.

Noi abbiamo ucciso e ferito oltre un migliaio di somali. Per la prima volta dal '45, in Somalia un soldato tedesco ha ucciso un «nemico»: un ladro che si era introdotto disarmato di notte nel campo. Grande imbarazzo dei comandanti, costernazione nazionale, e i familiari della vittima sono stati risarciti con capi di bestiame, accompagnati da molte scuse. La notizia è apparsa insieme alla rivelazione che decine di marinai sull'incrociatore, in missione in Adriatico, erano perennemente sotto l'effetto della marijuana (nel migliore dei casi) per sopportare l'«avverso destino».

Credo che la Bundeswehr sia l'esercito meno militarista d'Europa, meno anche del nostro. Il generale von Baudissin mi spiegò anni fa ad Amburgo la sua teoria del «cittadino in uniforme» su cui si basano le forze armate tedesche, proprio nel ricordo dell'ultima guerra. Si ha il diritto, anzi il dovere, di disobbedire a un ordine se lo si ritiene ingiusto. Una divisa non è un alibi per rinunciare alla propria coscienza.

La divisa, che indossano il meno possibile, grigiastra e poco appariscente, andrebbe forse bene per un postino o un capostazione, non per gli eredi della tradizione militare prussiana. In quale altro Paese sarebbe possibile discutere se sia lecito definire i soldati come «assassini potenziali», come fece un medico, ed erigere un monumento «al disertore ignoto»? È un ceppo alto un metro a Brema nella Kircheide innanzi al numero 49.

Cinquant'anni di critiche, di esami di coscienza, di rimorsi hanno cambiato la natura del soldato tedesco? Cancellato il suo spirito guerriero, il coraggio, la cieca obbedienza fino al sacrificio? È probabile, ma a guardare bene la storia degli ultimi secoli questo supersoldato teutonico sembra un altro mito: in realtà i tedeschi non sono mutati, ma casomai tornati all'antico. Rispetto ai tredici anni di nazismo ci sono secoli in cui i tedeschi sono stati fra i popoli più pacifici in un'Europa irrequieta e sanguinaria. Mentre gli spagnoli si dedicavano al genocidio nel Nuovo Mondo, e gli inglesi massacravano gli indiani, o i Comuni italiani in attesa che venisse inventato il football si dedicavano a scontri settimanali con i vicini, ed erano gli svedesi a primeggiare nell'arte delle armi, città come Colonia o la Lega Anseatica non avevano neppure un esercito.

I tedeschi casomai si dedicavano al «professionismo», da mercenari, insomma, guadagnandosi la pagnotta combattendo per questo o per quello, un po' per l'uno, un po' per l'altro. Apprezzati lavoratori, come oggi Mattheus e colleghi. Hanno combattuto per Napoleone e anche contro, c'era sempre un vincitore tedesco di fronte a uno sconfitto tedesco nei secoli della storia europea.

Maximilian divenne re di Baviera in ricompensa alla fedeltà dimostrata a Napoleone. I bavaresi parteciparono alla spedizione in Russia e l'Imperatore li impiegò nella retroguardia durante la drammatica ritirata, sacrificandoli per salvare i suoi *garçons*. Su quindicimila tornarono in patria in duemila, e Monaco cambiò bandiera passando con l'Austria.

Per cinquant'anni, o poco meno, dalla fine della guerra, gli occidentali da una parte e Mosca dall'altra erano intenzionati a continuare la «tradizione» napoleonica.

L'esercito della Repubblica Federale era considerato lo scudo della Nato, l'unica forza in grado di opporsi all'attacco dei «rossi» e di resistere il tempo necessario perché da oltre Atlantico arrivassero i «nostri», i GI americani, come in un western della vecchia scuola. E l'ariete che avrebbe dovuto sfondare le nostre linee, il maglio irresistibile che avrebbe distrutto le forze occidentali, era formato naturalmente dalla NVA, l'esercito dell'altra Germania.

Tedeschi contro tedeschi, questo era il programma della prima scena del primo atto della Terza guerra mondiale. La mia opinione personale è che non si sarebbero mai sparati addosso, ma la maggioranza la pensa diversamente e per fortuna non si avrà mai una prova dei fatti.

Ancora nella primavera dell'89, si voleva dislocare i missili nucleari a breve gittata sul territorio della Repubblica Federale, che inevitabilmente potevano al massimo colpire obiettivi nella Germania Est, dove per contromisura Mosca avrebbe installato (o l'aveva già fatto, non voglio aprire una polemica) altri razzi analoghi che al massimo avrebbero colpito Colonia o Treviri, al confine con la Francia e con il Belgio.

L'allora cancelliere Helmut Kohl, benché di quattro centimetri più alto del Kaiser Wilhelm I (ma l'«ultimo prussiano», grazie a stivali ed elmo chiodato, superava i due metri), non è affatto un bellicoso e giustamente titubava, e finì col dire «no» a muso duro agli alleati occidentali. Ai tedeschi non piaceva fra l'altro neanche un po' che l'amico Mitterrand, che si dà del tu con Helmut, avesse allineato i suoi missili tricolori sul confine con la Germania, sempre a raggio breve, sempre e solo in grado di far fuori tedeschi, dell'Est o dell'Ovest poco importa. E ancor meno piacquero i piani di una manovra Nato secondo cui il territorio della Repubblica Federale veniva dato per perduto nelle prime ore della Terza guerra mondiale e, quindi, le truppe d'invasione andavano annientate con minibombe atomiche tattiche, distruggendo per la seconda volta le città tedesche.

Per cinquant'anni si è vissuto in una schizofrenia politica: la Repubblica Federale era un alleato, anzi uno dei più validi e fidato, allo stesso tempo zona d'occupazione. Per la prima volta nella storia non solo un Paese vinto veniva spartito per punizione e per precauzione (l'annessione territoriale sarebbe stata un'altra cosa), ma agli occupati si facevano pagare ufficialmente le spese per l'occupazione da parte di francesi, inglesi e soprattutto americani, che al momento di pagare il conto si trasformavano in difensori.

Non si trattava di uno *status* formale. Quando il pilota di un Mig sovietico scelse la libertà e atterrò in un aeroporto nella « zona britannica », i tedeschi per evitare fastidi con il Cremlino nel pieno della loro *Ostpolitik* si limitarono a consegnare il fuggitivo al responsabile militare di Londra.

Nell'88, tre nostri « caccia » della pattuglia acrobatica « Frecce tricolori » si scontrarono al termine dell'esibizione e si schiantarono sulla folla nella base americana di Ramstein, provocando 150 vittime. Nelle polemiche sul mettere in scena simili spettacoli rischiosi saltò fuori che « i tedeschi erano fuori causa ». La base era di fatto un territorio americano e le autorità militari Usa potevano fare quel che pareva loro, invitando chi volevano.

Tanto per non dimenticare noi italiani, alla cerimonia funebre di Ramstein l'ambasciatore italiano parlò da prete: « Siamo qui per presentare queste anime a Dio », e concluse che in fondo da Leonardo, per non citare il mitico Icaro, il sogno dell'uomo era sempre stato volare, e i sogni hanno un loro prezzo. Alle mie rimostranze, e a quelle di alcuni colleghi, l'ambasciatore e il nostro ministro della Difesa replicarono seccamente: « Che avremmo dovuto dire? Mica è stata colpa nostra ». Come se si trattasse dell'accertamento di responsabilità dopo un tamponamento. Lo scrissi e non venni più invitato all'Ambasciata.

In Italia, sempre senza mai pensare di inviare una parola di scuse ai tedeschi, si annunciò che le « Frecce tricolori » si sarebbero esibite la settimana seguente, con il tono retorico di « lo spettacolo continua ».

Che cosa avrei mai dovuto scrivere se fosse avvenuto il contrario, se l'Aviazione tedesca avesse proclamato di continuare a volare pochi giorni dopo aver causato (o essere stata strumento, stiamo attenti alle parole) una strage fra la folla in Italia? I soliti teutonici guerrieri spietati, razzisti, nazisti, e via di questo passo.

Ricordo l'imbarazzo della mia libraia di Bonn nel periodo della guerra del Golfo, in cui la Germania non inviò un sol uomo, ma spedì un assegno da 11mila miliardi di lire a George Bush, come partecipazione alle spese per il salvataggio del mondo dal cattivo di turno. Impegnata, ex '68, ma sposata a un ufficiale, si sentiva comunque in colpa.

« Mio marito », si confidò, « sta vivendo brutti giorni. Che cosa mai potrò dire quando i miei amici, i colleghi italiani o francesi, mi chiederanno dov'ero in questi giorni? » Allo stesso tempo, sospettava che non era sbagliato stare fuori dal conflitto. Finì regalandomi un libro-denuncia sulle vendite d'armi tedesche. Una sorta di espiazione. Ma era un pocket.

AL CABARET, CON MARLENE

Ho assistito a *Cabaret* nella messa in scena di Savary. Il regista francese durante la festa alla pensione di Cristoph Isherwood fa cadere a un tratto sul retro un'immensa bandiera con la svastica. Il pubblico di Colonia è rimasto interdetto, improvvisamente silenzioso. Intorno a me trattenevano il fiato. Si sentiva « fisicamente » l'imbarazzo degli spettatori: applaudire o no? Il silenzio sarebbe stato interpretato come disapprovazione, o l'applauso giudicato equivoco o poco « serio » innanzi al simbolo del nazismo? Un'esitazione rivelatrice.

« Ha proprio ragione il dottor Goebbels », rimprovera a Marlene la sorella Elisabeth, sullo sfondo d'un cupo lager nazista; « tu sei decadente, ami gli ebrei e le donne. Non sei una brava tedesca, sei una traditrice. » È una battuta chiave del musical sulla Dietrich, *Sag mir wo die Blumen sind* (« Dimmi dove sono finiti i fiori »), andato in scena nell'aprile del '93 al « Theater am Kurfürstendamm », il teatro che fu di Max Reinhardt. Già il pubblico particolare della prima riservata alla stampa s'infastidì, ci fu qualche mormorio.

Ancor meno piacque l'esecuzione di *Sag mir...*, che gli italiani conoscono meglio nella versione mielosa di Joan Baez, urlata dalla brava Jutta Habich al centro di un lazzaretto della seconda guerra. Cattivo gusto, scrissero diversi giornali.

« È un omaggio dovuto a Marlene », ci disse Friedrich Kurz, il produttore dello spettacolo, « che considero un'eroina, uno dei pochi personaggi tedeschi da stimare. Infatti in Germania l'amano poco. Nessuno dei nostri politici ha sentito il dovere di recarsi ai suoi funerali a Parigi. » La tomba della Dietrich è stata profanata a Berlino, e altre critiche ha suscitato la decisione del senato locale di spendere 100mila marchi per acquistare il lascito della diva, vestiti, piume di struzzo, scarpe, copioni, foto.

Lo spettacolo, che doveva restare in programma fino al Duemila, attirare turisti nella ritrovata capitale, non ha superato neppure la prima estate. Non era perfetto ma non mi sembrava neanche così male, e sospetto che la « colpa » della rapida fine sia stata proprio della protagonista, quella Marlene che abbandona la Germania per seguire von Stroheim a Hollywood, che rifiuta le offerte tentatrici di Goebbels, e torna in patria con la divisa americana.

Come Stefan Heym, scrittore scomodo, che fugge dal Terzo Reich, torna con la divisa Usa e si stabilisce nella Germania comunista dove scrive libri poco graditi di cui è vietata la pubblicazione, che avviene all'Ovest. O Willy Brandt che torna nella « sua » Berlino da ufficiale norvegese, o Thomas Mann, anche lui cittadino americano, che si rifiuta di tornare in patria finita la guerra, preferendo l'esilio sulla porta di casa, nella comoda villa di Zurigo.

È una delle contraddizioni tedesche. Si loda la scelta di Marlene, di Stefan, di Willy e di Thomas, ma in fondo al cuore si trova disdicevole il loro comportamento. Non lo si confessa, forse neppure a se stessi, ma la convinzione è che avrebbero dovuto opporsi al regime rimanendo in Germania. Non si può ribattere con la logica a un simile atteggiamento. Ed è una delle trappole sempre aperte per chi viene da fuori.

Loro accettano le lezioni sul passato. Anzi, sono pronti a correggere l'ospite che non vuole infierire: no, per la verità, nessuno ha compiuto azioni paragonabili alle nostre, dichiarano con triste pudore. In poco più di un mese tre milioni e mezzo hanno visto la *Lista di Schindler*, e i pochi critici (« Indiana Jones a Auschwitz ») sono stati bollati come « sospetti reazionari ».

Un produttore di Berlino tentava da dieci anni di girare un film su Oskar Schindler ma non ha ottenuto i finanziamenti pubblici. Prova di insensibilità verso il passato, hanno subito giudicato alcuni. Forse sì, forse no. E se fosse stata paura? Come si sarebbe reagito all'estero a un film di successo tedesco su un «nazista buono»? Un tentativo di revisione del passato, l'ignobile voglia di far soldi speculando sui Lager?

Noi abbiamo compiuto la revisione del nostro passato con una semplice alzata di spalle. Un documentario trasmesso in TV, accompagnato da un commento meno serio d'una canzonetta, ed ecco fatto. In Germania il dibattito sul «passato che non passa» aperto nell'86 dallo storico Ernst Nolte è ancora in corso, faticoso, tormentato.

Il professore che (per un'imperfezione a una mano) non ha compiuto il servizio militare, mi ha raccontato i suoi anni di guerra, lui solo allievo maschio fra tante compagne di corso alla facoltà di filosofia di Heidelberg, con un maestro che si chiamava Heidegger. La sua tesi (discutibile ma non rozza come la spacciano i suoi avversari): Hitler non è stato l'unico né il primo, il nazismo è nato come reazione al bolscevismo.

È una relativizzazione, non un'assoluzione. Ma la reazione in Germania è stata dura. La casa editrice, dopo la comparsa di un suo articolo sulla «Frankfurter Allgemeine», gli respinse il libro con il contratto già firmato, e il saggio venne respinto da altre sei «case» prima di poter giungere in libreria. «I colleghi italiani», mi disse Nolte, «anche se non sono d'accordo con me, mi trattano con una correttezza molto rara in Germania.»

Ai discorsi sul passato i tedeschi reagiscono con il mutismo, o con reazioni incontrollate, preoccupati di convincere l'interlocutore (e se stessi) che loro «non sono come gli altri». Il 9 novembre dell'88, che era ancora solo l'anniversario della «notte dei cristalli», e nessuno prevedeva che un anno dopo sempre in quel giorno sarebbe crollato il «muro», il presidente del Bundestag, Jenninger, commemorò leggendo male un bel discorso.

Lui, o meglio il suo *ghostwriter*, spiegava perché il popolo tedesco seguì quel «fascinoso» fenomeno che fu Hitler, e nella notte di mezzo secolo prima diede alle fiamme le sinagoghe e mandò in frantumi le vetrine dei negozi di ebrei. Quel pogrom venne inscenato dall'alto ma il popolo collaborò volentieri, e quella notte, ammoniva Jenninger, dimostrava che la colpa era collettiva e non di pochi diabolici capi nazisti, come sarebbe più rassicurante credere. Ma le citazioni erano lunghe, e l'oratore non fece « sentire » le frasi tra virgolette, e i deputati distratti le presero per sue. Come osava sostenere che Hitler era « fascinoso »? Buona parte dei deputati « verdi » e alcuni socialdemocratici abbandonarono l'aula.

Lo scandalo costrinse Jenninger a dimettersi, e le reazioni tardive dall'estero non bastarono a salvarlo. L'amico Kohl lo « consolò » con il posto di ambasciatore a Vienna. Ma la sorte più triste toccò al « negro », autore del discorso. Considerato una delle più brillanti penne di Bonn, perse il posto, si diede al bere, la moglie lo abbandonò, venne sorpreso brillo al volante e perse anche la patente. Si può immaginare una storia simile a Roma, o Parigi, o Londra?

In Italia hanno frainteso anche la reazione del sindaco socialdemocratico di Darmstadt. Il borgomastro ha vietato *in extremis* una mostra di Sironi, non appena qualcuno l'ha informato che quel pittore, probabilmente a lui sconosciuto, fu un fan di Mussolini. Venne tacciato di oscurantista e bieco censore. Fra i critici più furibondi si distinse un rappresentante degli italiani all'estero, eletto a Stoccarda. Una deputata cristianodemocratica di Darmstadt, per far dispetto al borgomastro e dimostrare che lei sì di arte se ne intende, pensò bene di invitarlo a un dibattito. L'invito fu disdetto precipitosamente quando la buona signora scoprì che anche quell'acceso paladino della libera espressione artistica era un militante del nostro partito neofascista. Una commedia degli equivoci che in Italia si è preferito giudicare per il peggio.

In realtà quel sindaco non saprà distinguere Picasso da Giotto ma avrà pensato: all'estero ci stanno tutti addosso, e appena un ragazzotto pelato sventola una svastica gridano al IV Reich. Meglio rimandare le tele al mittente.

Sironi era un opportunista, non un fanatico del Duce, ma gli artisti come lui in Germania non vengono perdonati. Il mecenate Ludwig che regala alla comunità musei zeppi di capolavori con i soldi guadagnati grazie alla cioccolata, ha la più grande collezione di artisti nazi, 3 o 4mila tele, ma non è mai riuscito a esporle. È vietato dalla legge. Nelle tele dei pittori con svastica si incontrano più mucche al pascolo e ninfe paffute, ignare e bionde sulle sponde dei ruscelli, che SS in marcia verso il sole sorgente e la gloria. Hitler li premiava mentre ordinava la distruzione delle opere degli artisti «degenerati» (che i suoi gerarchi previdenti nascondevano a casa o vendevano all'estero sottobanco), ma alcuni di loro non sono niente male, qualcuno, oso dire, è perfino meglio di Sironi. Ma provate a dirlo a un tedesco. Vi guarderà male, o con sospetto.

EBREI

Seguii Willy Brandt in Israele nel 1973. Era la prima visita di un Cancelliere tedesco a Tel Aviv e Gerusalemme. Se qualcuno poteva normalizzare i rapporti tra la Germania e Israele, questo era Brandt, l'uomo della *Ostpolitik*, della distensione, il Cancelliere che aveva osato inginocchiarsi nel ghetto di Varsavia. Davanti all'Hotel King David a Gerusalemme ci attendeva un gruppo di manifestanti con cartelli in pugno: «We like Willy», c'era scritto, ma la riga seguente precisava: «Ma Willy non è un tedesco».

I rapporti tra Israele e Germania resteranno sempre «molto particolari», e non c'è da lamentarsene troppo, in fondo. Ed i tedeschi sono costretti a tacere quando nel mondo si levano proteste contro la politica di Tel Aviv. Quando concedono aiuti, vengono accusati di «voler comprare il passato con i loro Deutsche Mark». Ma se li dovessero negare, verrebbero ugualmente accusati di «insensibilità».

Un rimprovero ingiusto viene mosso anche agli israeliani: quello di sfruttare i morti per ottenere sempre più soldi e aiuti vari, non escluse le armi, da parte di Bonn. Una situazione senza vie d'uscita da una parte e dall'altra, nonostante gli inviti alla ragionevolezza e alla riconciliazione che periodicamente vengono ripetuti da intellettuali ebrei. «La buona volontà dei tedeschi deve essere riconosciuta anche dalla nostra parte», dichiara lo scrittore Schalom Ben-Chorin, ottant'anni, nato a Monaco. Nel 1935 fuggì dalla Germania di Hitler in Israele, dove vive a Gerusalemme, e continua a scrivere in tedesco. Solo due dei suoi libri sono stati tradotti in ebraico.

«I rapporti tra ebrei e tedeschi sono ancora una piantina delicata», ammonisce Ben-Chorin, «e il nuovo antisemitismo in Germania risveglia antiche paure, ma una colpa collettiva non c'è, e anche di una vergogna collettiva non si dovrebbe parlare: esiste una responsabilità collettiva. Quel che io chiedo ai tedeschi è una solidarietà critica. Più a loro che ad altri popoli.»

L'11 per cento degli israeliani è convinto che la Germania d'oggi sia «sicuramente democratica», e un altro 50 per cento la ritiene «quasi sicura». La stessa percentuale che giudica i naziskin un «pericolo per la democrazia». Ma la musica dell'«antisemita Wagner» continua a essere vietata in Israele, e allo stesso tempo il compositore tedesco è anche il più eseguito. La musica che accompagna i novelli sposi nel più sperduto *kibbutz* o nella capitale non è che la marcia nuziale del Lohengrin, solo che loro lo ignorano.

Da parte tedesca si risponde con un 76 per cento secondo cui «Israele è uno Stato come tutti gli altri», opinione del resto condivisa dal 27 per cento degli israeliani. Il 36 per cento ritiene sempre che «gli ebrei abbiano troppo influsso nelle questioni del mondo». E un altro 62 per cento vorrebbe porre uno *Schlusstrich* sul passato, diciamo un «taglio definitivo». Basta, non parliamone più.

«Senza ebrei non c'è identità tedesca, e senza tedeschi non c'è identità ebraica. Tedeschi ed ebrei sono e rimangono incatenati gli uni agli altri, e dopo l'Olocausto ancor più di prima», mi ha detto Michael Wolffsohn, nato da genitori ebrei nel '47, professore di storia contemporanea all'Università della Bundeswehr di Monaco, l'università militare.

Lui stesso è la prova di quanto afferma. Il padre di Berlino, la madre di Bamberg, nel '39 riescono a fuggire appena in tempo dal III Reich, e tornano subito dopo la fine della guerra, nel '45. Resistono un paio d'anni, emigrano in Israele nel '47, l'anno in cui Michael nasce a Tel Aviv. Vi restano fino al '54, quindi il nuovo ritorno a Berlino. Ma nel '67, per la guerra dei Sei giorni, il figlio parte per Israele e serve per tre anni nell'esercito. Una vita e una famiglia contraddittoria o, al di là dell'apparenza, di una dolorosa e combattuta coerenza? Perché è tornato?, ho chiesto al professor Wolffsohn.

« Come una pianta, sentivo che era qui in Germania il terreno che meglio mi avrebbe nutrito, dove mi sarei potuto sviluppare. Erano qui le mie radici. »

E gli amici?

« Reagirono con molta comprensione. Solo mi domandarono: Perché proprio la Germania? Diedi loro la stessa spiegazione, che venne accettata... Vivo a Monaco molto volentieri, e non mi è difficile essere tedesco e rimanere ebreo. Entrambe le identità sono conciliabili. Non esito a considerarmi un patriota tedesco-ebreo. Questa Germania dopo la riunificazione è una duplice e rinnovata comunità che si distacca dal passato. È degna di essere amata? Degni di essere amati sono gli esseri umani, non gli Stati. È sufficiente che vi si possa vivere. »

Il giornale israeliano « Maariv » ha scritto: « I conti tra gli ebrei e i loro carnefici mezzo secolo dopo la fine della guerra non sono ancora chiusi »; ma Wolffsohn non è d'accordo: « Queste affermazioni sono un grave errore... la colpa non è ereditabile e neanche il martirio. E per questo i tedeschi di oggi, nati dopo l'Olocausto, non sono colpevoli, come gli ebrei d'oggi non sono i martiri di allora. Una generazione di ebrei che oggi dica "noi vittime" ritengo compia uno sbaglio inaccettabile, sia storico sia politico, e biologico. Parimenti come tedesco non posso identificarmi con l'espressione "noi assassini", "noi colpevoli". I tedeschi che vivono oggi non sono "il popolo degli assassini e dei carnefici", come non sono "il popolo dei poeti e dei pensatori", una frase che viene altrettanto spesso pronunciata. Come tedesco non posso dire: "noi abbiamo gasato degli ebrei ad Auschwitz", e come ebreo non posso dire: "noi siamo stati gasati ad Auschwitz". Come ebreo posso dire: "dei tedeschi hanno ucciso degli ebrei ad Auschwitz" ».

VII.
La politica

DUE, ANZI TRE, FORSE QUATTRO

Seguii il presidente Sandro Pertini nel suo primo viaggio all'estero. Da ex partigiano, con un fratello morto nel campo di Flossenburg, aveva scelto proprio la Germania, si stupirono molti italiani. Lui, evidentemente, i tedeschi li conosceva bene, e non aveva alcuna coda di paglia da occultare con dichiarazioni astiose e sospetti contro la Repubblica Federale.

Nell'aereo da Roma a Colonia, un collega tedesco passava afflitto di fila in fila pretendendo di farci ascoltare un nastro registrato. Nell'intervista prima della partenza, Pertini gli aveva dichiarato che «la clausola del 5 per cento che esclude i partiti minori dal Bundestag doveva venire adottata anche in Italia». Alla rivolta dei nostri liberali, socialdemocratici, radicali che ne sarebbero stati condannati a morte, con *nonchalance* aveva smentito.

«Eppure l'ho registrato», ripeteva il malcapitato in cerca di solidarietà.

Pertini conquistò i tedeschi. Visitò Flossenburg sottobraccio a Franz Josef Strauss, sotto la pioggia, strana coppia, lui minuto e l'altro straripante. A Berlino, innanzi alla Porta di Brandeburgo, fu l'unico a competere con il ricordo della storica frase di John Kennedy. Era stato Schlesinger a escogitarla per il suo presidente e gliela scrisse su un foglietto «all'inglese», dato che Kennedy ignorava il tedesco: *Eak bean i-n bar-lee-ner*, cioè *Ich bin ein Berliner*. Pertini dichiarò: «Se la mia Genova fosse divisa da un muro mi batterei fino alla morte per la riunificazione», cosa che Kennedy non si sarebbe potuto permettere senza veder accorrere i Panzer dell'Armata Rossa giù per l'Unter den Linden.

Poi vide un uccello, credo fosse una cornacchia, che volava da Est a Ovest, e aggiunse: «Lui sì che può, agli uomini sparano addosso». E conquistò le prime pagine e il cuore dei tedeschi. A Monaco la conferenza finale si tenne al Vierjahreszeiten. Pertini si fermò sulla soglia e a voce alta commentò: «Questo è un hotel in cui bisogna venire con una donna». Si voltò verso l'allibito ministro degli Esteri e lo apostrofò: «Lei mi guarda dubbioso, signor ministro degli Esteri, ma io ce la faccio ancora, sa?». E diede inizio alla conferenza, ritornando sul tema del 5 per cento, che consente «ai tedeschi di avere solo due partiti». Lo scettico ministro degli Esteri con la mano gli segnalava disperato «tre, tre», e Pertini continuava a esaltare «i due partiti», finché stufo si arrese: «Ho capito, signor ministro degli Esteri, ma due sono più importanti del terzo». Si era ormai alla fine del viaggio e anche i colleghi tedeschi avevano imparato a «dimenticare» le gaffes e i capricci del nostro presidente, caratteraccio tutto cuore.

I due più importanti sono i socialdemocratici, l'SPD, e l'unione cristianodemocratica, la CDU/CSU. Il terzo, che «conta di meno», è il piccolo FDP, i liberali, che saranno i più piccoli, ma da sempre sono stati indispensabili per formare la maggioranza, e passano dall'alleato «rosso» a quello conservatore, secondo dove tira il vento elettorale, ma non sempre spinti dall'opportunismo. Il partito ha una doppia anima, conservatore in economia, progressista invece in campo sociale, ed aperto in politica estera. Contrario alle tasse patrimoniali, ad esempio, e favorevole all'aborto, il che complica gli accordi con l'uno e l'altro dei possibili partner. E a volte i liberali anche per le tasse vanno più d'accordo con i pragmatici socialisti che con i cristianodemocratici, per i quali il termine «cristiano» non è sempre un aggettivo per carpire voti, e in nome della «solidarietà umana» a volte si lasciano tentare da misure di assistenza sociale pericolose per le finanze dello Stato.

I liberali non sono quelli di Malagodi, o lo erano in parte, e tanto meno sono vicini al nostalgico austriaco Haider, laudatore del «bel tempo della svastica». Per pigrizia o per distrazione, mi capita di scrivere «socialista» invece che «socialdemocratico», e una volta un lettore mi scrisse una lettera risentita. Come se Willy Brandt avesse mai potuto militare nelle file del nostro cosiddetto partito socialdemocratico, gli risposi. Comunque, alla lettera, non avevo ragione.

Dal viaggio di Pertini (1979), anche i «Verdi» hanno conquistato il Bundestag, primo partito in Europa, e siamo a quattro, se si vuole dimenticare quello di estrema destra, i «Republikaner» della ex SS Franz Schönhuber, che sono arrivati al Parlamento europeo. Ma già Pertini sorvolava sul fatto che la CDU e la CSU, i cristianosociali della Baviera, spacciati per comodità come un unico gruppo, sono in realtà due partiti, fratelli ma pur sempre distinti.

Siamo a cinque o sei e per i tedeschi fanno già confusione, anche se si è lontani dalla quindicina di partiti presenti al Reichstag ai tempi di Weimar.

La legge elettorale tedesca, voluta per evitare che la storia si ripeta, è sempre stata lodata da Pertini e da schiere di politici, politologi e sociologi italiani, ma per decenni ci si è ben guardati dal copiarla. Bella, per gli altri. E quando abbiamo deciso di cambiare siamo passati da un eccesso all'opposto. Il sistema della Repubblica Federale è una ragionevole proporzionale corretta dalla tanto agognata e vituperata clausola del 5 per cento. Chi lo raggiunge entra al Bundestag, chi lo manca sia pure di un voto resta fuori, *alles oder nichts*, «o tutto o niente». In Baviera, alle regionali, il limite è posto addirittura al 10 per cento.

I risultati possono essere paradossali, nel bene e nel male. Nel '69, l'NPD, il partito neonazista di Von Thadden, arrivò quasi al 5 fatidico, e quindi i suoi voti, sottratti in gran parte ai cristianodemocratici, andarono dispersi spianando la strada della Cancelleria al socialdemocratico Willy Brandt. Una grande ma non sufficiente affermazione della destra fa vincere la sinistra.

Un 5 per cento che diventa la maledizione dei cronisti con pochi minuti a disposizione per dare i risultati la sera del voto. Gli *exit poll* e le proiezioni dei computer sono in Germania di solito esatti. Le urne si chiudono alle 20 e pochi secondi dopo la TV annuncia i dati e il fortunato corrispondente straniero che ha pochissimo tempo a disposizione può già scrivere il suo pezzo (i nostri giornali al lunedì hanno sempre articoli più completi e aggiornati dei quotidiani tedeschi). Con un «ma»: a causa del 5 per cento, se i liberali, quasi ovunque ago della bilancia, o i «verdi», o i «Republikaner», oscillano intorno al limite, tutto rimane nel vago. Entra in Parlamento l'FDP? Al potere andranno i cristianodemocratici. Ne restano fuori? È possibile qualsiasi altra alleanza, dalla *Grosse Koalition* alla rossoverde. Oppure, come nel marzo '94 alle regionali della Bassa Sassonia, con la loro sconfitta moltiplicare il successo dei rivali e portare l'SPD alla maggioranza assoluta dei seggi pur con il 44 per cento, a causa della dispersione dei voti, non solo liberali ma di destra estrema, e dello *Statt Partei*, il cosiddetto «partito antipartito», simile, non identico, alla nostra Lega. Ogni elettore ha a disposizione due schede, una per il candidato, l'altra per il partito, e può votare per un politico appartenente a una formazione e assegnare l'altro voto a un gruppo diverso. Una pratica esercitata quando il candidato del proprio partito non piace, oppure quando non si vuole assegnare un mandato «esagerato» a un partito che non ci convince del tutto. Di fatto, con il doppio voto l'elettore tedesco può indicare una coalizione ideale, scegliendo socialisti e verdi, o socialisti e liberali, liberali e cristianodemocratici.

Se si esagera oltre un certo limite, si arriva a eleggere più rappresentanti del previsto, perché oltre a quelli eletti direttamente bisognerà conteggiare un certo numero di seggi in più per rispettare la proporzione tra i partiti. E così in Bassa Sassonia si sono trovati con dieci deputati «extra». Si tutela la volontà democratica con una spesa supplementare per i loro appannaggi. Non è una catastrofe, e non avviene sovente.

Con un'alleanza chiara si può governare senza crisi per i quattro anni previsti, ma con le elezioni di Land gli elettori possono segnalare il loro scontento, e il Cancelliere terrà conto dei campanelli d'allarme. Se perde il controllo del Bundesrat, come è avvenuto per Kohl, è costretto a moderarsi, ma anche l'opposizione non potrà essere solo ostruzionistica. Gli elettori tedeschi votano per un partito ma non ne diventano fan, e pretendono che collabori al lavoro democratico senza lasciarsi tentare da un cieco « catenaccio ».

I partiti, non voglio esagerare, ma un barlume di anima l'hanno conservata. Di quando in quando si battono per le loro idee a scapito dei loro interessi. I socialdemocratici si sono opposti alla modifica della Costituzione per bloccare l'arrivo degli *Asylanten*, i profughi politici, sfidando l'opinione pubblica. Il presidente del Bundestag, *Frau* Rita Süssmuth, anche se cristianodemocratica, ha sfidato le ire del suo Cancelliere « passando » con le donne socialiste durante il dibattito sull'aborto. I « verdi » si sono giocati il posto al Bundestag per non rinunciare ai loro princìpi, troppo costosi in un momento di crisi economica.

Sarò un romantico, ma è bello assistere a un dibattito al Bundestag, in cui i deputati parlano per sé, dimenticando le direttive del partito, come è avvenuto in occasione del « sì » all'artista bulgaro Christo: avrebbe potuto o no « impacchettare » il Reichstag? Ognuno ha votato secondo coscienza artistica. Un problema di secondaria importanza? Non sottovalutate che Helmut Kohl ha una memoria d'elefante e, ostinato avversario di Christo, non dimenticherà i nomi dei suoi deputati « traditori », che con il loro voto contrario alle raccomandazioni del Cancelliere hanno permesso il sacrilegio. I veli che hanno coperto il Reichstag potranno diventare un sudario per la loro carriera politica.

Le alleanze di massima sono già note prima del voto e dopo ci si può quindi mettere al lavoro senza perdere tempo. Non sempre, ma quasi. Nel '69, l'allora presidente Heinemann assegnò il mandato di formare il governo a Willy Brandt, anche se l'SPD era solo il secondo partito, perché i liberali avevano annunciato l'intenzione di abbandonare il tradizionale partner cristianodemocratico. Un « tradimento » non facile e che prolungò discussioni e trattative più o meno segrete. Alcuni deputati liberali cambiarono casacca e tre anni dopo ci si trovò obbligati a un voto di sfiducia, che si concluse con una sorprendente patta e con la necessità di elezioni anticipate, avvenimento rarissimo e scioccante per l'opinione pubblica.

Questa è l'ultima delle principali caratteristiche del sistema tedesco: per far cadere un governo non basta porlo in minoranza su questo o quel problema. Lo sfidante deve indicare anche quale sarà la sua nuova e probabile maggioranza. È il cosiddetto voto di sfiducia costruttivo, che sarebbe bastato a evitare tante crisi nostrane.

TOSKANA FRAKTION E SAUMAGEN

Però aveva ragione Pertini. I partiti che contano in Germania sono solo due: il « Saumagen Partei » e la « Toskana Fraktion », rispettivamente i Tories teutonici e il *Labour Party*, la destra e la sinistra, il vecchio e il nuovo. Ma sarebbe troppo facile se fosse giusto. I due gruppi che si fronteggiano reclutano i loro membri trasversalmente ai partiti tradizionali.

Nella « frazione toscana » militano deputati liberali e cristianodemocratici, insieme con la maggioranza formata da socialdemocratici, con qualche « verde » tanto traviato da riuscire ancora a gustare la « dolce vita ». E sotto l'insegna del *Saumagen* si trovano a fianco a fianco sia il cancelliere Helmut Kohl sia il suo avversario, il socialista Rudolf Scharping, uniti dalla passione smodata per questo insaccato della loro terra natale, la Renania Palatinato.

L'atletico leader socialista (90 chili per un metro e 89, quattro centimetri e 40 chili meno del rivale) la sconta con furibonde sgroppate in bicicletta, e il Cancelliere con i ritiri pasquali a Bad Gastein, in Austria, due settimane a pane e acqua controllato a vista dalla moglie Hannelore, per ridurre la sua mole dell'8 per cento, come traducono gli economisti, e cioè d'una decina di chili.

Il *Saumagen* ha un ripieno indefinito, segreto come la mistura della Coca Cola, vagamente composto di pancia di maiale, prosciutto, *Bratwurst*, patate, carote, il tutto tagliato a fette e passato alla griglia. Kohl è solito offrirlo agli ospiti d'onore, da Gorbaciov a Mitterrand, da Bush alla Lady di Ferro, trascinati al paesello natio di Oggershein, mettendo a repentaglio le relazioni internazionali di Bonn. L'ha offerto anche a me, e siamo tutti sopravvissuti. Questo dimostra soltanto che ho almeno lo stomaco da capo di Stato.

La salsiccia del Palatinato è assurta a simbolo di una certa politica nazionale, tanto che il brillante corrispondente dello ZDF da Bonn, Wolfgang Herles, vi ha dedicato un saggio, *Das Saumagen-Syndrom*, la sindrome dei politici che difendono una certa idea della vita e della cosa pubblica, più facile da « sentire » che da spiegare. In sintesi brutale, visto da destra, la sostanza contro l'apparenza dei « toscanisti ». Visto da sinistra (o da Sud?), la grevità contro la levità, la tradizione carica di ciarpame e colesterolo contro la « nuova frontiera ». Non è che « ribollita » e pappardelle al sugo di cinghiale siano prive di trigliceridi, e non è l'unica ambiguità di questa contrapposizione.

Della *Toskana Fraktion* fa parte Otto Schily, ex avvocato dei terroristi della Baader-Meinhof, ex verde della prima ora, deputato socialdemocratico, e Johska Fischer, leader dei « Grünen », con qualche chilo di troppo, e con i piedi per terra, accanto a un Bjorn Engholm, socialdemocratico del Baltico, bell'uomo asciutto, moderato fumatore di pipa, che sembra uscito da un dramma di Ibsen, l'opposto dell'Oskar Lafontaine per cui, scrive Herles, « l'efficienza politica corrisponde alla potenza virile ». I toscanisti preferiscono parlar di donne e con le donne, che a loro cedono volentieri, insinua Oskar, soprannominato « Napoleone della Saar », piuttosto che trascorrere le notti a tessere intrighi di potere.

« Non solo a uomini pessimi deve essere affidata la politica », sostiene Engholm. Ma anche ai toscanisti piace il potere, e il compagno di partito Scharping obietta critico che « i socialisti dovrebbero discutere di problemi sociali piuttosto che di vini e di luoghi di vacanza », ma anche i fan del *Saumagen* non amano il *Vaterland*, la patria, più di se stessi. Danno solo l'impressione di sacrificarsi, insinuano i colleghi in partenza per la Toscana.

I DEPUTATI NON SONO CORROTTI, DICE LA LEGGE (O LO DICEVA)

Nella primavera '72, Rainer Barzel non sconfisse Brandt perché un deputato delle sue file votò per l'avversario, comprato con 50 mila marchi dai servizi segreti della Germania Est, preoccupati che continuasse la *Ostpolitik* del Cancelliere socialista, come si scoprì decenni dopo, grazie alla caduta del «muro» e all'apertura degli archivi orientali.

Con il prezzo di una Mercedes è cambiata la storia d'Europa, ma il responsabile (scomparso nel frattempo) non avrebbe comunque potuto essere punito. I deputati tedeschi non sono corrotti. Perché comprarli non è reato, o non lo era fino all'autunno del '93. I tangentisti all'italiana stiano attenti, però: gli *Abgeordnete*, cioè gli onorevoli (ma quest'appellativo provoca l'irresistibile riso teutonico), potevano accettare auto e ville, azioni e contanti senza rischiare neppure un cartellino giallo. La punizione veniva demandata agli elettori se fossero stati così ingenui da farsi scoprire (la fine del privilegio, temo, fu dovuta all'eco degli scandali di casa nostra).

È reato invece corrompere un *Beamte*, il sacro funzionario dello Stato, e quindi anche un ministro, che è considerato il primo funzionario pubblico. A un *Beamte* potete offrire un mazzo di fiori, o una bottiglia, purché il suo valore non superi poche decine di marchi. Al di sopra scatta la corruzione. A meno che il dono non finisca allo Stato: vale per il ministro in viaggio all'estero e per l'impiegato dietro lo sportello.

Al termine d'una visita in uno degli Emirati arabi, i padroni di casa, al momento del commiato, giunsero sulla pista dell'aeroporto con tanti pacchettini, senza dimenticare le segretarie del seguito. Dentro, le ragazze trovarono dei

Rolex d'oro, del valore di qualche milione ciascuno. L'omaggio non venne rifiutato per non offendere gli arabi, ma tutte vennero invitate a consegnare l'orologio al ministero degli Esteri, a meno che qualcuna non fosse interessata a ricomprare il suo Rolex « a buon prezzo ». Solo una segretaria lo fece, per tenersi il ricordino.

Mi raccontano l'episodio al Bundespresseamt, però con il tono di chi rievoca i buoni tempi andati e perduti per sempre. Anche in Germania si chiude un occhio (o entrambi?) e sempre più spesso. Forse mi si vuole consolare in piena Tangentopoli. Sarà, rispondo, ma voi tedeschi in nostro confronto siete degli *Amateur*, dei dilettanti. In Italia, tangenti. In Germania, mance.

Il rampante ministro all'Economia, il liberale Möllemann, destinato a un grande futuro, si è perduto per un gettone di plastica, senza aver dirottato neppure un marco.

Una corruzione complicata da spiegare. Nei supermarket tedeschi per evitare che i clienti pigri si portino il carrello fino al parcheggio e « dimentichino » di riportarlo indietro, è necessario introdurre un marco per sganciare il fermo. E si riconquista la moneta solo se il carrello viene riconsegnato al posto giusto. Per evitare fastidi a chi non abbia spiccioli, un lontano parente di Möllemann ebbe l'idea geniale di inventare un gettone di plastica universale, con stampata sulle facce una qualche pubblicità. Il ministro ebbe la debolezza di raccomandare l'inventore a diverse catene di vendita e, trascuratezza imperdonabile, su carta da lettere del ministero. Scoperto il traffico familiare, Möllemann dapprima negò, quindi si arrese. Addio al ministero, e alla fulminante carriera.

Il particolare più importante è un altro: delle diverse catene interpellate, solo due risposero alla proposta del gettone. E per dire no. In quale altro Paese la richiesta d'un ministro dell'Economia sarebbe stata ignorata con tale glaciale indifferenza? La « colpa » di Möllemann non è poi imperdonabile, e come un giocatore di calcio falloso l'ex ministro sarà costretto a un periodo più o meno lungo di panchina. Prima o poi tornerà in campo.

Come il suo compagno di partito, il conte Graf Lambsdorff, che anni orsono favorì i miliardari Flick in una questione di tasse di successione in cambio di una generosa sovvenzione all'FDP. Si dimise ma poi è tornato al lavoro.

È la differenza sostanziale con noi. Si pretende la perfezione, e la pena in teoria è così severa che si finisce col fingere di non vedere, per non giungere a una decimazione dei colpevoli. In Germania si sa che nessuno è perfetto e si stabiliscono regole e penalità. La corruzione fa parte del gioco, purché si rispetti il *fair-play*. Una questione di classe, in altre parole.

A Magdeburgo, il responsabile locale della CDU ha svuotato le casse del partito per far regali all'amica: fra l'altro, seicento bottiglie di spumante inviate a casa di lei, e denunciate come spese di rappresentanza. Scoperto, si è limitato a sposare l'amica. Ora resta tutto in famiglia.

Il ministro dei Trasporti, il cristianodemocratico venuto dall'Est, Günther Krause, da novizio non ha retto al salto brusco dal comunismo al consumismo. Ha peccato, soprattutto di eleganza, ed appare più difficile perdonarlo: si è fatto rimborsare dallo Stato le spese di trasloco « per servizio », poche migliaia di marchi, dal suo paese sul Baltico a Berlino. Ma avrebbe avuto diritto al pagamento del trasloco a Bonn, dove era il suo ministero. Più grave il secondo peccato: ha assunto una donna di servizio a ore, che era nelle liste di disoccupazione, e si è fatto pagare dall'Ufficio del lavoro una parte della paga.

Fallo ridicolo più che cattivo, cartellino rosso e fuori dal campo, per il politico dell'Est che non ha afferrato il complicato sistema di regole occidentali. Frau Süssmuth, invece, che ha « prestato » Mercedes di servizio e autista al marito, privato cittadino, è stata perdonata per cavalleria, o per convenienza.

Dipende. Più che dal peccato, dal peccatore. Lothar Späth, primo ministro del Baden-Württemberg, accettò inviti a vacanze nei Caraibi su aerei e yacht degli industriali della zona (a cui non concesse nulla in cambio). Fu costretto alle dimissioni a causa della sua leggerezza, e forse perché veniva considerato il possibile successore di Kohl, al tempo in difficoltà.

Il suo collega e vicino della Baviera, Max Streibl, è caduto per un peccato simile. Ha accettato «in prova» auto e moto dalla Bmw, «casa» di Monaco, anche se non è un esperto, e soprattutto viaggi in Sud America per perorare la causa di un suo amico costruttore di aerei. Da allora, Tangentopoli si traduce in tedesco *Amigosland*. Si intende la Baviera, ma l'appellativo lo merita l'intera Repubblica Federale.

Secondo le accuse, l'*amigo* per eccellenza sarebbe stato Franz Josef Strauss, predecessore di Streibl, scomparso nell'87, ottimo *press agent* per le aziende della sua terra, che lo accoglievano nei loro consigli di amministrazione. Il «leone della Baviera» dichiarava apertamente che si potevano fare affari con tutti, anche in campo bellico, tranne «vendere armi a Cuba e al Nicaragua». Procuro commesse e lavoro ai miei compaesani, spiegava. Anche qualche vantaggio per sé, sostengono gli avversari. Avrebbe favorito, ad esempio, l'*amico* Zwick, milionario grazie a un colossale «centro della salute», un po' clinica, molto albergo di lusso, e con il vizio di evadere le tasse. Fuggito in Svizzera per non pagare al fisco un conto da 30 miliardi di lire, riceve la visita del «caro Franz» che gli assicura il suo aiuto. In cambio Zwick gli versa 20mila marchi al mese su un conto riservato a Zurigo.

Strauss morì in seguito a una caduta durante una partita di caccia, ma le promesse vanno mantenute, e ci pensò la sorella del «leone», grazie ai legami con Streibl, suo compagno al Kindergarten. L'ufficio imposte fece uno sconto: da 30 a 8 miliardi di lire.

Germania come Italia? Si calcola che 20 miliardi di marchi all'anno, un ventimila miliardi di lire, destinati alla ricostruzione dell'ex DDR, finiscano nelle tasche di speculatori, poco meno del 10 per cento degli investimenti complessivi. Siamo ancora entro un limite tollerabile. E c'è una differenza. In Germania si ruba per sé o per il partito ma vengono costruite le opere pubbliche necessarie, e nonostante lo *Schmiergeld*, letteralmente il «denaro per ungere», vengono perfino costruite bene. Diciamo che anche i ladri ci tengono all'efficienza.

C'è più morale e meno ipocrisia. I discendenti di Lutero non pretendono la santità come i cattolici. Si sa che il politico può peccare, ed è una faccenda tra lui e Dio, sempre che non si faccia beccare con le mani nel sacco, purché sia un politico abile. Tanto è vero che a Bonn accanto alle ambasciate e alle rappresentanze dei Länder, sorta di ambasciate provinciali, ogni Lobby ha la sua sede ufficiale e i suoi ambasciatori, che alla luce del sole trattano con i deputati, di ogni partito. Le Lobbies sono accettate, la loro attività tollerata e così è sotto gli occhi di tutti chi tratta e con chi, contadini e assicuratori, costruttori d'auto e di computer, chimici e farmacisti, marittimi e dentisti.

E le Lobbies o le industrie, e perfino i privati, possono aiutare apertamente i partiti, purché al di là d'una certa somma l'« obolo » sia nominale. Apprendiamo che nel '92 la « Daimler-Benz » ha elargito 600mila marchi alla CDU/CSU di Kohl, 500mila ai socialisti, 200mila ai liberali, e neanche un pfennig ai « verdi » che imperversano contro le auto inquinanti. Mi sembra corretto. Chi vota per i *Grünen* potrà così comprare un'altra marca, se lo ritiene giusto. Le imprese metallurgiche offrono 645mila Deutsche Mark alla CDU, e 75mila ai socialisti.

I partiti ricevono un finanziamento dallo Stato in rapporto ai voti ricevuti all'ultima elezione. Come da noi. Solo che qui i soldi bastano, forse perché ai Congressi vi offrono würstel e birra, e quasi sempre ve li fanno anche pagare. E tutti lo trovano normale, perfino i giornalisti.

Kohl, che conosce bene la sensibilità dei suoi connazionali riguardo ai soldi, è sempre scrupolosamente attento. Quando uno dei suoi figli si ferì in modo grave uscendo di strada in auto nei pressi di Bologna, la madre accorse al suo capezzale a bordo di un aereo militare. Da noi, chi ci avrebbe badato? Gli apparecchi e i loro equipaggi devono comunque compiere un certo numero di ore mensili di volo. Con questa scusa, un certo nostro ministro della Difesa, ovunque fosse in giro per l'Europa, spediva un « caccia » ad andargli a comprare i giornali a Roma per averli « freschi » con il vassoio dell'abbondante colazione.

Anche il volo da Colonia a Bologna poteva venir registrato come una normale esercitazione. Invece Herr Kohl si vide recapitare a casa la fattura del «biglietto»: 76mila marchi e qualche spicciolo, non poco nemmeno per un Cancelliere (paga annua 460mila marchi). Non è chiaro se fu Kohl a chiedere di pagare, o se non avesse previsto il problema, e date le circostanze è di cattivo gusto mostrarsi pignoli. Il fatto è che saldò il conto senza fiatare, forse con qualche sospiro. Gli sarebbe costato meno noleggiare un aerotaxi.

Nel marzo del '94, in piena recessione, mentre i metalmeccanici accettavano rinnovi contrattuali con una riduzione di fatto dei salari per non mettere in pericolo i posti di lavoro, Kohl ha voluto dare il buon esempio: per risparmiare, ha chiuso la piscina della Cancelleria, costo di manutenzione 43mila marchi all'anno. Il giovane Kohl per impressionare la fidanzata Hannelore – raccontano le biografie – nuotava innanzi a lei con le braccia legate dietro la schiena.

Ma Kohl, superata la sessantina e di trenta chili il quintale, nella piscina della Cancelleria non ha mai nuotato, nonostante le raccomandazioni di Hannelore che ci tiene alla linea (quella di lui, perché lei non ha problemi). Il risparmio è servito per fare dispetto all'asciutto presidente della Repubblica, il settantenne von Weizsäcker, che vi andava a nuotare ogni mattina alle 7 in punto, e dopo in piena forma si divertiva a prendere a bacchettate il Cancelliere, a ogni minima occasione.

Ma è una mia malignità. A Bonn, e domani a Berlino, i politici cercano di ostentare maniere semplici. Un settembre, Kohl mi invitò alla rituale festa alla Cancelleria. Sui prati erano stati eretti allegri tendoni, e si degustavano würstel e si beveva birra (gratis), allietati da mangiatori di fuoco e domatrici di serpenti. Una sana atmosfera di sagra paesana, a casa dell'uomo più potente d'Europa.

A Natale, a Roma, ho visto un nostro ex politico, del tutto ex, giungere con due macchine di scorta, una davanti e una dietro, e una macchina di cortigiani al seguito, due minuti dopo la chiusura dei negozi, e obbligare il malcapitato commerciante a una straordinaria prolungata apertura.

I miei amici si sono stupiti che mi stupissi. La scorta sopravvive come uno *status symbol.* In Germania, per un politico è più importante ostentare il coraggio di farne a meno, anche se negli ultimi anni sarebbe forse più necessaria che da noi.

L'ultima generazione della Baader-Meinhof ha continuato a colpire fino al '92, scegliendo con cura bersagli d'eccezione: il diplomatico che a fianco del ministro degli Esteri Hans-Dietrich Genscher aveva lavorato per ristabilire i rapporti tra Reagan e il Cremlino (e il cui nome era sconosciuto ai non addetti ai lavori), lo scienziato della Siemens occupato nelle «guerre stellari», il capo della Deutsche Bank, Alfred Herrhausen, colpevole d'aver consigliato il Cancelliere su come giungere alla riunificazione tedesca; Detlef Rohwedder, il primo capo della Treuhand, l'ente che ha curato il passaggio delle industrie della ex DDR dal marxismo all'economia di mercato (o alla loro svendita, secondo i critici).

Più imprevedibili e dunque più pericolosi, i folli che senza motivo attentano ai politici. Un'infermiera si è avvicinata a Oskar Lafontaine con un coltellaccio da cucina nascosto in un mazzo di fiori, e ha tentato di sgozzarlo come un capretto. Il leader della sinistra socialdemocratica ha rischiato di morire dissanguato. Uno spostato ha sparato a bruciapelo a Wolfgang Schaüble, ministro degli Interni e delfino del cancelliere Kohl, che è rimasto paralizzato, per sempre costretto su una sedia a rotelle.

In queste occasioni i servizi di sicurezza sono stati posti sotto accusa, e subito difesi dalle stesse vittime: «Non possiamo vivere sotto una campana di cristallo a prova di proiettile», hanno dichiarato concordi politici del governo e dell'opposizione; «come rinunciare al contatto diretto con la gente? Una certa dose di rischio fa parte del nostro mestiere».

E hanno continuato ad esporsi. A Berlino, durante una marcia contro il razzismo, Helmut Kohl è diventato bersaglio d'un lancio di pietre, e le foto del presidente della Repubblica Richard von Weizsäcker dal candido impermeabile lordato da uova marce hanno fatto il giro del mondo. E se avessero lanciato qualcosa di più pericoloso?

Sempre von Weizsäcker è andato a teatro ad Amburgo. All'ingresso, con modi gentili un colossale passante gli ha domandato: «Posso stringerle la mano?». Il presidente gli si è fatto incontro, e l'energumeno, ex campione tedesco di sollevamento pesi, ex magnaccia e buttafuori d'un locale strip della Reeperbahn, alto quasi due metri, lo ha colpito con un preciso uppercut alla mascella.

«Le mie due guardie del corpo non hanno colpa», ha dichiarato von Weizsäcker, «non si può prevenire un simile gesto.» E se avesse avuto un pugnale? Il presidente ha alzato le spalle, si è fatto applicare un cerotto ed è entrato in platea puntuale prima dell'alzarsi del sipario.

Più che al pericolo, i politici tedeschi pensano al decoro. Migliaia di contestatori hanno assediato il Bundestag durante la discussione per la modifica alla norma costituzionale sul diritto d'asilo, in senso restrittivo.

I deputati sono stati costretti a giungere in elicottero, o sono sbarcati dalle lance «alla Marine», sulla sponda del Reno, ma il capo della polizia di Bonn saggiamente ha evitato uno scontro. Diciamo che ha fatto un «catenaccio» elastico, contenendo i manifestanti e dirottandoli con mano morbida vero sacche prestabilite. I prati del Regierungsviertel, il quartiere del Governo, la linda e piccola Brasilia sul Reno, sono stati ridotti a un letamaio, ma la giornata si è conclusa senza una testa rotta.

Khol ha tuonato contro il comportamento della polizia, che non ha tutelato il decoro del Parlamento. Il saggio comandante non ha rischiato la carriera: dipende dal Land della Nord Renania Westfalia, governato dai socialdemocratici dell'opposizione. Sempre il Cancelliere, un giorno ad Halle, nella ex DDR, sottoposto a un fitto lancio di uova, a un tratto ha avuto un soprassalto di rabbia. Rosso in volto, come un incontenibile toro Muria, ha travolto le guardie del corpo, i dignitari del seguito, ed ha caricato verso le transenne, impegnando un corpo a corpo con i dimostranti, solo contro tutti, finché sono riusciti a tirarlo indietro, impiastricciato di rosso d'uovo. Solo un telegiornale mostrò, e una sola volta, quella sorprendente sequenza che venne poi tagliata. Censura? Direi riserbo.

Il Kohl furioso di Halle, il candore violato dell'impermeabile presidenziale, hanno sprofondato i miei conoscenti tedeschi nello sconforto. A che punto siamo arrivati, è stato il loro unanime commento. Invece io li ho trovati rassicuranti. Il segno d'una Germania che non si nasconde dietro gli scudi di plexiglass della polizia, e che se perde i nervi si limita a rimboccarsi le maniche della camicia per una sana rissa di paese.

I miei amici hanno creduto che da perfido italiano li prendessi in giro. Un politico tedesco deve mantenere i nervi saldi. Come fidarsi di qualcuno che si fa prendere dall'ira nel momento decisivo? Avranno ragione, ma da ex (e modesto) giocatore di rugby ammirai il suo stile. Ero mediano di mischia e quindi di stazza decisamente inferiore ai colossi della prima linea. Nel mio «pacchetto», responsabile anche della mia incolumità, avrei sempre voluto uno sfondatore alla Kohl. Il Cancelliere ad Halle si attirò la disapprovazione dei suoi elettori. In Italia e in Francia avrebbe conquistato applausi e voti. Il rugby, appunto, è uno sport quasi sconosciuto nella Repubblica Federale.

I suoi politici devono mantenere la calma (Bismarck non prese mai a calci Wilhelm II) e la parola data. Sempre Kohl, si è giocato per l'eternità la fiducia dei tedeschi dell'Est e dell'Ovest per due innocenti bugie elettorali. Agli ex sudditi di Honecker, chiamati al loro primo voto libero dopo una sessantina d'anni, disse: «Siete tedeschi come noi, otterrete il nostro stesso benessere... al più presto possibile». Io da latino compresi che cosa intendesse. Loro, intontiti dal digiuno democratico, no. Ai fratelli ricchi dell'Ovest promise di non aumentare le tasse, il che in una campagna elettorale non è neanche una bugia, è una frase fatta come: «Tutto bene in famiglia?».

I due protagonisti di una shakespeariana tragedia politica hanno perso, l'uno la vita l'altro la carriera, sempre per aver mentito. In Italia se ne è parlato sempre poco, sospetto perché il nome del Land dove si svolse, il nordico Schleswig-Holstein, risulta impronunciabile ai più, anche ai redattori degli esteri, come il nome di Bjorn Engholm, leader locale dei socialdemocratici. Bello e intelligente, insidiava l'allora capo del governo regionale, l'altrettanto affascinante Rainer Barschel, a cui si pronosticava una carriera senza limiti, anche l'eredità di Kohl a Bonn.

Barschel fece spiare il rivale e diffuse calunnie sul suo conto: che fosse gay e che non pagasse le tasse, due sospetti mortali nel luterano e moralista estremo Nord. Ma il suo complice, un ex giornalista brillante, lo tradì e svelò il complotto a Engholm. Allo scoppiare dello scandalo anche i compagni cristianodemocratici presero le distanze da Barschel. Solo contro tutti, in diretta alla TV, lo vidi porsi la mano sul petto e dichiarare: « Sono innocente, vi do la mia parola d'onore ». Da straniero, pensai subito (a torto?) che fosse dunque colpevole, al di là d'ogni dubbio.

Pochi giorni dopo, Barschel venne trovato avvelenato, vestito di tutto punto, nella vasca da bagno colma in un lussuoso albergo a Ginevra. I tedeschi non ebbero dubbi: svelata la sua menzogna, si era tolto la vita. Solo la vedova continua a battersi sostenendo che è stato eliminato dalla Stasi, la polizia segreta dell'allora ancora vitale Germania Est.

Ma siamo al secondo atto. Engholm vinse le elezioni nello Schlewig-Holstein, prese il posto di Lafontaine alla guida dell'SPD, e venne dato come favorito nello scontro con Kohl per la Cancelleria. Se non fossero continuate le rivelazioni. Saltò fuori che « aveva saputo con giorni di anticipo » di essere spiato, e tacque, sfruttando il comportamento scorretto dell'avversario a suo vantaggio. Il gioco che viene praticato di norma da opposti servizi segreti, secondo quanto ci insegnano film e romanzi di spionaggio. La vittima ha il dovere di proclamarsi « immediatamente » tale? « Quando lo seppi », si giustificò Engholm, « rimasi sopraffatto, come stordito. Era dunque questa la politica? Volevo ritirarmi. »

Non ci fu niente da fare. Anche lui fu costretto alle dimissioni.

C'è un altro particolare che vale la pena di raccontare. In *Amleto* anche i comprimari, i Rosenkratz e Guilderstern, hanno la loro importanza. Il corpo di Barschel venne scoperto da un giornalista di « Stern ». Invece di chiamare subito la polizia, diede tempo al fotografo di scattare le sue immagini, e controllò la stanza. Uno scoop eccezionale. Ma «Die Zeit», il più esclusivo e intellettuale settimanale tedesco, che stava per assumere il reporter, subito dopo gli comunicò d'aver cambiato idea. Il suo comportamento fu giudicato privo di scrupoli dalla rivista che ha fra i suoi direttori *honoris causa* l'ex cancelliere Helmut Schmidt.

Un comportamento «leale» è preteso in Germania anche da chi esercita la mia professione. Tutti sanno che pochi politici e, temo, pochi cronisti seguono il manuale di comportamento dei boy-scout, ma non bisogna lasciarsi scoprire in fuori-gioco. Se un Maradona tedesco segnasse con la manina per la nazionale andrebbe incontro alla disapprovazione generale. E quando lo spietato *replay* svela il fallo furbetto d'un campione tedesco, il commentatore è il primo (quasi sempre) a riconoscere che l'arbitro ha ragione, anche se concede un fatale rigore al novantesimo.

«Il fine giustifica i mezzi, diceva il vostro Machiavelli, ma non da noi», mi ha spiegato un mio anziano collega di Amburgo. Quando gli ho rivelato che l'autore del *Principe* veniva calunniato a torto, e che non aveva mai pronunciato questa cinica massima, o non esattamente questa brutale sintesi attribuitagli dai divulgatori, mi ha guardato dubbioso e deluso. Noi italiani non eravamo dunque capaci di nulla, neanche della geniale gelida intelligenza machiavellica?, gli lessi la tacita domanda nello sguardo. Di noi italiani non ci si può proprio fidare.

LE CAMICIE VERDI

C'è il pericolo che in Germania ritorni un sistema totalitario? Due americani su cinque rispondono di sì. Anch'io. Ma loro si immaginano i tedeschi in camicia bruna marciare a passo dell'oca davanti al Reichstag. Io li vedo avanzare in disordine con una brillante camicia verde prato. L'unica dittatura possibile nella Repubblica Federale è quella ecologica, e forse è già cominciata. I *Grünen* sono stati i primi in Europa a creare un partito, i primi a entrare in un Parlamento regionale, i primi ad arrivare al Parlamento nazionale, i primi a entrare nel Parlamento europeo, i primi a far parte di un governo di Land. Forse saranno i primi a entrare in un governo federale.

Gli italiani sono stati i primi (e unici) ad abolire per referendum le centrali nucleari, mentre il « verde » Joshka Fischer, ministro all'Ecologia dell'Assia, si dibatte ancora tra ideale ed esigenza politica quotidiana. Chiude la malandata centrale atomica di Biblis e i socialisti la riaprono, e lui non si dimette come vorrebbe la base, che guarda all'Italia con invidia e rispetto.

Ma noi abbiamo rinunciato all'atomo e compriamo l'energia a caro prezzo dalla Francia, che le sue centrali le ha costruite proprio sul confine, il nostro e quello tedesco, e scarica le acque radioattive nel Reno, che poi scorre attraverso la Germania. I *Grünen* al potere si comporteranno con ben altra serietà e conseguenza, a costo di costringere i loro connazionali a usare le candele, o a pedalare sulla cyclette per alimentare la TV di casa. Costringere è un termine inesatto: i più saranno d'accordo. È il consenso che mi inquieta.

Da noi, ognuno è convinto della necessità di rispettare l'ambiente, ma si aspetta che gli altri lo facciano per lui.

Distrugge le rocce millenarie della Sardegna per esibirle nel salotto buono, come testimonianza dell'amore per la natura, ed impreca quando non riesce a sistemare il tavolino da pic-nic sulla spiaggia invasa dai rifiuti. *Les vertes* si giocarono il futuro quando proposero di disselciare le strade parigine e obbligare a turno gli abitanti dei quartieri ad assumersi in prima persona la *corvée* di eliminare i rifiuti, propri e dei vicini, I *Grünen* avrebbero trovato la proposta geniale. Prima o poi l'applicheranno.

Propongono di portare la benzina a 5 o 6 marchi al litro, 5 o 6mila lire, per ridurre l'uso dell'auto. Per inquinare meno vogliono che non si superino i 100 all'ora in prossimità delle foreste, cioè quasi ovunque. Nella Schwarzwald, e altrove, ogni albero è stato catalogato, ogni sentiero ha il suo numero. Uno dei testi fondamentali di Martin Heidegger si intitola *Holzwege*, titolo come al solito intraducibile. Letteralmente vuol dire « Sentieri per il legno », e Heidegger, che amava le passeggiate per i boschi della Svevia, intende quei passaggi aperti dai boscaioli, che conducono solo a spiazzi senza uscita, là dove gli alberi sono stati abbattuti per far legna. Là si vede la luce ma non si giunge da nessuna parte. Ci penseranno i « verdi » a segnalare l'uscita e a sistemare bidoncini per le cartacce.

Ogni tanto qualcuno si sorprende nello scoprire i legami dei « verdi » con il nazismo o, meglio, di entrambi i movimenti con le radici profonde di un'ideologia verde nazionale che serpeggia tra Hitler, Wagner, i Nibelunghi.

Oggi, hanno obbligato tutte le grandi catene di distribuzione a sistemare all'uscita, di fianco alle casse, appositi contenitori dove i clienti possono abbandonare le ingombranti e inquinanti confezioni, di carta, plastica, cartone. Il dentifricio si può portare anche « nudo » a casa. Nel cortile ho a disposizione i bidoni della spazzatura, quelli riservati alla carta che riempio quasi in esclusiva con i giornali vecchi, e mi hanno avvertito che presto ne avrò due distinti a disposizione: uno per la carta normale, l'altro per quella patinata delle riviste. Un bidone per le lattine, uno per i cartoni, e ben tre per le bottiglie: in vetro bianco, e verde, e marrone. Far finta di nulla? Un mio conoscente olandese, per la verità poco simpatico, mi ha raccontato di aver dovuto pagare una multa salata. Dalla sua spazzatura eliminata per vie ideologicamente non pure sono risaliti al suo nome, grazie all'indirizzo su una vecchia busta, qualcosa del genere. Non so quale sia stata la sua colpa, non ho molta fiducia in lui, ma l'efficienza della polizia «verde» è preoccupante. È stata annunciata la creazione di *Ökocops*, cioè «poliziotti verdi», incaricati di sorvegliare i supermercati, seguire i clienti che comprano bottiglie riciclabili e sensibilizzarli al riguardo. Dalle statistiche risulta che «solo» il 60 per cento delle bottiglie «da restituire» torna indietro. Sospetto che sia io il responsabile del restante 40 per cento. Gli *Ökocops* impartiranno consigli o rimproveri, non multe. Per il momento.

Già prevedo un IV Reich ecologico alla conquista d'Europa, e domani dell'orbe terrestre; e mi preparo a entrare in clandestinità. Chissà quanto costa un apparecchio per tritare i documenti segreti? Dovrei eliminare i giornali con la fascetta che riporta il mio nome, ad evitare che finiscano nel bidone sbagliato. Per me il futuro è già cominciato.

AMORE SUL RENO

« Bonn è simile a un villaggio balcanico », ha scritto John Le Carré in *Una piccola città in Germania*, che a parte il titolo è uno dei suoi romanzi meno riusciti. Da allora, Bonn non è più capitale, è ancora sede del governo, in attesa del trasloco a Berlino che pochi hanno voglia di compiere, le pecore non pascolano più intorno al Bundestag, e la cittadina universitaria è stata abbellita (o deturpata) da grattacieli e palazzi postmoderni. Ma la sua vita rimane ugualmente sonnacchiosa.

In apparenza. Come in ogni Paese che si rispetti, tutti sanno tutto di tutti, e ne parlano sottovoce. Sesso e politica non sembrano mischiarsi bene sulle rive del Reno, come a Londra o a Washington. Scandali come quelli in cui vengono coinvolti i parlamentari britannici, o dimissioni di candidati alla presidenza per una foto con una bella ragazza sulle ginocchia, in Germania sono impensabili.

Gli scambi notturni nelle villette di Bad Godesberg o del Venusberg, la montagna di Venere, che è poi una collinetta che domina l'abitato, non hanno nulla da invidiare a una commedia di Feydau, ma i protagonisti devono caso mai temere i rispettivi consorti (costa caro in alimenti un divorzio in Germania) più che le indiscrezioni della stampa. In questo i tedeschi non sono tanto diversi da noi italiani, o dai francesi.

Willy Brandt era un *tombeur de femmes*, è noto, ma questa fama non gli è mai costata un voto. Probabilmente gliene ha fatti guadagnare parecchi. Si mormora che quando venne scoperta la « spia alla Cancelleria » si dimise solo perché lo si minacciò di rivelare le sue questioni di cuore, debitamente annotate dall'agente di Berlino Est, Günther Guillaume, molto più pericolose degli affari di Stato. Ma il Willy nazionale non temeva certo né la moglie (da cui si separò anni dopo per una giornalista d'una trentina d'anni più giovane) né gli elettori.

La stampa fece un'eccezione rivelando una sua storia, ma assolutamente platonica. Il Cancelliere e Romy Schneider, che per molti tedeschi rimane « Sissi », si telefonavano per ore: lei a Parigi e lui a Bonn. « Parlavano di politica », sostiene colui che al tempo era il compagno di Romy, e gli si deve credere per *fair-play*.

Quasi per una legge del contrappasso, Brandt ha subìto le conseguenze della sua nomea quando era assolutamente innocente. Le compagne di partito lo costrinsero a dimettersi da presidente dell'SPD (nel marzo dell'87) quando nominò a capo dell'ufficio stampa dei socialdemocratici la bruna Margherita Mathiopulos, giornalista e figlia di un collega greco esule a Bonn al tempo dei colonnelli. Esistono foto di Margherita seduta sulle ginocchia di « zio Willy », ma all'età di cinque anni. A sospettare d'un flirt tardivo dell'ex Cancelliere e Premio Nobel per la pace furono solo alcuni giornalisti stranieri poco informati. La ribellione delle « compagne » fu causata dal particolare che Margherita non era neppure iscritta al partito, e che la carica « vale » un 10mila marchi al mese, una decina di milioni di lire.

Sull'altro fronte, la vita privata di Theo Waigel, cattolico, ministro delle Finanze, finì in prima pagina, ma a causa dei suoi compagni di partito, la CSU bavarese. Per bloccare la sua nomina alla testa del partito non trovarono di meglio che dibattere a un congresso la relazione di Theo con un'ex campionessa di sci, « nonostante moglie e figli ». Lui si presentò a un *talk-show* televisivo con la compagna, spiegando quali fossero i rapporti con la moglie, e lei quasi in contemporanea si sfogò asserendo esattamente il contrario a un'altra trasmissione. Una specie di « C'eravamo tanto amati », a canali separati. Non è aumentata neanche la quota d'ascolto.

Perfino il Cancelliere della riunificazione, il Bismarck del secolo XX, cioè Helmut Kohl, anni fa finì su una pagina scandalistica. Sospetti dovuti all'eccessiva fedeltà alla segretaria personale che lo segue da una trentina d'anni, da quando era un oscuro politico di provincia a Magonza. La signora in questione in effetti ha un potere sospetto sul Cancelliere: è l'unica in grado di portargli via il piatto con i dolci, di cui Kohl è golosissimo, e di perquisirgli i cassetti della scrivania alla ricerca di biscotti proibiti. Per me potete pensare male, ma la segretaria è solita passare le vacanze con Frau Hannelore, consorte del Cancelliere, quando Helmut si ritira in Austria sottoponendosi a una dieta ferrea a pane secco e acqua.

L'unica autentica storia d'amore, nata e conclusa a Bonn, purtroppo è tragica, quella della « verde » Petra Kelly e del generale Gert Bastian, a un certo punto numero due dell'esercito, pur essendo pacifista. Lui lasciò famiglia e divisa per lei, ma Petra era un essere inquieto. Finì per stancare il partito ma non Gert. Gli ripeteva che senza di lui non avrebbe più potuto vivere, e lui ebbe il torto di crederle. Non riusciva più a vivere con Petra, e non aveva il coraggio di lasciarla. E l'uccise per amore, prima di togliersi la vita. A Bonn si accorsero della loro assenza dopo quasi due settimane. Il rispetto per la *privacy*, a volte, può anche essere una colpa.

VIII.
Cicale e formiche

RECORD TEUTONICI

I tedeschi? Grandi lavoratori, si risponde in coro da Bogotà a Tokio, da Canicattì a Stoccolma. E loro stessi sono convinti che la virtù nazionale invidiata dal mondo intero sia la laboriosità. Ci si può sbagliare in modo così clamoroso? Aveva ragione George Bernard Shaw: quando tutti sono convinti di qualcosa, è vero il contrario. Il lavoratore teutonico detiene in effetti un doppio record mondiale: l'orario più corto, e la paga più alta. Nessuno al mondo lavora così poco, 1600 ore annue, contro le 2350 dei soliti giapponesi, le 2007 degli americani, perfino noi italiani dalla fama di sfaticati li battiamo con 1725 ore.

Questo è l'orario ufficiale, si insinua. E l'assenteismo, gli scioperi, le malattie? Non scherzano neanche in queste discipline, i tedeschi. Sono diventati specialisti in «ponti», autorizzati o meno, e il giorno in cui ci si ammala con maggior facilità è appunto il venerdì, con il 37 per cento, seguito dal lunedì con il 30, il triplo rispetto al martedì, senza distinzioni tra dipendenti pubblici o privati.

Tra gli operai la quota di «falsi malati» è del 42 per cento, tra i *Beamte* del 25. Un dipendente su tre ammette di ricorrere regolarmente a una ricetta compiacente, e uno su due conosce un medico che la rilascia senza problemi.

Il 13 maggio del '94 è apparso sulla porta del Finanzamt di Kreuzberg un cartello destinato a entrare nella storia: l'ufficio delle imposte era chiuso «perché tutti gli impiegati erano ammalati». Le ditte assoldano detective privati per indagare sugli assenti. «I danni provocati dai lavativi ammontano a 31 miliardi di marchi all'anno», rivela il professore d'economia Eberhard Hamer.

Tra i best-seller è entrato un manualetto dal titolo *Meglio festeggiare da malato che lavorare da sano*. Il municipio di Colonia concede un premio di 5mila marchi a chi non si ammala per un anno. Nel 1910 i giorni di ferie erano 5, nel 1960 all'inizio del miracolo economico erano 16, oggi sono il doppio, 31, esattamente come in Italia. L'orario netto scende a 1519 ore all'anno. Per il momento.

Si lavora meno e si guadagna di più. La paga oraria è di 25 dollari contro i 18 di noi italiani, subito al secondo posto (che nelle tasche del lavoratore arrivi molto meno è un altro discorso), i 17 di un canadese o di un francese, i 16 di un americano o di un giapponese, i 14 dei britannici.

Il tedesco lavora meno, ma lavora meglio? È il dubbio che ci coglie. Niente affatto: la produttività è fra le più basse al mondo, sempre secondo i loro calcoli, e la qualità del *Made in Germany* è messa in discussione, dai produttori e dai consumatori.

«Nel dopoguerra hanno costruito più case di ogni altra nazione al mondo, e dopo gli Stati Uniti sono quelli che possiedono più auto, TV, radio, frigo, lavatrici: da dove viene il miracolo tedesco? Stiamo attenti: non significa che siano tutti così diligenti e abili», avvertiva Herman Marcus già nel lontano 1970, in *Die faule Gesellschaft, wie die Deutschen arbeiten* («La società pigra, come lavorano i tedeschi»). Il miracolo è stato costruito, in parte, sui *Gastarbeiter*, i «lavoratori ospiti», la gentile espressione che definisce gli emigranti, che oggi sono poco meno di 6 milioni.

Ero appena arrivato in Germania, quando la casa editrice di Amburgo che mi ospitava decise di rimbiancare le redazioni. Il mio ufficio era angusto, come gli altri (se fosse stato una cella, Amnesty International avrebbe protestato). Dopo un mese gli imbianchini non avevano ancora finito. Stanco di proteggere macchine da scrivere e altri aggeggi con i teloni, protestai con il direttore dei lavori.

«Mi dispiace», si scusò, «ma tra questi non ho trovato operai italiani.» Credetti che mi prendesse in giro. Invece era serissimo. I suoi tedeschi, mi spiegò, non erano disposti a far straordinari come i *Gastarbeiter*. Non mi convinse del tutto: ero ancora un neofita, convinto della superiorità teutonica.

In altra occasione, per un trasloco sempre ad Amburgo,

gli scaricatori sono giunti puntuali alle 8, ma avevano dimenticato di chiedere alla polizia il permesso di sosta per il camion. Vanno a procurarselo e tornano alle 9, il momento di sosta per un caffè. Venti minuti abbondanti. Alle 10,30 scocca l'ora dello spuntino. A mezzogiorno si fermano per il pranzo, alle tre per un espresso...

Un quarto di secolo dopo, nuovo trasloco a Berlino. Al momento del contratto, ci accorgiamo che la porta di servizio non si chiude. Promettono di cambiare la serratura. Un mese dopo, quando giungiamo da Bonn la porta è sempre spalancata. Chiamo la società proprietaria dell'alloggio: «La responsabile è in ferie», mi rispondono. Il sostituto? Via, per il pranzo. Quando torna mi avverte che «con i clienti si parla solo il mercoledì». Minaccio di inviare un telegramma, o un fax, in cui li ritengo responsabili di ogni furto nel frattempo. Ciò lo scuote: «Le invio la nuova serratura». Giunge un uomo con un pacchetto in mano e me lo porge. Che cos'è?

«La serratura.» E chi me la monta? Lui alza le spalle e se ne va: gli hanno detto solo di portarmela, mica di montarla. Chiamo la società: *«Feierabend»,* risponde la segreteria telefonica, frase magica, «Serata libera», sono già tutti a casa, alle 15 del venerdì. Passiamo il week-end barricati con le mie casse dei libri contro la porta.

In seguito scopro che in cucina i tubi di scarico della lavabiancheria sono installati al contrario. La cucina è la stanza più vasta ma il forno è stato montato senza motivo dietro l'unica colonna, e l'interruttore dell'aspiratore è posto a un'altezza che metterebbe in difficoltà anche Magic Johnson, campione di basket.

«Gli artigiani sono una razza in via di estinzione», denuncia il settimanale «Focus». Mancano gli apprendisti, e la «vecchia guardia» batte la fiacca. Non è un male solo tedesco: conosco la battuta di Woody Allen sulla difficoltà di trovare Dio e un idraulico a New York. Il guaio in Germania è che qualche volta lo si trova.

Il commerciante Werner Schlief si è fatto rimettere a posto il bagno: la vasca non è collegata allo scarico e il lavandino è montato storto. «È colpa della parete», si è difeso il responsabile.

Una signora ha chiamato un idraulico per il WC intasato, ed è partita per le ferie, lasciandogli le chiavi e carta bianca. Ha trovato la villetta sconvolta, il giardino tramutato in un percorso di guerra, con trincee a cielo aperto, e disseminato di crateri. E un conto di 28 milioni di lire. Ha fatto causa e l'ha perduta. Doveva sorvegliare i lavori, ha sentenziato il giudice (figlio di un idraulico?), la negligenza era anche sua. In compenso, il WC è sempre intasato. Un'altra ditta l'ha riparato: per solo 10mila marchi, un'altra decina di milioni. Un caso limite? Solo nella mia Berlino i reclami legali contro gli artigiani sono 5mila, al mese.

Non si trova nessuno che voglia fare i cosiddetti « servizi ». L'80 per cento, in maggioranza stranieri, li compie al nero. Per guarire la piaga, il ministro del Lavoro, Norbert Blüm, ha proposto di detrarre dalle tasse « per intero » la paga della donna a ore. Ma il « nero » dilaga con un bilancio di 180 miliardi di marchi all'anno. A Berlino, caduto il « muro », sono in funzione duecento cantieri, eppure ci sono muratori disoccupati: i colleghi « illegali » sono almeno 10mila. Una retata è stata compiuta anche nel cantiere del Bundestag e vi hanno trovato 36 operai al « nero ». Gli edili « al nero » in tutto il Paese sono mezzo milione.

Sembra infine che l'attività principale degli impiegati siano le molestie sessuali (anche di lei a danno di lui), e il cosiddetto *mobbing*, cioè la persecuzione dei capufficio e dei compagni contro un collega, eletto a pecora nera.

UN BUCO SENZA FONDO

Grandi risparmiatori i tedeschi? Sui loro conti e libretti i privati hanno accumulato in un anno 230 miliardi di marchi, 230mila miliardi di lire, più delle spese per la ricostruzione dell'ex Germania Est.

Ma il primato mondiale non è delle formiche tedesche. A sorpresa, siamo noi cicale italiane a conquistare il primo posto con il 18,9 per cento, contro il 16,6 dei giapponesi, e il 12,7 dei francesi. I tedeschi non salgono neppure sul podio con il 12,4, che è pur sempre il triplo della quota risparmio di un americano (il 4,5 del reddito).

Con le cifre bisogna dunque fare attenzione. I tedeschi risparmiano di più solo in valore assoluto, e si deve aggiungere che a loro il risparmio rende di più, sempre dimenticando le apparenze. Gli interessi attivi «sembrano» inferiori ai nostri, di una buona metà, ma alla lunga il risparmio in marchi resiste di più al tempo, a causa dell'inflazione ridotta. In Germania si può programmare un risparmio mirato diretto all'acquisto d'una casa, con la legittima aspettativa di giungere al traguardo. Da noi, si sa, dopo una decina d'anni con la somma messa da parte invece di un bilocale si compra un'auto e non di lusso, e dopo venti forse si possono invitare gli amici a cena. Con quanto hanno messo da parte (9,5 bilioni di marchi) i tedeschi potrebbero «chiudere la Germania» e andare in ferie per cinque anni, senza paura che il loro marco si sbricioli divorato dall'inflazione.

Ma nessuno oserebbe mai neanche sognarlo. Appena l'inflazione sfiora la fatidica quota del 4 per cento, le riviste «sbattono» il Deutsche Mark in copertina, sfregiato, bucherellato, che si liquefà come cera al sole. La colpa è dello Stato, si sentenzia.

Le spese per la ricostruzione della ex DDR, una bolletta da 230mila miliardi di lire all'anno, per uno o due decenni, aprono voragini nel bilancio dello Stato. Ma si spende troppo anche per i servizi pubblici, dai treni agli aerei, e regioni e comuni hanno dimenticato l'antica virtù della parsimonia. Il ministro delle Finanze, Theo Waigel, per colpa sua o della storia, ha accumulato più debiti di tutti i suoi predecessori messi insieme, e si viaggia verso un deficit «italiano» da duemila miliardi di marchi, due milioni di miliardi di lire, un due seguito da tredici zeri (forse).

Però, in percentuale col prodotto nazionale, noi siamo a oltre il 110 per cento, i tedeschi al 53. Per far fronte al deficit, sempre all'italiana, invece di ridurre le uscite si aumentano le tasse, e si comincia sempre dalla benzina. Dieci anni fa, un litro di super costava meno di 700 lire. Oggi, tra svalutazioni nostre, rivalutazioni loro e nuove tasse, costa su per giù quanto da noi, oltre 1700 lire. E si parla di introdurre un pedaggio sulle autostrade, o una *tantum* come la vignetta svizzera, ma da 300 marchi all'anno, 2000 per i camion, o con un complicato sistema elettronico che «legge» la vostra targa appena entrate in Autobahn: la Germania come una sorta di gigantesco flipper e gli automobilisti come palline da catturare. Scommettete che qualche «genio» dei *chips* riuscirà a neutralizzare l'Occhio fiscale del Grande Fratello? Magari un tedesco laureato a Posillipo.

Disperato, il ministro delle Finanze è arrivato a estremi un tempo specialità dei suoi colleghi italiani, rischiando di riconoscere la Germania Est *post-mortem*. Negli immediati giorni dopo il crollo del «muro», ma prima dell'unificazione, i tedeschi dell'Est si precipitarono a comprare auto all'Ovest, e a molti vennero rifilati ignobili «bidoni» di seconda mano dai più fortunati fratelli capitalisti. E naturalmente si «dimenticarono» di pagare la pesantissima tassa d'importazione prevista dal regime comunista per difendere le sue «Trabant» di cartone e plastica. Ci ha pensato Waigel a chiedere l'imposta: era prevista dallo Stato, approvata in modo legale, e quindi andava pagata all'erede della DDR, cioè Bonn. Un espediente per recuperare qualche miliardo, a cui Waigel, «ultimo doganiere» di Honecker, ha dovuto rinunciare a malincuore, subissato di sdegnate proteste.

Si sperpera anche in opere inutili. Nell'ultimo decennio, si calcola che queste siano costate oltre 18 miliardi di marchi, 18mila miliardi di lire. Sempre un terzo di quanto è «sparito» in Irpinia, ed il fatto che sia possibile comunque compiere un calcolo è già rassicurante. Non si è mai costruito tanto a Bonn da quando non è più capitale, ma anche prima non si scherzava: la ristrutturazione dell'albergo di lusso sul Petersberg, una delle colline (definite montagne) che dominano il Reno, è costata il triplo del previsto (150 miliardi), e non viene quasi mai utilizzato, dato che è riservato ai capi di Stato stranieri.

I lavori per il nuovo Parlamento sono durati quattro anni e mezzo, mentre il vicino e gigantesco Hotel Maritim è stato completato in dieci mesi. Comunque a che cosa servirà quando Bonn tornerà a essere una tranquilla cittadina universitaria come ai tempi in cui vi studiò Pirandello? Si dovrà inventare qualche nuova attività pubblica per riempire i palazzi.

Costruzioni inutili costruite male. Un esempio per tutti: il cosiddetto Schumannbau, il nuovo grattacielo da 300 miliardi di lire che dovrà ospitare gli uffici dei deputati, sempre che questi non si siano già trasferiti a Berlino, e sempre che la torre stia in piedi. Per le fondamenta si è scavata un'enorme voragine vasta quanto il campo di calcio dove i politici andavano a sgranchirsi le gambe in partitelle interpartitiche. Nel dicembre del '93 il «buco» è stato invaso dalle acque del Reno in piena, la più grave alluvione dal 1926: la «base» della costruzione si è messa a galleggiare come un'immane scatola da scarpe in cemento, si sono aperte fessure che forse comprometteranno per sempre la costruzione. Meglio ricoprire tutto e non pensarci più, consiglia qualche esperto.

Colpa di chi? Del fiume, naturalmente. Oggi in Germania non ci si può fidare nemmeno della puntualità del sacro padre Reno. L'acqua alta non «doveva» arrivare a dicembre ma a febbraio, si difendono i costruttori, che avevano trascurato di completare per una decina di metri la diga che avrebbe dovuto proteggere le fondamenta.

MADE IN GERMANY

Il *Made in Germany* ha compiuto cento anni nel 1987. I tedeschi erano i giapponesi del secolo scorso. Andavano in giro per il mondo a copiare senza pudore. Il primo dei Krupp si intrufolò come semplice impiegato in un'azienda dell'acciaio a Sheffield e nel cuore della figlia del padrone. Lei gli consegnò in una notte di passione i segreti dell'acciaio britannico e lui se ne tornò subito in patria senza curarsi di lasciare alle spalle un cuore infranto.

Copiavano locomotive e telai, macchine utensili e il design di forchette e cucchiai, finché gli inglesi si stancarono e obbligarono i tedeschi a marchiare i loro prodotti con un *Made in Germany*, che avrebbe dovuto denunciare contraffazione e cattiva qualità. Un'imposizione che si risolse in un boomerang. Il marchio d'infamia divenne garanzia di alta qualità e affidabilità. Per oltre un secolo. Fino a ieri.

Ancora nell'anno del centenario, il plus nell'import-export raggiunse la cifra record di 110 miliardi di marchi, 110mila miliardi di lire al cambio attuale. Dopo la riunificazione invece di aumentare la loro potenza internazionale, i tedeschi hanno cominciato a perdere terreno. « La Germania è vittima del suo successo », dice Reinhard Furrer, astronauta e fisico, « si è dormito sugli allori. »

Operai che costano troppo e lavorano poco, produttività in calo, forti tasse, manie dei « verdi » che alzano i costi di produzione, il marco troppo forte che aumenta il prezzo delle esportazioni. Tutto vero, ma anche uno scadimento progressivo del *Made in Germany*, che oggi viene indicato con una parola « nata » dopo l'unificazione, *Standort*, una di quelle sintesi brutali tra due termini, che obbligano gli stranieri a contorti giri di parole. Comunque indica genericamente il « luogo di produzione », si intende la Germania, e viene seguìto dal commento, problemi dello *Standort*.

Da tempo le massaie sanno che quei magici (e cari) che garantivano lavatrici e lavastoviglie, solide come Mercedes e indistruttibili, di tedesco hanno solo il nome, e sono assemblate chissà dove per il mondo. Tanto vale comprare un elettrodomestico d'altra nazionalità, che costa meno della metà, e magari è altrettanto affidabile.

E anche la Mercedes non è più quella di un tempo. Fino a ieri si doveva prenotarla con anni di anticipo, e venditori furbi la rivendevano a un prezzo superiore a quello della «casa» a clienti impazienti. Oggi, l'ammiraglia di Stoccarda non è più uno *status symbol*, né a New York né in Arabia Saudita. Anzi, è indice di ostentazione, e gli stessi tedeschi si vergognano a mostrarsi al volante d'un'auto dalla stella a tre punte innanzi ai loro dipendenti. La Mercedes è arrivata a pronunciare la parola «sconto», che era considerata un'imperdonabile bestemmia, rivela «Der Spiegel».

Care, ingombranti e perfino poco affidabili. La 190 in Germania è la vettura dei taxisti, i quali da esperti si lamentano dei frequenti guai. E le statistiche dell'ADAC, l'Automobil Club, dimostrano: la Toyota Starlet è l'auto con meno difetti, dopo quattro anni di guida, nella classe delle utilitarie; la Mazda 323, la Mitsubishi Colt e la Toyota Corolla occupano le prime tre posizioni nella classe appena superiore; nella classe media la Mazda 626 costringe al secondo posto la Mercedes 190 Diesel, seguita da altre tre giapponesi, per trovare infine a un umiliante quinto posto la Mercedes 190 a benzina. Le case tedesche sono affidabili solo nel settore più elevato: Mercedes 200, Bmw e Mercedes 500 conquistano le prime tre piazze. Ma per avere affidabilità il prezzo è molto alto. Le giapponesi, snobbate fino a ieri, offrono prestazioni superiori, costano meno, e vengono prodotte più rapidamente delle vetture *Made in Germany*. E come le lavatrici, si pensa di produrle in Messico o in Cecoslovacchia, o le Bmw negli Stati Uniti, dopo aver scelto il posto in base alle assicurazioni dei politici e dei sindacati locali: «Qui niente scioperi, e salari bassi».

Ma chi comprerà una Mercedes messicana, o una Bmw costruita al di là dell'Atlantico? Il *Made in Germany* si trasforma in *Made by Germany*. I tecnici tedeschi sorveglieranno la produzione e garantiranno la qualità. Quanto costerà in marchi la loro parola?

Si investe all'estero perché il lavoro costa di meno e le tasse sono meno elevate. «Un operaio tedesco costa quanto 17 polacchi e 48 russi», denuncia il capo dei datori di lavoro, Murmann, e si attira le ire dei sindacati. Ma dice il vero, e aggiunge: in quanto all'affidabilità, un operaio di Praga è «sicuro» quanto il suo collega di Norimberga. «Il mito del lavoratore specializzato?», si domanda «Wirtschaftswoche», il più autorevole settimanale economico; «si sta estinguendo come i panda. Era lui il garante del *Made in Germany*.»

Un operaio della Opel produce 18 auto in un anno, il collega della Mazda arriva a 30. «I giapponesi producono meno caro, meglio, e più rapidamente di noi», insiste la rivista.

In Italia le macchine «girano» per 73 ore alla settimana, in Olanda 74, e in Belgio per 77. In Germania per 53.

Appesantite dalle tasse, bloccate dai «verdi» che impongono misure ambientali che rincarano la produzione, le «case» emigrano: la Hoechst ha investito 18 milioni di dollari per un laboratorio di neurobiologia molecolare negli Stati Uniti. La Bayer ha aperto un centro di ricerche per 130 milioni di dollari a Yale, la Basf vicino a Harvard per 100 milioni, la Schering investe sempre negli Usa per 200 milioni.

«Il 60 per cento delle nostre industrie non è più concorrenziale a livello mondiale», ammette Roland Berger, il più famoso consulente aziendale. E il prodotto nazionale *pro capite* crolla dal quinto posto di prima dell'unificazione al sedicesimo, dopo Italia e Austria. I tedeschi chiudono gli occhi e continuano a chiedere «conti separati» con la ex DDR, scomparsa dalla carta geografica ma non dalle statistiche. Quando conviene.

FRAU MONIKA, AVVERTA ANCHE ME

Non mi sono mai accorto di uno sciopero tedesco. Eppure ce ne sono stati. Me ne rendo conto il giorno dopo quando leggo i giornali: « Sciopero di avvertimento dei dipendenti pubblici », o dei bancari, dei postini: di questi dovrei accorgermi, mentre mi possono sfuggire le lotte dei metalmeccanici e dei minatori della Ruhr, aristocrazia della classe operaia.

Ho visto anche gli scioperanti, ma in televisione. Indossano vistosi gilet di plastica arancione annodati sulle spalle come enormi bavaglini e la scritta *Wir sind im Streik*, « Siamo in sciopero ». Sorridono alle telecamere con soddisfatto imbarazzo, bambini sorpresi a pasticciare nelle pozzanghere.

Perché lo sciopero spaventa l'opinione pubblica. Così si è escogitato il *Warnstreik*, lo « sciopero d'avvertimento »: si sciopera cercando di dare il minimo fastidio possibile, anzi di passare il più possibile inosservati, tranne al datore di lavoro, lo Stato, un privato, che viene avvertito: Siamo in sciopero, d'avvertimento, beninteso, ma domani potremmo fare sul serio.

La procedura è estremamente laboriosa. Prima s'incontrano le parti. Da noi, si chiede il 100 per cento, e la risposta è il 2. Lo sciopero è inevitabile. Anzi, si parte dallo sciopero tanto per scaldarsi un po' e poi si discute. Qui, i sindacati chiedono il 4 e i datori di lavoro offrono 3. Ma si è assolutamente irremovibili. Cominciano gli scioperi d'avvertimento. Il « padrone » avvertito mantiene la calma. I sindacati indicono la votazione. Tutti gli iscritti devono dare il loro assenso, ma i « sì » devono essere almeno il 75 per cento. Si deve vincere 3 a 1, per fare un paragone calcistico.

I « sì » sono sempre oltre il 90 per cento. Si sciopera? Ancora no, calma. I leader sindacali ora sono autorizzati a scioperare e hanno una carta in mano per far pressione sulla controparte. I giornali entrano in agitazione: « Siamo tornati a Weimar », l'abisso attende la Germania. I sindacalisti ripresi in diretta dalla TV entrano nella sala delle trattative con l'aria bellicosa di Alberto Sordi nelle sue vecchie pellicole: « Tenetemi, o lo sfracello ». La porta si sta per chiudere alle spalle e loro guardano verso l'obiettivo: « Ecché? Nessuno mi tiene? ».

La più brava, la più battagliera, il terrore di ministri e di cancellieri, si chiama Monika. Detta Monika la rossa, per via dei capelli tagliati corti come si conviene a una guerriera e oscillanti tra il carminio e l'amaranto, « capo » del sindacato dipendenti pubblici. Frau Monika Wulf-Mathies sfoggia *mises* pari alla sua grinta, tailleur dagli enormi *pied-de-poule* bianchi e neri su gonne intonate alle chiome, e annuncia la paralisi del Paese.

Resto sveglio in attesa degli eventi. Lo speaker dell'ultimo telegiornale mi annuncia: « Le trattative continuano nella notte », come il maestro dell'orchestrina a bordo del « Titanic » alza la bacchetta per guidare l'ultimo valzer. E subito dopo parte la sigla di chiusura con l'inno nazionale e la bandiera sventolante, prima del naufragio.

Al mattino, con il make-up immacolato, la gonna senza una piega, Monika la rossa ci conforta: l'iceberg è stato evitato. Per questa volta. Si è giunti all'onorevole compromesso, a metà strada, il 3,5 per cento, che, guarda caso, è identico al tasso d'inflazione. Una gran battaglia per nulla. Ora io rivolgo una preghiera personale a Frau Monika e ai suoi colleghi. La prossima volta, per favore, « avvertano » anche me. Mi facciano provare l'emozione di entrare alla posta e di trovare uno sportello chiuso, di attendere invano l'arrivo dell'autobus, di trovare la cassetta postale vuota. Desidero, anzi pretendo, vivere l'esperienza di uno sciopero tedesco. Almeno una volta nella vita.

DAL SUPERMARKET AL SUPERMARK

Mia moglie ed io, un venerdì sera, qualche minuto prima della fatidica ora di chiusura alle 18,30, abbiamo tentato di far la spesa in un supermarket di Meckenheim, nei pressi di Bonn. Eravamo già in fila con il carrello quando lei si è ricordata dei pomodori. È corsa a prenderli, se li è pesati da sola, come si usa, ed ha appiccicato sul sacchetto di plastica l'etichetta adesiva sputata dalla bilancia automatica con peso e prezzo. Ed è tornata al mio fianco.

Un commesso imbronciato le è piombato addosso; le ha strappato di mano i pomodori e li ha riportati indietro sul bancone della verdura. Lei li ha ripresi, e lui l'ha bloccata. Alla fine si è capito che cosa volesse. Erano già scattate le 18,30. Alla cassa, per bontà sua e dei colleghi, avremmo potuto pagare i generi alimentari già messi nel carrello «prima», ma non quelli presi «dopo». Anche se comunque la cassiera avrebbe compiuto qualche minuto di straordinario, in ogni caso, per colpa nostra e dei ritardatari come noi.

La polemica sull'orario di chiusura dei negozi è uno dei problemi di cui riferii quando giunsi in Germania per la prima volta. È trascorso un quarto di secolo, e siamo allo stesso punto. Politici ed economisti, sociologi, massaie e commercianti si affrontano senza superare l'ostacolo. Dagli anni Trenta, l'orario è fissato con assoluta rigidità: dalle 9 alle 18.30, senza pause, tranne nei piccoli centri. Il sabato si chiude alle 13, e in queste poche ore si concentra il 25 per cento degli acquisti. Le donne che lavorano, e i *singles* in generale, sono costretti ad alzarsi presto anche al sabato per compiere la spesa settimanale, in magazzini e negozi affollati, e parcheggi esauriti.

Uniche valvole di scarico il giovedì, quando si protrae

l'orario fino alle 20, ma non da parte di tutti, ed il mitico sabato lungo, il primo sabato del mese, quando le città vengono letteralmente prese d'assalto dalle zone circostanti. Una festa del consumo che si trasforma in un rito masochistico. In Italia si può comprare uno sfilatino di pane anche alle 20, a Parigi i *drugstore* sono aperti fino a notte tarda, e i negozianti di quartiere possono tener aperto finché gli aggrada. In Germania assolutamente no. «L'orario prolungato può rilanciare i consumi e creare migliaia di nuovi posti, magari *part time*», ha dichiarato il ministro all'Economia, Günther Rexrodt, ma è stato avvertito che la sua battaglia rischiava di far perdere voti preziosi al partito liberale.

Ognuno è a favore della liberalizzazione, purché a tenere aperto siano gli altri. Le commesse del negozio di scarpe si lamentano di non poter fare la spesa, ma non vogliono a loro volta affrontare un sacrificio. I piccoli negozianti minacciati dalle grandi catene non rinunciano al *Feierabend*, parola magica che corrisponde al «riposo» intonato dal trombettiere in caserma, e ai supermarket non interessa: non guadagnerebbero di più, e sarebbero costretti a pagare straordinari. I clienti si arrangino.

Paradossalmente, prima della caduta del «muro», nella rossa Germania Est si riusciva a comprare un paio di uova, pane, carne, anche fino alle 22, ma da quando con la libertà ha trionfato il consumismo, anche dall'«altra parte» vige lo spietato orario rigido. Invece di ammorbidirsi, anzi, si tenta con tutti i mezzi di soffocare le poche «isole» senza orario, come i distributori di benzina, dove a tutte le ore si può comprare un'aranciata o una birra con qualche panino. Le autorità li minacciano con multe pesanti: l'eccezione si può tollerare sulle autostrade ma non nei centri cittadini.

In Germania non c'è nulla di più dirigistico e rigido di quello che dovrebbe essere il libero commercio. Gli italiani si scontrano spesso con la realtà del prezzo fisso. Chiedono sconti, e si sentono presi in giro quando il negoziante propone al massimo il 3 per cento purché si paghi in contanti, senza carta di credito. Ignorano che è vietato, sempre per legge, essere più generosi: lo sconto massimo è stato fissato nel lontano '33, l'anno in cui Hitler conquistò il potere.

Fare la fila alla cassa di un supermarket richiede nervi saldi e pazienza. Tre persone davanti a voi possono significare come niente dieci minuti d'attesa. Il pagamento si svolge secondo questa rigida procedura: la cassiera annuncia la cifra, diciamo 7 marchi e 88 centesimi. Il cliente controlla lo scontrino di cassa (da quando i giornali hanno rivelato che il 4 per cento è sbagliato, in buona o in malafede), estrae il portafoglio, come se si rendesse conto solo adesso di questa necessità. Comincia a contare i marchi, e le monete, e le monetine. Cerca una moneta da cinque, due da uno, o una da due, ed infine i pfennig, da dieci o da cinque, ed infine i tre centesimi, tre monete da un pfennig, o una da due, e infine l'ultima da un pfennig. Compiuta la conta, si accorge di arrivare a « soli » sette pfennig. Ricomincia tutto da capo, ripone le monete nel borsellino e porge alla cassiera un foglio da 50 marchi. Ora è lei a cercare i centesimi, e anche se il conto è di 100 marchi e un pfennig, vi consegnerà 99 centesimi di resto. Riempiendovi le tasche di ferraglia.

I tedeschi si aggirano con le tasche piene di rame, impegnati da sempre nella battaglia di rifilare al prossimo quante più monetine possibili. È una lotta spietata. Basta un attimo di distrazione, o di imprevidenza, uscendo di casa senza spiccioli, per ritornare al punto di partenza subendo l'onta di un resto da calcolare a etti. È impossibile vincere. Si può sperare di farcela, si possono svutare le riserve di pfennig, ma a un tratto la vostra difesa cederà, e la commessa trionfante vi schiaccerà sotto la sua valanga di resto tintinnante. È la legge del vecchio West: sarete pure la rivoltella più veloce dal Texas alla California, ma prima o poi, in un saloon o in un cañon incontrerete qualcuno più veloce di voi.

Da qualche tempo, in alcune Casse di Risparmio, hanno messo a disposizione del pubblico macchinette contamonete: vi scaraventate dentro il « malloppo » e loro lo suddividono, monete e monetine, le contano, e su un foglietto dopo qualche istante vi comunicano il totale, che vi sarà cambiato in biglietti o accreditato sul conto, se siete clienti. Ma non mi sembra una soluzione leale, e a quanto pare per una volta la maggioranza è con me. La guerra del resto va combattuta senza trucchi.

Solo una volta, in tanti anni che vivo da queste parti, una commessa a cui dovevo 20 marchi e un centesimo, mi ha bloccato: « Non importa », ha detto rifiutando la monetina che cercavo nella giacca. Ma era molto giovane, e se non si ravvede perderà il posto e finirà comunque male. Il domenicale « Bild am Sonntag » ha compiuto una ricerca di mercato *sui generis*: ha spedito una delle sue croniste più avvenenti a pagare in giro con venti marchi in monetine da 10 pfennig. Per legge le casse, i ristoranti, i giornalai devono accettare il pagamento in spiccioli. E tutti, tutti, hanno contato con pazienza le duecento monetine. Nessuno che abbia calcolato il costo del tempo perduto nel controllo, in confronto alla possibile « truffa » di 10 o 20 centesimi. Tranne uno: un gelataio ha spazzato dal tavolino la montagnola di pfennig con un gesto deciso lasciandola precipitare nella tasca del grembiule. « Mi fido, signorina », ha detto alla giornalista con un sorriso. Signorina, non *Fraülein*. Era un italiano.

Come me. Fin dal mio debutto nella Repubblica Federale ho deciso di non partecipare. Vilmente, latinamente, mi sono rifiutato di prendere parte a questa spossante guerra dei pfennig. Quando per caso me li trovo fra le mani li uso per pagare, altrimenti giunto a casa li scaravento in qualche apposito recipiente.

Anni fa usavo un enorme posacenere di cristallo (non fumo). Quando venni trasferito in Francia, posto innanzi alla necessità di liberarmi di questa mia riserva aurea, anzi ramea, posi tutte le monetine in un vaso di vetro e lo regalai a un ragazzino figlio di amici. « A patto », gli dissi, « che le conti, e mi dici la cifra. »

Da bravo tedesco, fu di parola. Per la verità non ricordo esattamente, ma rimasi stupito dalla sua entità. Ci scrissi su un pezzo, con il commento che quel pesante malloppo simbolicamente era la differenza tra le economie di Germania e Italia, tra la parsimonia delle formiche teutoniche e la follia delle cicale mediterranee. La DPA, l'Ansa tedesca, non colse l'ironia e riprese l'articolo quasi per intero, e i giornali pubblicarono l'agenzia.

Forse avevano ragione loro: non c'è alcuna ironia da cogliere. Per i tedeschi quei centesimi sono una questione seria, un pilastro della nazione, la base del loro patto sociale.

Il presidente della Bundesbank pensa e agisce esattamente secondo gli stessi princìpi della cassiera di supermarket: un pfennig è un pfennig e va difeso, per la salvezza della nazione.

IL CASSIERE DI FRANCOFORTE

La Bundesbank si batte pfennig su pfennig per la stabilità del Deutsche Mark per un obbligo sancito dalla stessa Costituzione, stilata nel ricordo drammatico delle svalutazioni catastrofiche al tempo di Weimar, quando un uovo costava un milione di Reichsmark al mattino e un miliardo alla sera. E nel dopoguerra, la Repubblica Federale è nata di fatto con la riforma valutaria. Per bruciare il denaro dei borsari neri e degli speculatori in genere (inevitabilmente anche quello della povera pensionata), nel giro d'una notte la valuta venne messa fuori corso e a ognuno vennero distribuiti 40 Deutsche Mark. Fu questa la base della rinascita e del miracolo tedesco. Qualcuno lo propose anche in Italia e non venne ascoltato. Peccato, avremmo avuto un'Italia completamente diversa.

Anche la riunificazione delle due Germanie è stata pianificata dalla Bundesbank. Centinaia di camion carichi di banconote in una notte tra il 30 giugno e il 1° di luglio del '90 partirono per l'Est per effettuare la sostituzione dello svalutato Ostmark dell'Est con la valuta più forte dell'Ovest (almeno allora). La riunificazione valutaria fu la premessa per l'unità politica, sancita il 3 ottobre seguente.

Il cambio avvenne alla pari fino a una certa cifra, per i piccoli risparmiatori, e poi 2 a 1, quando il rapporto più ottimistico sarebbe stato 5 a 1, e nei giorni del dopo « muro » al nero il marco rosso precipitò fino a 20 a 1. Un regalo ai fratelli ritrovati dell'Est? Questi ci marciarono, dividendo i risparmi tra tutti i parenti, dalla bisnonna quasi centenaria ai neonati, in modo da ottenere il cambio più favorevole, e molti speculatori riuscirono a guadagnare miliardi « giocando » con i documenti. Bonn si era impegnata a saldare tutti i debiti della DDR con l'estero, e questi si moltiplicarono alla vigilia dell'avvento del Deutsche Mark.

Il presidente della Bundesbank, Karl-Otto Poehl (600mila marchi di stipendio all'anno), si oppose con tutte le sue forze al cambio alla pari, finì col cedere al *Diktat* del Cancelliere (paga 450mila marchi) «in nome di superiori esigenze storiche», poi però si dimise, e ora «per hobby» guadagna il doppio in una piccola ma esclusiva banca privata. Da ricordare che Kohl lo aveva confermato al vertice della Bundesbank, «benché» fosse socialdemocratico: in Germania la tessera politica conta, ma fino a un certo punto. La professionalità finisce per prevalere.

L'attuale presidente della Banca centrale, Hans Tietmeyer, è un amico del Cancelliere ed è più pronto a venirgli incontro nei momenti difficili, ma non come avverrebbe da noi o altrove. Prima delle ragioni politiche c'è sempre il Deutsche Mark da tutelare.

La Costituzione italiana si «dimentica» della nostra Banca centrale, ma quella tedesca obbliga la Bundesbank a difendere «prima di tutto, e sopra tutto», *über alles*, la stabilità della valuta nazionale.

Non si tratta di una norma teorica: innanzi a diverse possibili scelte, tra incrementare la produzione, favorire l'occupazione, e fronteggiare l'inflazione, sarà sempre quest'ultima necessità a prevalere, senza cedere alle minacce dei politici di Bonn e alle implorazioni di partners europei. La temuta cerimonia avviene ogni due giovedì. Il presidente della Bundesbank, i suoi direttori, e i presidenti delle Banche centrali dei Länder (ogni regione ha la sua Landesbank, anche se dopo l'unificazione si è provveduto a qualche fusione per ragioni pratiche) verso le 13, sempre in tempo per il pranzo, comunicano la decisione che il governo a Bonn, le banche e gli imprenditori tedeschi, e il mondo intero, attendono con il fiato sospeso.

Non ascoltano preghiere, ignorano gli improperi e decidono in nome del sacro marco. A Francoforte mi hanno spiegato che il «grande capo» della Bundesbank è il più indipendente al mondo rispetto al governo, ma deve comunque tener conto della decisione collegiale dei suoi direttori, che lo possono mettere in minoranza. Il Presidente della nostra Banca centrale ha all'interno un potere assoluto, dittatoriale. Sempre che abbia poi il coraggio di resistere al suo governo.

Bene per il Deutsche Mark, ma la solidarietà internazionale? È il rimprovero che si muove regolarmente alla Bundesbank, accusata di comportarsi come la Reichsbank hitleriana, e David Marsh, ex corrispondente del « Financial Times », ha scritto un libro, *La Bundesbank*, brillante e maligno, per accusare di nazismo i signori di Francoforte.

È vero, la Bundesbank non dimostra solidarietà nei nostri confronti. E perché mai lo dovrebbe fare? A Mister Marsh e ai miei compatrioti chiedo se con tutta sincerità oserebbero affermare che un italiano, un francese o un suddito di sua maestà sprecherebbe mai una lira, un franco o uno scellino per venire in aiuto del povero marco in difficoltà.

Alla cassa di Francoforte non vi faranno mai uno sconto, ma finora non hanno mai truffato sul resto.

IPOTECHE E DOMANDE IPOTETICHE

Da quando vivo in Germania so finalmente quanto ho (meglio, non ho) sul mio conto in banca. Non mi sono mai orientato nella sequela di numeri in colonna che a intervalli irregolari mi invia la banca italiana, convinta che i suoi clienti siano tutti esperti nella partita doppia. In Germania a ogni movimento ti arriva a casa un foglietto chiarissimo, e senza costi terrificanti.

Nella busta aggiungono letterine con domande imploranti: Non volete andare in vacanza a spese della Deutsche Bank, o della Commerz, o della Dresdner, e siete troppo timidi per chiederlo? Pagherete a rate, come più vi aggrada. Come sta la vostra auto? Non è forse ora di cambiarla? Pensate alla sicurezza e ai vostri cari. A proposito: e la vostra assicurazione? Perché non la stipulate direttamente alla vostra filiale? Volete comprare una casa, una villa al mare, ci pensa la vostra banca. Quando mi chiesero se per caso non desideravo un cavallo, cominciai a sentirmi tentato. Non pensai di darmi all'ippica, ma la prima volta che passai dalla banca chiesi al mio *Kontoführer* se mi avrebbe concesso un mutuo per comprare una casa a Roma. So che il termine Führer, come Lager, fa sobbalzare chi non conosce il tedesco, ma ogni correntista in Germania ne ha uno. È il responsabile del vostro conto, conosce le vostre necessità e le vostre possibilità, sa come consigliarvi.

«Non lo so», rispose, «perché no? Penso di sì.» Si sarebbe informato. Il giorno successivo mi telefonò a casa.

«Quanto le serve di mutuo?» La mia era una domanda ipotetica, cercai di spiegargli, non volevo comprare una casa. Ma i tedeschi non conoscono le domande ipotetiche.

«Purtroppo la banca non concede mutui per l'Italia. Non ancora, almeno.» Allora anche la sua era una domanda ipotetica, pensai, pentendomi dei miei pregiudizi.

«Quanto le serve?» insisté. Non lo sapevo, ignoravo il prezzo di una casa a Roma, e presumevo fosse al di là delle mie possibilità, e di quelle d'una banca, sia pure tedesca.

«Perché lo vuol sapere se non concedete mutui?»

«Perché non chiede invece un prestito personale?»

«Che cosa significa?» Il *Kontoführer* cominciò a dubitare del mio tedesco.

«Lei ci dice quanto le serve e noi glielo diamo.»

«Senza valutare la casa?»

«Non ci interessa la casa. Noi le diamo il denaro e lei compra quel che vuole.» Anche una Ferrari, aggiunse con tatto.

«Un prestito garantito da che?»

«Da lei.» Questo scambio di battute che ogni correntista italiano non osa nemmeno sognare è assolutamente reale. Non ho comprato la Ferrari ma sono andato a porre qualche domanda al *Kontoführer*.

Valutiamo il cliente, mi lusingò, e gli chiediamo di sottoscrivere un'assicurazione. Ecco tutto. Arriva un giovane dentista appena laureato a cui serve mezzo miliardo per i suoi attrezzi di tortura? Basta che mostri il diploma e se ha preso voti dignitosi li potrà comprare a rate, a spese dei suoi futuri pazienti. Avete un'idea per una nuova attività, volete aprire un negozio, un ristorante tibetano? Vi basterà convincere il *Kontoführer*.

«Quanti prestiti personali finiscono male?» C'è il dentista che si mette a bere, o quello che fugge in Sud America con la bella dal sorriso splendente. Non si sa mai, e non solo con i dentisti.

«Il due per cento, e per loro paga il restante 98.» La banca non ci perde mai, e nessuno ne dubitava, però svolge il suo ruolo nella vita economica del Paese.

Con il progredire dell'integrazione europea le banche tedesche avrebbero spazzato via quelle italiane, previdi con speranza. Non è ancora avvenuto. Man mano che si avanza verso l'Europa unita, sono i tedeschi a diventare sempre più italiani. Copiano i nostri vizi, senza che noi tentiamo di imitare le loro virtù.

Malgrado me, il mio *Kontoführer* ha fatto carriera ed è

stato trasferito, e devo ammettere che i rapporti con i suoi successori sono sempre sereni.

Ma leggo i giornali e vedo che l'immagine delle banche comincia ad appannarsi: aumentano le spese senza motivo e in modo drastico, strozzano i clienti debitori, e impongono clausole capestro. Colpa della crisi. Mi auguro che quando torneranno gli anni delle vacche grasse mi chiederanno ancora se voglio comprare un purosangue.

Come sempre, anche in piena recessione, le uniche a non soffrire, anzi a guadagnare sempre di più, sono state le banche. Su di loro si basa la macchina economica tedesca: non si limitano come da noi a far da cani da guardia, ma partecipano alla corsa. Gli istituti sono azionisti di tutte le più importanti industrie nazionali, e con un azionariato molto frantumato, estinte le grandi famiglie, sono le banche anche con quote di minoranza a poter dire l'ultima parola.

Il capo della Deutsche Bank, Alfred Herrhausen, era amico personale di Helmut Kohl. Il Cancelliere gli dava del tu, onore raro riservato a Gorbaciov e a Mitterrand, lo chiamava scherzosamente « Don Alfredo », e gli chiedeva consigli. Fu Herrhausen, affascinante e considerato uno dei dieci uomini più eleganti di Germania, a guidarlo nella riunificazione tedesca, e lo pagò con la vita.

« La Germania Est possiamo comprarla », spiegò pochi giorni dopo la caduta del « muro ».

I terroristi della Baader-Meinhof fecero saltare la sua auto alla fine dello stesso mese di novembre '89, ma nonostante la retorica di quei giorni e le spiegazioni degli storici, Kohl finì esattamente col comprare i 110mila kmq dell'« altra Germania », con la riunificazione monetaria e versando migliaia di miliardi a Michail Gorbaciov. Oltre 30mila per l'esattezza, più di tutti gli altri Paesi occidentali messi insieme. Calcolando solo questa cifra, ha pagato meno di 4mila lire a metro quadrato. Poco, troppo? Nonostante le critiche, ritengo che « Don Alfredo » abbia consigliato a Helmut un buon affare. In fondo era il *Kontoführer* del Cancelliere.

I tedeschi stanno ancora pagando le rate. Per ottenere

gli interessi bisognerà attendere almeno una generazione, ma Herrhausen nella sua ultima intervista a «Der Spiegel» sostenne: «Il mio lavoro consiste nel far fruttare il denaro, ma non solo. Il denaro deve essere impiegato con uno scopo. Io sono un patriota tedesco». Tutti gli credettero, com'era giusto. Quale altro banchiere al mondo potrebbe pronunciare una simile frase senza destare nei suoi interlocutori l'irresistibile sospetto che sia un trucco per spillar loro quattrini?

La Deutsche Bank è la prima banca di Germania e solo la diciottesima al mondo, eppure nessun altro istituto può vantare altrettanto potere nel «suo» Paese. Dalla sede, un grattacielo doppio nel cuore di Francoforte, il consiglio di direzione, undici uomini e una signora, partecipa a ogni attività nazionale, nessuna esclusa, dalle guerre spaziali agli aspirapolvere.

Per tradizione, il capo viene indicato semplicemente come *Sprecher*, «portavoce» del Vorstand, il consiglio direttivo. Sempre per tradizione, gli *Sprecher* dovrebbero essere due, una sorta di consoli alla romana, ma le tradizioni si può anche non rispettarle, e così fece Herrhausen, e così fa il suo successore Hilmar Kopper, imitando il mitico Abs, il primo «portavoce» del dopoguerra, scomparso di recente ultranovantenne. Adenauer chiese ad Abs di diventare ministro nel suo governo, e ricevette un rifiuto: «Trasferirmi a Bonn? Sono molto più potente a Francoforte». Lo *Sprecher* è solo un *primus inter pares*, l'espressione di una volontà collegiale, ed il suo voto non vale di più neanche in caso di patta, come avviene ad esempio alla Bundesbank.

«Guardi», mi ha spiegato Hilmar Kopper, «che da noi non si vota nemmeno. Si discute a fondo un problema e alla fine si conclude: dunque è così. Ecco tutto.» Lo *Sprecher* comanda solo perché ha la personalità che gli consente d'imporsi. I direttori si spartiscono attività e il mondo, per sfere d'influenza, e non litigano mai fra loro. Una frase come «Hai combinato un bel pasticcio» non verrà mai udita nella sala del direttivo, dove un fotografo è stato ammesso per la prima volta nell'aprile del '94, per intercessione di Kopper, contro cui hanno protestato con veemenza i colleghi, e solo prima che cominciassero i lavori.

«D'altra parte noi ci rivolgiamo la parola con il lei», precisa Kopper, salario annuale sul miliardo e mezzo di lire, extra esclusi. E cioè i gettoni per la partecipazione ai consigli delle aziende in cui la Deutsche Bank ha interessi. Al tempo di Herrhausen, l'Istituto deteneva il 28 per cento del pacchetto della Daimler-Benz, il più grande complesso industriale di Germania. Ora «per pudore» la partecipazione è scesa a poco più del 24, ma la sostanza non cambia. La DeutscheBank, la banca più forte, detiene una posizione chiave nell'industria più colossale.

La Daimler a sua volta detiene i pacchetti della Aeg e della Dasa (l'industria aerospaziale), della Kraus-Maffei (che produce i Leopard, i Panzer migliori del mondo) e della Mercedes. La Dasa possiede l'olandese Fokker e la Dornier. Senza tralasciare che la Deutsche Bank controlla inoltre il 10 della Münchner Rückversicherung, altra assicurazione, della Continental (pneumatici), della Metallgesellschafts, della Karstadt (grandi magazzini) e della Linde, e il 18,75 della Horten (grande distribuzione), il 14 della Dynamit Nobel, il 12,80 della Südzucker, il 10 della Heidelberger Zement, della Hapag Lloyd e della Salamander, ed il 65 della Deutscher Herold, sempre assicurazioni. E la Deutsche Bank, oltre a possedere la Banca d'America e d'Italia, detiene circa il 3 per cento della Fiat. Quando Gheddafi vendé le azioni della «Casa torinese», l'operazione venne controllata dalla Banca tedesca che si tenne i titoli che non riuscì a piazzare sul mercato. Una partecipazione senza importanza? Non tanto, se solo per il fatto che la Deutsche Bank detiene azioni di Mercedes e Fiat ogni tanto si parla addirittura d'una possibile fusione tra le due «case». Che cosa ne potrebbe nascere? Una «Topolino» con motore Daimler, o una Mercedes carrozzata a Torino?

Ed ho citato solo alcune delle partecipazioni della Deutsche Bank, senza neanche osare inoltrarmi nell'elencare le partecipazioni delle controllate. Solo il pacchetto Daimler con 8 miliardi di marchi (8mila miliardi di lire) ha un valore doppio di tutte le altre partecipazioni. Come lo ha messo insieme?, fu chiesto un giorno ad Abs. «Una goccia alla volta, una goccia al giorno», rispose.

A sua volta la Daimler detiene un pacchetto della Deutsche Bank, ed entrambe della più grande compagnia di assicurazione, la Allianz, che ovviamente possiede il 10 per cento della Deutsche e della Daimler. Un intrico in cui si perde anche il più geniale esperto in bilanci aziendali. La Daimler, e quindi la Deutsche, controllano la produzione degli aspirapolvere e dei satelliti, l'acciaio e la porcellana, le polizze vita e i tostapane. Insieme hanno più forza dello Stato, e le prime cinque banche tedesche hanno un bilancio annuo pari all'intero debito pubblico tedesco, un milione e 600mila miliardi di lire, ma domani saremo a due milioni di miliardi.

Un potere difficile da tenere sotto controllo anche per il governo. Edzard Reuter, il patron della Daimler-Benz, alla metà degli anni Ottanta, quando Reagan tuonava contro il cosiddetto Impero del Male, puntò sulla produzione bellica. Ma è stato sorpreso dalla pace, dopo il crollo dei « muri ». Una grossa fetta dei profitti per la Dasa doveva venire dallo « Jäger '90 », il supercaccia di finesecolo (prezzo: 130 miliardi di lire a unità), un solo aereo per tremila Mercedes della classe media. « È il caccia più sicuro di tutti i tempi », ironizzò l'ex ministro all'Economia, Möllemann; « non potrà essere abbattuto, perché non si alzerà in volo. »

Il capo della Dasa, Jürgen Schrempp, dichiara: « È stupido andare a Bonn per battere i pugni sul tavolo. I politici e i manager, ognuno deve compiere il proprio lavoro, ognuno ha le proprie responsabilità. Non si può ricattare il governo, costringere un ministro a prendere una decisione con la pistola puntata alla nuca. Bisogna esaminare la situazione di comune accordo ».

Schrempp comincia a tagliare migliaia di posti di lavoro, chiude due fabbriche, progetta di trasferire il grosso della produzione all'estero, in un Paese dove si è meno « burocratici nel concedere il permesso d'esportazione ai prodotti bellici ». E lo « Jäger » cambia nome, prende il volo, sia pure in una versione da 80-90 miliardi, una specie di utilitaria dei cieli. Ma rimane un « caccia » inutile: l'aviazione ha acquistato i Mig-29 di Mosca, i caccia contro cui lo « Jäger » doveva competere, ed i piloti li trovano « perfetti ».

Comunque, la strategia del dopo « muro » richiederebbe altro tipo di aerei, adatti alla guerriglia, al trasporto di truppe e caccia fantascientifici per ingaggiare duelli decisi dai computer di bordo.

L'errore di Reuter è stato colossale, ma chi può accusarlo di non aver previsto il futuro? E allora per che cosa sono pagati lui e i suoi colleghi?, si domanda « Manager Magazine ». Almeno fino al giorno dopo dovrebbero tentare di vedere: « In realtà i manager nei tempi buoni sono superflui, e in quelli di crisi si rivelano impotenti ». Alla classe si rimproverano sbagli colossali che rischiano di far retrocedere la Germania in serie B, un modo di dire nostrano che i tedeschi, sempre pessimisti, hanno importato.

Il giornalista Günther Ogger ha dedicato ai manager un saggio dal titolo indicativo: *Nieten im Nadelstreifren*, che si può tradurre liberamente con « schiappe in doppiopetto », un collage di tutte le loro gaffes, errori e ignoranze. Non solo colpevoli ma anche ignoranti. Se un Ferdinand Piëch, capo della VW, è il nipote di quel Ferdinand Porsche creatore del « maggiolino », e buon progettista lui stesso, come ha dimostrato alla Audi, un Edzard Reuter sa appena cambiare un pneumatico, attacca Günther Ogger. Il suo libro è rimasto in testa alla classifica dei best-seller per due anni ininterrotti, finché non è uscita la sua nuova fatica, *Das Kartell der Kassierer*, dedicata alle banche sanguisughe, che l'ha sospinto al secondo posto.

Ho telefonato a Ogger per sapere cosa ne pensasse dei nostri manager. « Per carità, sono dei superniente », ha sbuffato. Lui ci conosce bene: per buona parte dell'anno vive a Bolzano. Con le sue requisitorie ha guadagnato oltre un miliardo all'anno e ha avuto problemi con il fisco. « Sono colpevole », ha dovuto ammettere in tribunale, « ho evaso mezzo miliardo di tasse. » Gli hanno inflitto due anni con la condizionale e cento milioni di multa, che ha pagato senza batter ciglio grazie ai diritti d'autore.

« Pensavo di dover pagare le tasse in Italia », ci spiega, « avevo dimenticato di avere un ufficio, una stanzetta, nell'appartamento di un'amica a Monaco, ma il fisco se l'è ricordato. Un incidente che può capitare. » I colleghi di

Herr Ogger, forse invidiosi, hanno anche pubblicato in prima pagina che l'unica ditta creata dal fustigatore di manager era stata costretta a dichiarare fallimento. « Sono un giornalista, non un manager », si è giustificato.

« Proprio vero », ha commentato il suo socio, « come manager anche Günther è un Niente, una schiappa. »

Come si sa, non è necessario saper tenere il pennello in mano per poter giudicare un'opera d'arte. Anche se i manager teutonici non sono dei Michelangelo, e Ogger si è limitato a raccogliere con pazienza i casi offerti dalla cronaca. Solo la Deutsche Bank ha suoi uomini in oltre 400 società tedesche, 160 in più rispetto al 1976. Direttori della banca tedesca siedono nel consiglio della francese Saint Gobain, della belga Solvay e della britannica Pilkington Brothers. E l'unica signora del direttivo, Frau Ellen Ruth Schiner Lenné, è stata incaricata, come si conviene a una donna, di sorvegliare l'americana Avon, produttrice di cosmetici.

Le banche tedesche hanno partecipazioni oltre il 10 per cento in 4802 industrie tedesche, e se si contano anche i pacchetti minori, e gli incarichi secondari, si può intuire come sia umanamente impossibile svolgere un compito di controllo. Lo stesso Tyll Necker, presidente della Federazione dell'industria tedesca, ammette: « Certi consiglieri sono costretti a svolgere un lavoro eccessivo, semplicemente non hanno il tempo per sorvegliare ». D'altra parte già Ludwig Bamberger, uno dei fondatori della Deutsche Bank, confessava: « Se il consiglio direttivo è buono, il consiglio di sorveglianza è superfluo. Se è cattivo, il consiglio di sorveglianza è impotente. Di fatto, i consiglieri hanno appena il tempo di gettare un'occhiata agli atti societari nella limousine che li conduce dall'aeroporto al luogo di riunione, rifocillarsi al buffet con aragosta e salmone, e fare appena in tempo a volare al prossimo appuntamento ».

L'industria e le banche tedesche sono governate da un'oligarchia, forse quattrocento uomini, che non deve render conto a nessuno, non a un proprietario o a una famiglia, non agli azionisti, dato che i pacchetti sono frazionati. Devono rispondere solo a se stessi e ai loro colleghi in base al principio « una mano lava l'altra », « tu chiudi un occhio, che domani lo chiudo io ». Il controllore d'una società sarà a sua volta controllato da uno di coloro che oggi mette sotto esame. Si fa parte di un club e non è elegante criticare gli altri soci. Neanche prudente.

La Daimler cade in profondo rosso anche a causa della politica di espansione sbagliata di Herr Reuter, ma come può rivolgergli degli appunti un Hilmar Kopper della Deutsche Bank, la principale azionista, che è stato il suo più caldo sostenitore e ha insistito affinché gli fosse prolungato il mandato oltre i limiti di età? E la Deutsche Bank non si « avvede » che la Metallgesellschaft per speculazioni sbagliate sul petrolio sta rischiando il fallimento, e interviene con colpevole ritardo che moltiplica i danni.

E sempre la Deutsche Bank non si accorge (o finge di non vedere) che il « leone dell'edilizia » Jürgen Schneider è sommerso dai debiti, 6 miliardi di marchi, forse 12, cioè da 6mila a 12mila miliardi di lire, e continua a fargli credito alla cieca. Schneider, « il re dei fallimenti », come lo definisce « Der Spiegel », ha puntato sulla rinascita dell'ex Germania Est, compra palazzi e alberghi, li rimoderna, o li costruisce ex novo. Il suo gioiello è la Mädler Galerie nel cuore di Lipsia, dove si trova la « Taverna di Mefisto », in cui, tra un boccale di birra e un würstel, Faust finì col cedere alla tentazione.

Neanche Schneider resiste. Falsifica documenti e planimetrie, « alla napoletana », si fa firmare contratti d'affitto a cifre superiori al reale per ingannare le banche creditrici, non c'è solo la Deutsche Bank in gioco. La ripresa tarda e i suoi negozi e uffici rimangono vuoti. Finché Schneider manda un certificato medico alla Deutsche Bank, a cui deve 1200 miliardi di lire, e scompare all'estero « per curarsi ».

Chi avrebbe dovuto controllarlo è il collega di Kopper, Ulrich Weiss. Dopo, denuncia Schneider per le informazioni sbagliate, ma uno dei palazzi d'uffici più prestigioso si trova a un passo dalla sede della Deutsche Bank a Francoforte. La banca non si è preoccupata di inviare qualcuno a controllare se i metri quadrati corrispondevano alle piantine inviate da Schneider?, si domandano i piccoli clienti che vengono mandati in rovina se non fanno fronte a un debito di qualche migliaio di marchi. E sorge il sospetto che la Banca sapesse già da tempo e che abbia taciuto per « salvare il salvabile », ma ci sono andati di mezzo centinaia di artigiani, di titolari di ditte edilizie, che hanno lavorato per Schneider.

Quell'Ulrich Weiss troppo generoso con il leone dell'edilizia è una vecchia conoscenza degli italiani, e non solo perché è il responsabile della Banca d'America e d'Italia, al cento per cento nelle mani della Deutsche Bank. È stato uno dei protagonisti della grottesca vicenda che ha opposto la nostra Pirelli alla tedesca Continental, in cui la Deutsche Bank ha finito col giocare contemporaneamente per tutti i contendenti, e alla fine contro se stessa. Ma il danno è stato solo delle due società, immobilizzate a lungo, e dei loro azionisti.

È una storia alla « Dallas », con i pneumatici al posto del petrolio, senza un JR genio del male. Qui di genii non ce ne sono, e tutti compiono sbagli, compresi gli italiani, che hanno pensato di poter compiere una « scalata » azionaria in Germania solo contando sul numero di azioni in loro possesso e trascurando l'elemento più importante, la psicologia tedesca.

La Deutsche Bank dapprima approva il « matrimonio » tra Continental e Pirelli, in modo che le due società possano affrontare la concorrenza della francese Michelin e dell'americana Firestone. La banca possiede il 10 per cento della « casa » di Hannover, gli italiani hanno rastrellato il numero di azioni necessario, sia pure sotto « altro nome », per aggirare la norma societaria che vieta di possedere più del 5 per cento. Un ostacolo posto per impedire scalate e consentire all'oligarchia di continuare ad agire senza rendere conto a nessuno, e senza temere l'arrivo di un nuovo padrone. Straniero, per giunta.

Gli uomini della Continental si affidano alla Morgan & Grenfell, banca d'affari britannica che, guarda caso, è sempre di proprietà della Deutsche Bank. Agli italiani, che cominciano a insospettirsi, si assicura che « è tutto normale» e che non si può dubitare della «lealtà di un banchiere tedesco». Il capo della Morgan siede nel consiglio della Deutsche Bank a fianco a fianco con Ulrich Weiss e discutono del caso Pirelli-Conti, ma ognuno dovrebbe giocare lealmente per la squadra che l'ha ingaggiato.

Anche Ulrich Weiss, padrino degli italiani, finisce prima col fare il doppio gioco, poi col passare dalla parte della Continental. L'oligarchia dei manager si ribella, protesta con la Deutsche Bank: se cade un bastione si mette in pericolo l'intera fortezza tedesca. Si fa dunque fronte compatto contro la Pirelli. Ieri era la salvezza per la Continental, oggi viene vista come un vascello pirata pronto all'arrembaggio.

Ora non è più importante stabilire chi avesse torto, o meno ragione. È istruttivo ricordare lo stile della battaglia, sempre che qualcuno ci voglia ritentare con un'altra società tedesca e per quelli convinti che i manager tedeschi non siano in grado di imitare, e bene, i «nipoti di Machiavelli».

Ho assistito all'ultima decisiva Assemblea degli azionisti a Hannover, con Ulrich Weiss presidente del Consiglio di sorveglianza nella parte dell'arbitro. Si è toccata la vetta della farsa, con questi manager in doppiopetto e abiti blu a righe che come bambini rissosi cambiavano le regole con la partita in corso, pur di non perdere. Weiss ha innanzitutto stabilito che le azioni detenute «al di là del 5 per cento consentito dagli italiani» erano escluse dalla votazione. Ma come stabilire quali fossero?

Facile. Si sa quel che vogliono gli italiani, quindi tutti i voti al di là del limite lecito che ricevono le loro mozioni sono da considerare «non validi». In quale Kindergarten ha imparato a giocare Weiss? Ma non aveva fatto i conti con quei perfidi di italiani. Tutto è filato liscio secondo la sua volontà finché non si è giunti alla conferma del presidente del Consiglio di sorveglianza. Via i voti degli italiani pirati e bari. Weiss fa i conti, e scopre che è stato bocciato. «Un attimo», prega, «contiamo da capo.» Il suo volto proiettato su un maxischermo è teso ma non ancora preoccupato. Ancora bocciato. «Non capisco», ammette, e comincia a sudare. Ancora bocciato. «Sospendiamo la conta», si arrende e si ritira per un quarto d'ora.

Che cosa è avvenuto? Gli italiani cattivelli «contro la logica» di Weiss hanno votato a favore di Weiss ed è sempre Weiss che finisce col bocciare se stesso eliminando i voti a suo favore.

«Bene, in questo caso i voti italiani valgono», dichiara con assoluta faccia tosta Ulrich Weiss, che finalmente ha capito. Ma subito dopo torna a cancellare i voti della Pirelli, che farà ricorso in tribunale. Il matrimonio non era da celebrare e non è stato celebrato.

«Che ne pensa?», ho chiesto a Ekkerhard Wenger, professore di diritto societario a Würzburg, presente in sala a Hannover.

«Tutto illegale, dall'inizio alla fine», ha affermato reciso. Ekkerhard è il personaggio più odiato e temuto da Weiss e dai suoi colleghi. Invece di insegnare nella quiete della sua facoltà ha comprato un'azione di ogni società tedesca e conduce i suoi studenti a imparare dal vivo alle assemblee degli azionisti, dove fa le pulci a direttori e consiglieri di sorveglianza, che cercano in tutti i modi di togliergli la parola. Un personaggio che sembra uscito da un film di Frank Capra, il probo cittadino contro il mostro del potere.

In una delle tante assemblee si è alzato per chiedere con tono innocente a Hilmar Kopper l'elenco dei consigli di sorveglianza di cui faceva parte. Il suo predecessore Abs era arrivato a collezionare trenta cariche.

«Non faccia il buffone, professore», ha replicato secco Kopper.

«In base alla legge lei è tenuto a rispondermi», ha insistito Ekkerhard citando l'articolo come se Kopper fosse uno dei suoi studenti poco preparati.

Il potente *Sprecher* della Deutsche Bank ha cominciato a elencare: Daimler..., e qualche altro nome, poi ha cominciato a balbettare, ed infine si è dovuto dare per vinto. Ora, va consigliando ai colleghi di ridurre gli impegni: «Non possiamo pensare a tutto, sempre noi».

Un capitolo contraddittorio? Comincio a parlare bene delle banche tedesche e poi ne dico peste e corna? Dipende da quale motivo vi spinge a entrare in una filiale della Deutsche Bank o della Commerz o della Dresdner.

Intanto, per ordine di Kopper e dei suoi compagni, non farete la coda. Appena vi scorgono in attesa al bancone, un impiegato abbandonerà immediatamente il suo lavoro per venirvi a domandare che cosa desiderate. Anche il direttore, e anche se non siete un cliente. Io mi accontento, e sospetto che milioni di italiani siano d'accordo.

UN ORDINE È UN ORDINE

Befehl ist Befehl, « un ordine è un ordine », vecchia massima che ha provocato disastri nella recente storia della Germania. Ed è fuori moda, nell'esercito e nelle aziende, per non parlare delle famiglie, dove nessun genitore osa più impartire né *Befehl* né consigli.

Qual è la differenza tra un manager italiano e un tedesco? Ci immaginiamo il capitano d'industria della Grande Germania come una sorta di Bismarck in doppiopetto, dittatore energico e risoluto della sua industria, pronto a primeggiare con tutti i mezzi. La domanda l'ho posta a Giuseppe Vita, l'italiano chiamato a dirigere la Schering, la multinazionale di Berlino.

« Un manager in Germania », spiega, « deve innanzitutto convincere i collaboratori della bontà delle sue scelte. E le decisioni vengono prese collegialmente anche se la responsabilità è del capo. Il lavoro più importante consiste nel conquistare la propria squadra, che dopo però agirà compatta, dimenticando le opinioni o i dubbi dei singoli. » Esattamente l'opposto, dunque, del nostro pregiudizio. Un'industria tedesca è guidata in modo più democratico e meno gerarchico di un'impresa italiana o francese.

Questa è la cronaca, come la riferisce il settimanale « Die Zeit », di una conferenza di lavoro tra manager francesi e tedeschi. All'ordine del giorno: *Konzept* alla tedesca, e *Concept* alla francese. Si pronuncia quasi alla stessa maniera ma la differenza è enorme. I francesi si presentano senza neanche un foglio in mano, per quel che considerano un semplice *brainstorming* privo di problemi. I tedeschi giungono con un ponderoso e dettagliato piano di programmazione. « *Typisch französisch*, senza sostanza », commentano gli uni. « *Diktat* dei tedeschi », rispondono gli altri. E decidono di interrompere la collaborazione e « andare avanti da soli ».

« Da una parte del Reno i manager sono formati dal protestantesimo, dall'altra dal razionalismo: è uno scontro tra Lutero e Descartes », spiega Günther Ammon, professore di economia aziendale ad Erlangen. Secondo il nostro pregiudizio, dovrebbero essere i tedeschi ad amare una guida autoritaria dell'azienda, e invece, rivela Henri Mondo, presidente della Roussel Uclaf, società « figlia » della Hoechst, « sono i tedeschi a voler sedere a una tavola rotonda, mentre i manager francesi formano una piramide ».

Udo Hück, che rappresenta la Telekom tedesca a Parigi, dice: « In Germania il capo si piega al parere della maggioranza, in Francia ciò verrebbe scambiato per debolezza. Ci si attende che egli si comporti da *patron*. Il Pdg non prende decisioni alle riunioni del direttivo, vuole solo informazioni ». E di conseguenza si comportano i sottoposti: se si ha un'idea in Germania se ne parla con i colleghi pari grado, all'estero si va subito dal capo. Così, secondo uno studio della Hedrick & Struggles, società di consulenza aziendale, il 30 per cento dei capi delle 200 imprese leader in Germania proviene dalla base, come è avvenuto appunto per Giuseppe Vita. In Francia sono il 6. In Germania solo l'8 per cento dei dirigenti proviene da un impiego pubblico, in Francia sono il 45. I capi vengono allevati alle Grandes Ecoles, mentre in Germania si fanno le ossa in ufficio.

« Il lavoro tedesco è bloccato finché tutta la documentazione non è completa », commenta Kurt Hollederer, direttore generale della Siemens-France, « a Parigi ognuno prende i suoi appunti, e dopo si passa immediatamente alla fase operativa. » Quando la Banque Nationale de Paris e la Dresdner Bank decisero di collaborare, al primo incontro il capo della BNP, René Thomas, si trovò da solo di fronte a Wolfgang Roeller e a una dozzina di collaboratori. Roeller doveva di continuo consultarsi con i suoi collaboratori ed i francesi pensarono: « O non ha potere, o ci vuol prendere in giro ».

IX.
In casa...

TRE K O TRE S

La famiglia d'un tempo si basava sulle classiche tre K: *Kirche, Kinder, Kuche,* non in quest'ordine necessariamente, e più per la donna che per l'uomo: « chiesa, bambini, cucina ». Ma oggi le chiese sono vuote, in cucina lo strumento più utile è il congelatore, di solito si mangia alla Kantine, la mensa dell'ufficio o in fabbrica, e la sera si consuma l'*Abendbrot*, salumi e formaggi su pane nero davanti alla TV, se non si cena fuori « all'italiana ». In quanto ai bambini, ne nascono sempre meno e vivono sempre più pericolosamente: 43mila piccoli vennero coinvolti in incidenti nell'89, e da allora il numero di incidenti è aumentato dell'83 per cento.

Oggi, più che sulle tre K, la famiglia si basa su tre S: *Sex, Stau* e *Stasi*. Il primo elettronico, per colpa dei nervi scossi dagli ingorghi sulle autostrade. In quanto alla « Stasi », la Gestapo rossa del regime comunista, si divertiva a spiare soprattutto la vita familiare.

Le madri tedesche trovavano normale, o lo trovano ancora, preferire i figli piccoli al lavoro. Anche perché la società le obbliga. Mentre nella ex DDR esistevano posti negli asili nido più che a sufficienza, non per rispetto delle donne ma perché si aveva necessità di lavoratori, e quasi tutte le donne avevano un'occupazione, all'Ovest ed ora nella Germania unificata, i posti sono molto scarsi, e gli asili privati molto cari. L'effetto voluto, sebbene nessun politico possa e voglia ammetterlo, è tenere le donne a casa, o consentire loro al massimo un lavoro part-time, favorendo l'occupazione maschile. Molte donne sono d'accordo, o dicono di esserlo. Il risultato è che restano a casa a occuparsi dei figli, proprio come una mamma latina secondo lo stereotipo.

Appena il bambino è in grado di cavarsela da solo, la situazione cambia di colpo. In Germania non assisterete mai a una scena all'italiana, i genitori assembrati davanti a scuola in attesa dell'uscita dei pargoli, come minidivi delicati dalla porta degli artisti. Piccoli da proteggere dalla pioggia e dal traffico. Ho visto sugli autobus scolari chiedere ai passeggeri adulti dove fossero, perché non erano abbastanza alti da vedere fuori dal finestrino, e non riuscivano a sapere quando scendere. Ogni anno c'è una ecatombe di bambini sulla strada tra casa e scuola o viceversa. Il primo anno dopo la riunificazione si è registrata una strage di infanti nell'ex Germania Est, dove i bambini non erano affatto preparati ad affrontare il traffico da paese occidentale, e non valutavano la superiore velocità dei modelli capitalistici in confronto delle vecchie Trabant di plastica.

La prole italiana impiega molto più tempo per imparare a volare da sola e a lasciare il nido. A diciotto anni, gli ex *Kinder* tedeschi vengono buttati con modi spicci fuori di casa. Si arrangino da soli. Anche perché, nonostante tutto, malgrado crisi e mancanza di alloggi, in Germania è più facile trovare un tetto, magari in comunità, e arrangiandosi con il sussidio universitario si arriva a mantenersi, pur senza scialare. L'italiano resta *Kind* fino a quarant'anni, o tutta la vita. Il tedesco è svezzato subito.

Io leggo sempre le lettere inviate ai giornali. I consigli degli esperti, il parere del sociologo. Trovo che sia una spia rivelatrice. Sono rimasto colpito dalla domanda di un padre divorziato. Doveva continuare a passare gli alimenti al figlio « dopo » che questi aveva ottenuto il sussidio di studente? In gioco c'erano un paio di centinaia di marchi, una cifra che non era un problema in sé per il lettore. La solita questione di principio. E l'esperto lo prendeva sul serio. In effetti avrebbe dovuto pagare ancora gli alimenti ma decurtati di una quota stabilita per legge, dato che il ragazzo era parzialmente autosufficiente. Il Deutsche Mark è più forte dell'amore filiale.

Una famiglia è un investimento finanziario poco redditizio. Sebbene la sua difesa sia uno dei punti fermi del programma politico dei cristianodemocratici del cancelliere

Kohl, le coppie con figli finiscono coll'essere punite più severamente dal fisco, nonostante il *Kindergeld*, gli « assegni di famiglia », più generosi dei nostri, e gli sgravi concessi a chi è sposato con prole.

Un terzo delle coppie ha la sgradevole abitudine di rivolgersi la parola chiamandosi a vicenda *Mutti* e *Vati*, mammina e paparino, anche se lui e lei hanno passato di poco la trentina. Un amore casalingo che inganna. Il 40 per cento degli sposati pensa al divorzio, e con il divorzio si conclude metà dei matrimoni di città, e un terzo di quelli in campagna. Solo il 60 per cento delle mogli confessa che sarebbe disposta a risposare suo marito, e una percentuale analoga gli è infedele (contro l'80 per cento degli uomini).

Se sposarsi non rende, divorziare è una catastrofe economica. La legge costringe i mariti a pagare in alimenti quasi la totalità del reddito. E il caso limite è quello di Herr Fritz Nill, 87 anni, cieco, che si è sposato sette anni fa, con una lei di tredici più giovane: ora le deve versare 1100 marchi al mese, la metà della sua pensione di invalidità.

Thomas Doll, attaccante della Lazio, prudente nella vita più che in area di rigore, due miliardi di lire d'introiti all'anno, prima di sposarsi ha fatto firmare a Denise un regolare contratto matrimoniale, come tra Onassis e Jackie Kennedy. Finito l'amore, le « pagherà » solo 4mila marchi al mese, finché la figlia compirà diciotto anni, invece della metà del patrimonio. Non c'è da meravigliarsi se probabili *Mutti* e *Vati* ci pensino due volte prima di compiere un passo fatale: il 35 per cento dei tedeschi vive da *single* contro il 19 degli italiani.

A DIO PIACE LA BIONDA

A ognuno il suo mestiere, ma per una domenica due amici di Colonia, Karl e Manfred hanno deciso di non dar retta ai proverbi. Niente di straordinario se il primo non fosse l'oste di una delle più note birrerie della città, e il secondo pastore nella Christuskirche. « Se i fedeli non vengono in chiesa, li andrò a cercare dietro il bancone in osteria », ha detto padre Manfred Bertram, quarantasette anni, e l'esperimento è riuscito.

Per la verità, anche l'oste Karl Schiesberg, quarantatré anni, ha riempito la Christuskirche « come solo avviene la sera di Natale ». I fedeli clienti del locale, il Weisser Heigoder, lo avevano seguito per vedere come se la cavava dal pulpito. « Vi auguro », ha detto Karl al termine della predica, « che abbiate sempre una fresca bionda con voi. » Intendeva un boccale di Kölsch, la leggera birra renana. « E che troviate qualcuno che ne offra sempre una gratis quando non avrete un marco in tasca », ha aggiunto in uno slancio di carità cristiana.

« Dio si trova sempre là dove la gente è in festa », sostiene padre Manfred. Anche lui non se l'è cavata male, dietro il bancone a vendere birre, würstel e polpette. « Sono riuscito a convincere un avvocato a tornare in chiesa dove non veniva da anni », ha raccontato al termine dell'esperimento, « per la verità dopo che si era scolato dieci birre. »

Non si è trattato solo dello scherzo tra due amici. Le chiese tedesche si svuotano. Solo a Colonia nel '93 sono usciti dalle loro comunità 5120 protestanti e 6941 cattolici. In tutta la Germania, oltre 300mila, equamente spartiti tra fedeli di Roma e di Lutero. Un atto che non è solo formale. Ogni cittadino è obbligato a pagare le tasse alla sua Chiesa, la classica decima, anzi appena meno: l'8 per cento, *in più*. A meno che non dichiari esplicitamente di non appartenere ad alcuna confessione.

È un bell'obolo: 19mila miliardi di lire all'anno da parte dei cattolici, e 16.500 per gli evangelici, ma diventano sempre meno. Uno scrittore religioso come Heinrich Böll, premio Nobel nel '72, si ribellò: non voleva uscire dalla Chiesa ma trovava ingiusta la tassa e si rifiutò di pagarla. Il vescovo di Colonia gli inviò l'ufficiale giudiziario a pignorargli i mobili di casa. L'editore Axel Springer, il padre della «Bild Zeitung», invece, uscì dalla Chiesa protestante per versare il suo 8 per cento, pari a diversi miliardi, a una setta semisconosciuta. Gli evangelici cercarono di opporsi, sostenendo che la nuova fede abbracciata dall'editore non era «valida». Ma in base a quale norma e secondo chi?

Uta-Frauke Heinemann ha lasciato la religione del padre, il protestante e socialista presidente della Repubblica, Gustav Heinemann, per diventare cattolica. Ed è stata la prima donna a ottenere una cattedra di teologia. Poi ha scritto un libro che è diventato un best-seller mondiale, *Eunuchi per il Regno dei Cieli*, e la Chiesa l'ha «licenziata»: come può una teologa mettere in dubbio l'esistenza dell'inferno, la parola dei Vangeli, e perfino la verginità della Madonna?

«Lei sarà uscita dalla Chiesa, suppongo», le ho chiesto.

«Oh, no: come avrei diritto di criticare se fossi fuori?», e Frau Uta continua a pagare la decima: 40mila marchi nel '93.

«Il vescovado mi ha mandato una lettera di ringraziamento come fa con tutti i migliori contribuenti», sorride lei. Una decima pagata con i diritti d'autore dei libri blasfemi.

Non si creda però che le «abiure» siano solo una questione di soldi. Le tasse sono la classica goccia, il motivo scatenante, ma sempre meno fedeli si identificano con la propria Chiesa: il 69 per cento, cattolici e no, dichiara che «la Chiesa non mi dice più nulla». Non condivide le posizioni delle autorità sul sesso, sul divorzio, il matrimonio dei preti, i metodi anticoncezionali. Il 61 per cento crede in Dio, il 51 è convinto che esista «una vita dopo la morte », ma si affida sempre più alla propria coscienza, insofferente a essere guidata dall'alto.

Non è che i tedeschi non commettano peccati: sono afflitti da colpe. Noi ci pentiamo e possiamo dimenticare, sicuri di aver ottenuto il perdono da Dio, dalla famiglia o, nel caso, dagli elettori. I tedeschi si sentono marchiati a vita, schiacciati dalla consapevolezza di non poter raggiungere quell'idea di perfezione a cui si sentono obbligati dalla nascita.

In Italia si crede che la Germania sia un Paese a maggioranza protestante, ma è vero solo in parte. Nella vecchia Repubblica Federale per la prima volta nell'84 i cattolici passarono in testa, con 27 milioni contro 25, grazie anche agli emigrati e alla loro più alta natalità. Con la riunificazione, sono tornati in maggioranza i protestanti, ma anche la Chiesa evangelica attraversa una crisi profonda.

« Vi presento il mio compagno », ha annunciato dal pulpito il nuovo pastore della Chiesa evangelica di Menz, un villaggio di 500 abitanti nei pressi di Magdeburgo, nella ex DDR. Ma la comunità non si è scandalizzata. « Dalla mia ammissione non mi è stata rivolta alcuna cattiva parola », ammette il religioso Wolfgang Loebe, trent'anni; « la gente del paese pensa in modo più aperto di quanto alcuni vogliono credere. » Il suo vescovo Christoh Demke ha commentato: quel che conta è come svolge il suo lavoro. Ma a pochi chilometri di distanza, nella Bassa Sassonia, occidentale e che si presume più avanzata, il vescovo Horst Hrischler è di parere opposto: « L'omosessualità contrasta con la morale cristiana, non può essere accettata nei fedeli, né tanto meno nei pastori ». L'ala destra della Chiesa, il gruppo « Lebendige Volkskirche », gli dà ragione e chiede l'allontanamento dei pastori omosessuali. Il teologo Andreas Gerber, ventinove anni, si è dovuto impegnare alla castità prima di venire ordinato pastore a Hannover.

« Ciò significa », ha domandato, « che dovrò separarmi anche dal mio amico? »

« Noi non possiamo dirle quel che deve fare », gli ha risposto un funzionario della diocesi, « ma lo faccia di nascosto. »

La Chiesa ricorre alla pubblicità sui giornali per bloccare l'esodo: « Problemi di droga? Problemi di cuore? Noi siamo gli esperti », ma con risultati modesti. Si progetta di chiudere le chiese che abbiano meno di cinquanta « clienti » abituali, come se fossero negozi di jeans o birrerie.

AMPUTIEREN

Non andate da un medico tedesco, se non avete nervi d'acciaio. Per non sbagliare, ha trovato una ricetta buona per tutti gli usi: pensa sempre al peggio. E da tedesco, non dice bugie. Quindi vi rivela i suoi sospetti con assoluta sincerità e brutalità. In genere è il paziente a essere pessimista e tocca al medico rincuorarlo: quel dolorino al braccio non è un'avvisaglia d'infarto, è provocato dal vostro patetico tentativo di imitare Boris Becker; il mal di pancia tradisce la passione per gli intingoli ricchi di colesterolo e il mal di testa è lo scotto per un eccesso di TV.

Non in Germania. E parlo per esperienza personale.

Ho la pelle delicata e all'improvviso una macchia solare ha cominciato a cambiare colore. «Vado in Italia», ho annunciato a Fernanda.

«Perché non andiamo prima dal medico sotto casa? Magari non è niente», ha replicato mia moglie.

«Vedrai», le ho preannunciato. E per non preoccuparla ho prenotato i biglietti con cautela. Il medico mi ha controllato con attenzione e mi ha dato l'indirizzo di uno specialista per l'esame istologico.

«Potrebbe essere un cancro della pelle?», gli ho domandato.

«Per fortuna è venuto in tempo».

L'esame istologico l'ho compiuto in Italia, contro il parere del mio medico che lo riteneva superfluo. Non era nulla. Ma avrebbe potuto essere. Senza dubbio, e così il mio *Herr Doktor* renano non avrebbe commesso errori.

Non ritengo neanche che sia sempre un male essere pessimisti per un medico: meglio un esame inutile in più che perdere tempo, ma forse occorrerebbe un minimo di *savoir faire*. Il medico tedesco non mi aveva mai visto. Come poteva prevedere la mia reazione alla sua prudenza?

Un mio collega fumava troppo e un giorno si è risvegliato con una gamba, non ricordo quale, paralizzata. Si è fatto portare all'ospedale. Disteso a letto ha carpito al volo la parola «*Amputieren*». Si è rifiutato di prendere qualsiasi medicina, ha chiamato l'ambasciata, si è fatto portare in barella all'aeroporto ed ha preso il primo volo per l'Italia. Ora è in pensione e gioca ancora a calcio.

Il figlio di quattro anni d'un corrispondente si è svegliato al mattino con il mal di pancia. «Non si preoccupi: apriamo e vediamo che c'è», ha proposto il pediatra alla madre in ambasce. Lei era già un'esperta di Germania, e neanche si allarmò.

Potrei continuare, ma il discorso non è allegro. Un ultimo consiglio, tuttavia. Assolutamente non andate da un dentista. Per decenni, il sistema mutualistico era tale che conveniva togliere tutti i denti piuttosto che curare un molare malato. Così in Germania, non c'è più scuola.

«Un dentista guadagna più di me», si lamenta il cancelliere Kohl, meno di 40 milioni di lire al mese, ma con qualche spesa in più rispetto a un cavadenti.

So bene in che stato sia la sanità in Italia, e dopo aver scherzato sui tedeschi si deve anche parlarne bene. Tranne eccezioni, in un ospedale italiano si entra con giustificato orrore. Non ho un'esperienza diretta, ma quelli tedeschi mi sembrano in confronto degli alberghi. Non di lusso, dignitosi. Le infermiere sorridono e non si avverte quell'odore tipico d'ospedale, il che mi sembra già un duplice miracolo.

I tedeschi si lamentano ed è inevitabile. Prima andava meglio, ma il servizio sanitario, benché non perfetto, al nostro confronto è invidiabile. Le mutue funzionano e sono un misto di pubblico e di privato, un compromesso che avremmo dovuto copiare da tempo, ma noi ci guardiamo sempre dal cadere in tentazione quando ne vale la pena.

IL CAPPUCCINO DEL VICINO

Nella pubblicità d'un cappuccino liofilizzato, una bionda statuaria bussa alla porta di un italiano, bruno e vivace. «Lei ha parcheggiato al mio posto», lo aggredisce lei senza dire *«Guten Tag»*, e il padrone di casa, sempre parlando in italiano la invita a entrare. Le prepara un cappuccino istantaneo, la convince a berlo, sommergendola di parole. Alla fine, quando la vicina, domata o quasi da lui o dalla bevanda, ripete l'invito a spostare l'auto, risponde in tedesco: «Ma io non ho auto».

La sfumatura del messaggio può essere colta solo dai nativi. Lo spot non dimostra solo che l'italiano, anche se incomprensibile, anzi per questo, viene usato come una musica, suadente, dolce e calda come il cappuccino. In gioco c'è qualcosa di più grave. Parcheggiare al posto del vicino è uno dei reati più abominevoli nella vita quotidiana. Ed il cappuccino riesce a risolvere anche una situazione così estrema.

A me l'episodio è successo, ma senza cappuccino. E con una variante fondamentale. Era la mia giovane vicina (tedesca) a parcheggiare al mio posto nell'ampio giardino della casa di Königswinter. Un pomeriggio trovai lo spazio a me riservato preso dalla sua VW e mi fermai accanto, al posto di un altro. Tanto erano tutti liberi. Diedi inizio a una reazione a catena, del tipo «teoria del domino» paventata dagli americani in Asia.

Ore dopo, dalla finestra scorsi una Mercedes che dietro la mia Alfa mi chiudeva l'uscita. Non vi diedi peso. Era sabato e non volevo uscire fino a lunedì. Bussarono alla mia porta. Non era la bionda televisiva. Il vicino, nuovo giunto, mi aggredì immediatamente: «Lei parcheggia sempre al mio posto».

« Perché qualcuno parcheggia sul mio. »

« Ma lei non ha posto. »

« *Doch* », lo gelai. Parola magica da padroneggiare: risposta affermativa a una domanda, o supposizione, negativa. Con *Ja* o *Nein* in realtà date ragione all'avversario. Padroneggiare il *doch* è come usare d'istinto il timone d'una barca a vela, piegare a destra se si vuole andare a sinistra, o meglio babordo e tribordo.

Doch, dunque.

Non sapendo preparare il cappuccino, e rifiutandomi di usare quello liofilizzato, l'unica tattica da usare con i tedeschi è di reagire con più forza di loro. La stessa che mi hanno insegnato per fronteggiare i pescecani. Se ti vengono addosso, non fuggire o sei perduto. Vagli incontro e loro si tireranno indietro. Non so con gli squali-tigre, ma con i tedeschi funziona.

« Da ora in poi nessuno parcheggerà al suo posto », si scusò il mio vicino.

« Non è così grave; un posto o l'altro a me non importa. »

Ma a lui sì, e già scendeva le scale invaso di zelo. Mantenne la promessa, anzi la giovane guidatrice di VW venne pure sfrattata. Peccato, parcheggiava di traverso ma era un ottimo materiale di osservazione, tipica rappresentante dei nuovi tedeschi, diversi e pur sempre con qualcosa di tradizionale.

La notte che fui svegliato dal terremoto che buttò giù tutti i miei libri dagli scaffali, e qualche guglia del Duomo di Colonia, lei corse fuori urlando in camicia da notte per le scale.

« Che succede? », mi chiese pallida.

« È solo un terremoto », la tranquillizzai con la mia flemma d'abitante d'una terra ballerina.

« Terremoto? », si scandalizzò, « ma il telegiornale stasera non l'ha annunciato. »

L'indignazione per la poca affidabilità dei mezzi d'informazione tedeschi era già più forte della paura.

I rapporti con i vicini, tra cappuccini e terremoti, sono materia difficile da gestire perfino per un mago della diplomazia come Hans-Dietrich Genscher.

Tutto è regolato e tutti conoscono tutte le regole. Non far rispettare i propri diritti, anche quando ciò non v'importa e vi costringe a perdere tempo, vi farà passare per un debole, per una terra da invadere e da annettere. La Germania è pacifica, continuo a ripeterlo. L'impiegato con pancia e zoccoli dall'altra parte della siepe, un po' meno.

Cominciamo dal giardino. È vietato lasciare che l'erba cresca. Se il prato dà sulla strada, correte il rischio di una multa. E la legge prescrive anche quali piante piantare e quali no, per non turbare l'immagine complessiva del quartiere. L'ideale « verde » non è un bosco disordinato ma l'equivalente d'una scacchiera di cespugli e di fiori, di uguale colore e altezza, alternati con ritmica precisione.

Sul retro, potete anche lasciare che il prato diventi una giungla. In teoria. Saranno i vicini a obbligarvi a usare falciatrice e rastrello. Il mio predecessore preferiva giocare a tennis piuttosto che tagliare l'erba, ed aveva come vicino un ex presidente del Parlamento. Vinceva un set dopo l'altro (a Bonn lo ricordano ancora) e fingeva di non capire le allusioni discrete del dirimpettaio. Un giorno, di ritorno da un'intervista, o da un match, trovò il prato perfettamente rasato.

« Mi sono permessa di tagliare io la sua erba », si scusò la figlia dell'autorevole vicino, « lei è sempre così occupato. » Lui era un pragmatico, la ringraziò e continuò a migliorare il suo servizio. La falciatrice non si addice al gomito del tennista. In base allo stesso principio, Hitler varcò la siepe e andò a passeggiare sotto l'Arco di Trionfo a Parigi. Anche il francese non è un popolo ordinato.

Questa osservazione sembra in contrasto con il principio ispiratore del libro. Vi sbagliate. Un Paese non è sempre il risultato della somma dei pregi e dei difetti dei singoli individui che lo abitano. Anzi, spesso avviene il contrario: gli anarchici italiani hanno creato uno Stato ossessivamente burocratico, e i tedeschi che difendono il loro prato con ardore patriottico vivono in una Repubblica Federale paciosa.

In realtà, vi invadono per diventare vostri schiavi. Hanno già scritto libri di fantastoria su che cosa sarebbe avvenuto se Hitler avesse vinto la guerra. Prima o poi scriverò il mio: vedo un'Europa dove i tedeschi avrebbero trascorso il tempo a tagliare l'erba dei vicini, sarebbero impazziti per regolare il traffico di Roma e fatto gli straordinari per pagare i contributi degli inglesi sfaticati. Certo, ci avrebbero imposto un prezzo: il Bois de Boulogne o Villa Borghese sarebbero stati invasi da migliaia di nanetti in gesso *Made in Germany*. Le industrie che li producono, a milioni di pezzi all'anno, non conoscono crisi. Finché i perfidi polacchi, oltre a spacciare una droga sintetica e micidiale chiamata « Kompot » che spappola il cervello ma costa pochi pfennig, si sono messi pure a vendere nanetti a prezzi stracciati. È impossibile che siano così economici, non li « creano », si limitano a copiarli dai nostri, protestano. Ed è stato lanciato un invito a preservare la « produzione nazionale ».

I nanetti in giardino vi raccontano la vita di chi abita in casa. Ogni anno viene al mondo una nuova generazione di nanetti, aggiornata e alla moda. C'è il nanetto Gorbaciov e il nanetto Eltsin, e anche quello bellicoso alla Zhirinovskij, e Biancaneve che ricorda Marilyn Monroe o Romy Schneider, e perfino Madonna in guaina e calze a rete. C'è il nanetto Kohl e il nanetto Schmidt con pipa e berretto da marinaio. Il nanetto Clinton con il sassofono, contornato dai nanetti Beatles, che sembra una contraddizione solo per chi non capisce come si possa non voler scordare gli amori di gioventù anche dopo avere ottenuto il mutuo per comprare casa con giardino. E nanetti.

Una sentenza ha stabilito che i nanetti non sono pignorabili in caso di inadempienza del loro proprietario: sono ritenuti indispensabili alla sopravvivenza del moroso, come il letto, il frigo e la TV. La « Bild » riportò in prima pagina la notizia di un tale che aveva fatto causa al vicino che disseminava di nanetti il giardino comune. L'invasione turbava il suo senso estetico, sosteneva. Ha vinto la causa ma ha provocato la rivolta di milioni di compatrioti che l'hanno coperto d'insulti. Per fortuna la « Bild » non riporta mai i nomi al completo degli autori di stragi e di simili efferati gesti.

Le cause con i vicini fanno prosperare le assicurazioni e gli avvocati, grazie alle polizze sui rischi legali. Si fa causa per i motivi più impensabili: i giudici sono costretti a misurare i decibel delle coppie che fanno l'amore, e i centimetri che separano il barbecue in giardino dalla finestra più vicina (la distanza è sancita dalla legge ma la ignoro: non saprei mai accendere un fuoco sotto la griglia ed ho sempre evitato con ostinatezza di possedere un giardino). Quali animali si possono tenere e quali no? Credo tutti: a Berlino sono almeno cinquecento coloro che si trastullano con boa costrinctors e aspidi cornute invece di allevare pesciolini rossi. E che cosa è consentito ai bambini? Credo nulla: che respirino piano.

C'è un coprifuoco per la doccia e per la lavastoviglie. Molte di queste norme sono logiche e sintomo di buona educazione, le altre sono state dichiarate illegali. Ma molti tedeschi continuano a ignorarlo e le impongono nel contratto d'affitto. Con la penuria di case, c'è gente disposta a firmare qualsiasi impegno. Non è solo la necessità: parecchi sono convinti che il padrone di casa abbia ragione, perché loro farebbero altrettanto. E quindi obbediscono.

Un giornalista italiano ha affittato di recente a Bonn un appartamento ammobiliato obbedendo all'obbligo dell'anziana proprietaria di non ricevere assolutamente visite, e di non lavorare a casa (la macchina per scrivere disturba). Lui ha obbedito. Quando sono giunte a trovarlo moglie e figlia, le ha spedite in un albergo nelle vicinanze. Gli ho prestato il manuale sulla psicologia degli squali-tigre. Ma era un lombardo digiuno di abissi marini. Non mi ha creduto. Ora è tornato in Italia.

MI È CADUTA UNA SPIA NELLA CASSETTA POSTALE

Lo sport nazionale non è far quattrini, o la guerra, come sospetta chi è vittima dei pregiudizi. No, i tedeschi fin dall'infanzia si dedicano allo spionaggio. In Gran Bretagna è una forma d'arte letteraria. Furono spie per « la patria e la regina », o il re, scrittori come Somerset Maugham e Graham Greene, per non dimenticare Ian Fleming, il « padre » di James Bond. I sovietici consideravano ogni giornalista una spia, e spiare era per loro un aspetto della professione, come battere a macchina o sul computer. Raccontare balle sui giornali, per Mosca, è una « copertura » alla vera attività. Da noi, spiare è una vergogna. La virtù, caso mai, è quella opposta dell'omertà. Per i tedeschi spiare è invece un dovere sociale.

Se parcheggiate appena fuori dalle strisce, il vicino che vi sorveglia dalla finestra è subito pronto a chiamare la polizia. Da noi gli agenti butterebbero giù la cornetta infastiditi, qui arrivano sul serio. Un quarto degli accertamenti fiscali, ho letto, è provocato da denunce di cittadini. Non si tratta di vendette, come sarebbe giusto sospettare da noi. I tedeschi avvertono l'Ufficio imposte mossi da spirito civico.

Spiare è una spia importante del carattere nazionale. Anni fa, la rivista « Stern » rivelò che i telefoni dei corrispondenti stranieri erano sorvegliati dai servizi segreti, non ricordo quali. La Germania ne ha tre: il Bundesnachrichtendienst, abbreviato in BND, il servizio di controspionaggio addetto alle attività esterne; il Verfassungsschutz, letteralmente l'Ente per la difesa della Costituzione, responsabile del controllo interno; e un terzo servizio, militare.

Ogni gruppo etnico di giornalisti stranieri è assegnato a

un referente del Bundespresseamt, l'ufficio federale della stampa. Lo sfortunato addetto a noi italiani, e ai francesi, era una persona gentile. Un mio collega che lo incontrò a un ricevimento dopo la rivelazione, gli domandò ironico: « Allora, cattivelli, voi ascoltate le mie telefonate? ».

« Non dovete credere a tutto quello che scrive la stampa », smentì lui con una gaffe piena di foga.

« Eppure controllate il telefono di Paternostro. »

Paternostro è stato anche corrispondente da Bonn, anzi nella piccola città renana è ancora una figura mitica: fu lui ad aprirvi la prima pizzeria, che sopravvive, osava dare mostre d'arte e riusciva a vendere i suoi quadri anche a un Franz Josef Strauss. Veniva considerato l'italiano tipico, estroso, multiforme, vulcanico ed imprevedibile. Le donne, sostiene la leggenda, spasimavano per lui anche se non ha (e non aveva) il fisico da Rossano Brazzi. Il tipo che doveva insospettire anche quelli del BND, fermi ai romanzi di Maugham.

« Paternostro? Ma... lui telefona tutti i giorni all'ambasciata sovietica »; il nostro referente comprese a un tratto di essersi tradito, divenne tutto rosso e si allontanò. Probabilmente le conversazioni di Paternostro con qualche segretaria d'ambasciata dall'irresistibile fascino slavo sono ancora conservate in qualche archivio.

Tutte le lettere e i pacchi inviati all'Est al tempo della divisione venivano dirottati in una insospettabile palazzina di Amburgo e controllati dal Verfassungsschutz.

Non c'è cittadino i cui dati non siano registrati in qualche archivio elettronico, nel computer dei peccatori al volante di Flensburg, o dalle banche, dalla cassa mutua, e così via. Ci fu una sollevazione al momento dell'ultimo censimento perché si chiedeva una miriade di dati superflui e « insidiosi », dal numero delle camere agli elettrodomestici. I formulari erano anonimi ma non sarebbe stato difficile ripercorrere il percorso inverso per individuare il cittadino. Ho riempito anch'io la mia scheda, anzi venne a casa una ragazza gentile, una studentessa che cercava di guadagnare qualche marco, e mi pose le domande. Bene, vorrei sapere quanti italiani laureati in legge risiedevano all'epoca a Königswinter, ma non mi preoccupo se il Grande Fratello viene a sapere che ho la radio.

Tuttavia, nonostante le promesse di rispetto alla *privacy*, già vent'anni fa una terrorista della Baader-Meinhof venne individuata e catturata perché in una farmacia di paese aveva chiesto un farmaco raro di cui aveva bisogno.

E una volta a una cena fra amici ad Amburgo mi trovai a conversare con un « cacciatore di teste ». Si lamentava di non riuscire a trovare un archivista elettronico per la Deutsche Bank.

« Per la verità, ne avevamo trovato uno, ma purtroppo era iscritto al KPI. »

« Che v'importa », obiettai da italiano superficiale, « finché svolge bene il suo lavoro. »

« Come può un comunista lavorare per il simbolo stesso del capitalismo? », protestò il « cacciatore ».

« È un suo problema di coscienza », cominciai, e poi compresi a un tratto che non era quello il punto: « Un momento. Come fate a sapere che è iscritto al partito comunista? ».

« Perché non prende un'altra tartina al salmone? », e il cacciatore si dileguò con il vassoio in pugno verso gli altri ospiti.

Lo aveva saputo dal BND o dal Verfassungsschutz, che considerano la Deutsche Bank un'istituzione tedesca, un pilastro dello Stato, anche se è una banca privata.

Quando nell'estate dell'89 iniziarono le grandi fughe dalla Germania Est, due mie anziane vicine mi bloccarono mentre potavano le rose in giardino.

« Lei che è sempre dall'altra parte », chiesero, « che cosa pensa? Si continuerà di questo passo? » Non volevano una risposta, la conoscevano già. « Vedrai », commentò una, « per ospitarli requisiranno le case sfitte, magari le stanze non utilizzate. »

« Quando verrà la polizia », rispose l'altra, « per gli accertamenti, dovremo dire che il signore dell'ultimo piano viene al massimo un week-end al mese. » Due ottime signore, ve lo assicuro, ma già prevedevano l'emergenza ed erano pronte a collaborare.

A un altro collega, telefonarono a casa: «Lo sa», l'avvertirono, «che la sua cameriera telefona spesso a Bogotà?». Il che suona un po' come il titolo del romanzo di Heinrich Böll, *Vai troppo spesso a Heidelberg*, in cui denuncia la caccia alle streghe durante il terrorismo. Spie, anzi *Spionen*, alla tedesca, preoccupati del conto del telefono.

Non credo che il mio apparecchio sia mai stato posto sotto controllo, e sono sempre indeciso se sentirmi rassicurato o trascurato. In compenso, la seconda volta che fui inviato in Germania lo scambio di consegne con il mio predecessore (già negli Usa) avvenne con quasi sei mesi di ritardo. Chiesi all'amministrazione del giornale che mi assumeva se ci fossero problemi. Tutto a posto, mi assicurarono. Le varie bollette, compreso l'affitto dell'ufficio, venivano pagate via banca sul conto lasciato aperto dal collega trasferito a Washington.

Mi feci consegnare la chiave della mia stanza, alla Pressehaus, l'edificio dove sono installati tutti i giornalisti, stranieri e no, e fui subito preso dal lavoro e dalle migliaia di problemi pratici che deve affrontare chi espatria, dal trovar casa al trasloco. Una sera, mentre finivo un articolo sulla campagna elettorale, bussarono alla porta, entrò una ragazza sconosciuta e mi chiese chi fossi. Accertata la mia identità, domandò: «Lei perché non ritira la sua posta?».

«Quale posta?»

«Ne ha sei sacchi.»

Il mio predecessore aveva una cassetta postale a cui veniva dirottata tutta la corrispondenza inviata in ufficio. La mattina dopo andai alla posta, dove mi scaricarono tra le braccia una valanga di lettere, giornali, riviste e pubblicità. E di fatture inevase. Compreso l'affitto, la banca non aveva eseguito l'ordine, ed i solleciti dell'Allianz, la compagnia di assicurazione proprietaria del palazzo, erano sempre più pressanti. Essere sfrattati sarebbe stata una catastrofe. Telefonai al responsabile che, come sempre in Germania, firma simili missive in modo chiaro indicando il suo numero interno.

La tentazione fu di dirgli che ero appena arrivato, anche se era trascorso qualche mese, solo perché parlando in tedesco sarebbe stato più semplice. Invece gli spiegai la faccenda della cassetta postale, la ragazza che bussa, i sei sacchi, e così via.

« Non si preoccupi », mi tranquillizzò, « so già tutto. Mi ha avvertito l'ufficio postale, paghi pure con comodo. »

Quale ufficio postale italiano avrebbe mai collaborato con una società di assicurazione, potentissima ma pur sempre privata? Se avessi mentito, per semplice pigrizia linguistica, mi sarei messo in una posizione sospetta. Gli impiegati delle poste avevano agito « per il mio bene », evitandomi un possibile sfratto, o avevano violato la mia privacy?

Dalla mia cassetta postale alla Stasi, il salto è troppo lungo? Per me, no. La scoperta che la Stasi avesse oltre cinque milioni di dossier, anche su di me (finalmente), che occupano 172 chilometri di scaffali, non mi ha stupito affatto.

I funzionari della Stasi erano più di 80mila, aiutati da quasi mezzo milione di collaboratori, più o meno volontari, indicati con « IM », *Informellmitarbeiter*. Su 17 milioni di abitanti della DDR, prima delle fughe in massa, circa 600mila persone coinvolte nell'attività di spionaggio vuol dire che ogni famiglia aveva almeno un lontano parente « al servizio della Stasi ». Noi italiani abbiamo già capito: uno zio, un cugino magari di terzo grado, a cui raccomandarsi in caso di necessità, per accelerare la consegna dell'agognata Trabant, o per un posto migliore dove andare in vacanza (fissati dal consiglio di fabbrica e dal partito).

Il quadro che ne esce fuori sembra il paradiso, o l'inferno, di un agente segreto. Tutti spiavano tutti, sempre. Le mogli i mariti, e viceversa, riferendo su ideologie sessuali e devianze politiche, i professori gli studenti e gli allievi i maestri, i fedeli tradivano i pastori, e i preti le pecorelle a loro affidate, sempre per il bene dello Stato. I microfoni erano posti in bagno e negli spogliatoi dello stadio, e in confessionale. Una mostruosità del sistema comunista, si denuncia adesso. Sarà, ma la dittatura ha trovato collaboratori entusiasti.

Gli atleti che partecipavano a gare all'Ovest facevano rapporto sul comportamento dei compagni, e questi su di loro. E tutti spiavano i campioni. Katharina Witt, regina del pattinaggio artistico che Alberto Tomba concupisce (invano) di Olimpiade in Olimpiade, ha scoperto scartabellando il suo dossier personale che le cronometravano le piroette sul ghiaccio e i *pas-de-deux* a letto, amplesso dalle 20,02 alle 20,04. Lei, misericordiosa, non rivela il nome del partner.

Esaminare e valutare quest'autostrada di dossier è compito di un paio di generazioni. Fino al prossimo secolo i tedeschi dovranno vivere sotto l'incubo di quanto è stato rivelato su di loro. Il drammatico non è scoprire che la persona amata spasimava per Stalin, ma che trovasse insopportabile il nostro dopobarba, e invece di dircelo a viso aperto lo riferiva alla Stasi, chissà, persino al KGB.

« So quel che pensate », disse un giorno Helmut Kohl a pranzo con i corrispondenti stranieri, « che sarebbe meglio chiudere tutto e gettare la chiave. Sapete, noi siamo tedeschi e andiamo sempre fino in fondo, costi quel che costi. »

Adesso sembra che anche lui abbia cambiato idea, ma è troppo tardi. Il paradosso è che l'abominevole Stasi venga considerata degna di fede. In fondo si tratta pur sempre di un'organizzazione tedesca. Come non sospettare, se era così diabolica, che avesse preparato dossier anche sugli oppositori, screditando tutto e tutti per salvare se stessa?

« L'opposizione l'abbiamo inventata noi », si vanta un agente della Stasi nel film *Abschied von Agnes*, « Addio ad Agnes ».

« Ma perché spiare », gli chiede sgomento l'intellettuale sua vittima, « anche me che non conto nulla? »

« Per il piacere di conoscere i segreti del prossimo, anche di chi ci è sconosciuto. »

Lo spionaggio fine a se stesso. L'arte per l'arte. Le spie sono in fondo impiegati dello Stato, con tutti i problemi quotidiani connessi, note spese comprese. Quando mi occorreva un permesso per visitare l'Impero del Male, come lo definiva Ronald Reagan, in quanto giornalista ero costretto a chiedere un visto particolare al responsabile stampa dell'Ambasciata polacca, un funzionario molto simpatico che mi offriva ogni volta un paio di caffè e mi chiedeva particolari sulla vita italiana. A chi vendete armi? A tutti, gli rispondevo. Forse si annoiava e voleva passare il tempo, forse no. E se mi ha registrato nel suo dossier come « IM », per giustificare il suo stipendio? Non lo saprò mai.

Quando mi recavo a Berlino Est, di tanto in tanto, pranzavo con un funzionario della sede diplomatica di Bonn oltre il « muro ». Era uno squisito intellettuale, con complessi di colpa sociali, perché era socialdemocratico e gli pareva di vivere troppo bene. Molto attento ai problemi della DDR. Si parlava dei libri che leggevano all'Est, delle canzoni che piacevano ai giovani, dei naziskin che già esistevano nel cosiddetto paradiso socialista. Cose di questo genere. Lui sfoggiava sempre una sciarpa di cachemire rossa, vi stava attaccato come Linus alla sua coperta.

Sinceramente non sono fisionomista e non ho memoria per i nomi. Ma di recente mi è sembrato di riconoscere la sua foto su una rivista, una brutta foto sfocata. Un funzionario diplomatico arrestato perché collaborava con Markus Wolf, il capo del controspionaggio orientale. Gli avrebbe rivelato particolari vitali sulla Repubblica Federale. Ho riconosciuto la sciarpa ed ho avuto un tuffo al cuore. Sarà andato da Wolf per tacitare i rimorsi da socialista romantico, e avrà chiacchierato dei libri che si leggevano all'Ovest, dei film e dei dischi. Cose del genere. Spero che si abbia comprensione.

« Quello della Stasi è un lavoro inutile », giudica Markus Wolf, il maestro delle spie, che per decenni ha inflitto i colpi più duri ai servizi occidentali. « Troppe notizie equivale a non avere nessuna informazione », spiega. Quelli della Stasi registravano tutte le telefonate, aprivano tutte le lettere, catalogavano i pettegolezzi di cortile, e annegavano in un oceano di dati senza poter distinguere quelli utili dai superflui.

A Wolf, bell'uomo, figlio di un commediografo comunista fuggito a Mosca negli anni Trenta, si sarebbe ispirato John Le Carré, un altro collega di Ian Fleming, in arte e no, per il personaggio di « Karla » in *La spia che venne dal freddo*. Wolf ne è lusingato ma sostiene che il suo romanzo di spionaggio preferito è *Il nostro agente all'Avana* di Greene. Una scelta che è una battuta di feroce ironia sul suo lavoro. L'eroe di Greene è un modesto rappresentante che per pagare gli studi alla figlioletta accetta di spiare gli impianti missilistici che Kruscev sta installando a Cuba. Non ha il coraggio di recarsi sul posto e invia ai suoi capi i disegni del meccanismo degli aspirapolvere che vende alle casalinghe dell'Avana. Gli esperti dello spionaggio li trovano « terribili e interessanti ».

Io non ho mai chiesto di leggere il mio dossier raccolto dalla Stasi. Nel frattempo ho saputo che i documenti sugli stranieri sono stati distrutti, solo quelli. E perché mai? Per non turbare i rapporti internazionali, mi è stato spiegato. Chissà che cosa ci sarà stato di così grave nel mio dossier da turbare il mondo.

Non si sa mai, e così sono molto gentile con la mia anziana vicina che pota le rose. È sempre bene informata, mi avverte per tempo quando passa l'uomo del gas a leggere il contatore, o l'addetto alla revisione annuale della caldaia. Anzi, le ho dato le chiavi di casa, e della cassetta della posta, e al mio ritorno trovo le lettere e i giornali allineati in bell'ordine sulla scrivania. No. Non temo la sua indiscrezione. Anzi, non m'importa. Non saprete mai quanto è comodo farsi spiare in Germania.

PASTA UND BROKKOLI

Un mese prima del crollo del « muro », al ristorante dell'Hotel Elephant di Weimar, dove Thomas Mann fa alloggiare la sua Lotte in visita a Wolfgang Goethe, amore di gioventù, il menù offriva « Zwei pochierte Eier auf risi bisi mit Kiwi und Ananas », che sarebbero due uova al tegamino con quel che segue. Mi sarebbe piaciuto scoprire come giunsero i risi bisi nel cuore della Turingia « rossa », ma la mia curiosità fu ostacolata dalla rivoluzione in corso. Il mio lavoro non mi lascia mai tempo per i problemi seri.

Può darsi che il cuoco si fosse ispirato a un manuale, a un ritaglio di giornale, a una rubrica culinaria della TV occidentale carpita con l'antenna parabolica, senza mai aver annusato dal « vivo » la cucina veneta. A Berlino Est esisteva prima dell'unificazione un solo ristorante italiano, gestito, anzi « inventato » da una gentile signora che si ispirava alla nostra cucina per puro amore, per un'affinità elettiva, senza mai essere stata in Italia, anzi non era mai uscita dalla DDR. I risultati di questa passione quasi proibita non erano poi niente male, anche considerando le difficoltà di procurarsi materie prime originali, o dei « falsi » soddisfacenti.

La passione per l'esotico, per la cucina diversa, era più forte del « muro ». Con la libertà, insieme con i pornoshop, le videoteche e le macchine fotocopiatrici (considerate dal regime strumenti del demonio), giunsero nel gruppo di testa pizze e spaghetti, che da tempo avevano conquistato l'Ovest. Broccoli in tedesco si traduce *Brokkoli*, e zucchine ovviamente *Zukkini*, mentre per le melanzane hanno prevalso i francesi con *aubergine*. Una trentina d'anni fa queste verdure, e le relative pietanze, erano per i tedeschi esotiche come i kiwi, appunto, e gli avocados.

Ricordo la disperazione di un ottimo direttore dell'Ice di Amburgo alle prese con i sardi che volevano promuovere i loro carciofi: «Bisognerà cominciare a insegnare ai tedeschi come si mangiano». Ci è riuscito. Come fu merito suo se superò la tragedia del vino al metanolo. Dopo i morti, le vendite di Chianti e simili sul mercato tedesco crollarono del 98 per cento. Il 2 restante era composto da potenziali suicidi.

Oggi hanno superato il livello precedente, e non si vendono più fiaschi impagliati da un litro e mezzo ma vini Doc. Merito d'una campagna d'immagine ben condotta, ed anche una dimostrazione che i tedeschi non sono quelle «crape dure» che vogliono i pregiudizi a cui siamo ostinatamente attaccati. Loro provarono e cambiarono idea.

Oggi, per un tedesco è più chic offrire un rosso italiano, ancor meglio se sconosciuto, e vantarsi con gli amici della scoperta compiuta durante le ultime vacanze, che aprire una bottiglia di blasonato, costoso e prevedibile vino francese.

«Per quello basta aver soldi e andare dal negozio di Delikatessen del quartiere», mi disse Otto Schily.

«Mi gioco due bottiglie di Brunello da Montalcino che vinciamo», proclamò in diretta alla TV la sera d'una competizione elettorale. Le perse, ma Schily era sicuro sia della sconfitta sia che il pubblico avrebbe compreso il messaggio che gli lanciava.

«Come potevamo saziarci un tempo, senza conoscere la mozzarella e il basilico? Il cappuccino al mattino, i *frühlingsrolle* a colazione», cioè gli involtini primavera, si domanda la «Sueddeutsche Zeitung». È sempre più difficile trovare un ristorante tedesco, un autentico ristorante, non una *Kneipe*, che tradurre semplicisticamente «trattoria» è un errore (sarebbe meglio il piemontese «piola», per chi comprende).

A Bonn, ex capitale ma pur sempre sede del governo, potete mangiare pachistano e libanese, vietnamita e cinese, greco e turco, e italiano ovviamente, ma sopravvive un solo ristorante tedesco.

«Senza pasta non si può più vivere», esclama il settimanale « Focus ». È cambiato anche il rito dell'*Abendbrot*, la cena fredda servita verso le 18, pane nero con formaggio e affettati, con cui si mandavano a letto i ragazzini. Adesso, le madri non osano negare la razione di spaghetti al pomodoro, già pronti in scatola, o i cannelloni surgelati. Ai più piccoli. I fratelli maggiori li butterebbero nella spazzatura. Loro gli spaghetti se li sanno cucinare da soli.

Il primo ristorante italiano della storia, mi dicono e non controllo, sarebbe il « Cuneo », da pronunciare Cunèo, aperto nel 1902 proprio a St. Pauli, il sempre meno peccaminoso quartiere di Amburgo. Sorge proprio all'angolo dell'Herbertstrasse, la via delle donne in vetrina. È il locale preferito dall'intellighenzia anseatica e dalle compagnie teatrali, che vi festeggiano le prime. Quando mi ci vollero trascinare la prima volta, tentai con tutti i mezzi di sfuggire al mio destino. A Marrakesh ho gustato il cammellino di latte, ma gli spaghetti alla St. Pauli mi sembravano al di là della mia tolleranza. Avevo torto. Un secolo dopo, Cunèo sopravvive agli accenti e ai luoghi. E ha fatto proseliti.

In tutta la Repubblica Federale il 40 per cento dei « posti dove si mangia » è italiano, se si contano le pizzerie. I ristoranti gestiti da stranieri sono 50mila con un giro d'affari di 12 miliardi di Deutsche Mark, 12mila miliardi di lire. « Ci vediamo dall'*Italiener an der Ecke* », « dall'italiano all'angolo », è diventato un comune modo di dire. A ogni angolo c'è un italiano. Nella mia strada, che è corta, ne ho due, uno per angolo, il primo autentico e l'altro gestito da tedeschi.

Frequentare in una pizzeria italiana ormai è un problema diplomatico. Non si sa mai con chi si ha a che fare. No, la mafia non c'entra. Anzi, i pizzaioli sono così esacerbati dagli ingiusti (quasi sempre) sospetti nei loro confronti, che basterebbe arruolarli in una sorta di « legione straniera » e inviarli al Sud per risolvere una volta per tutte il problema dell'onorata società, della 'Ndrangheta e della Camorra. Il problema è come rivolgersi al padrone, o al cameriere. Non sempre l'aspetto è rivelatore. Si passa la serata a conversare con un ariano biondo d'un metro e novanta, a ordinargli una « pizza *mit Paprika* », cioè con peperoni, lamentarsi che non abbia *Kapern*, capperi, per scoprire al caffè che è appena giunto da Trapani, dove ha seguito una *full immersion* in *deutsch* alla Berliz. Oppure si passa subito all'italiano, e il nostro interlocutore, ottima comparsa di « Compare Turiddo », con barba e baffi, si sforza di seguirci sbagliando i verbi e le doppie.

È figlio di immigrati, e si trova al confine tra due lingue, nella terra di nessuno tra italiano e tedesco, tra pizza e *sauerkraut*, anzi tra il dialetto dei genitori e l'idioma del posto. Sempre che non sia invece turco, o belga, o francese. Se non addirittura un tedesco. Sempre più, in nome della società multiculturale, e poiché gli spaghetti rendono di più e non vanno a male se i clienti sono meno del previsto, si sono messi ad aprire e gestire pizzerie. E sono bravissimi a recitare. Si travestono da italiani, anzi diventano italiani, secondo la scuola di Stanislavsky, e ti lasciano nel dubbio finché non li tradisce un « brafo », una doppia di troppo, o un po' di panna nell'amatriciana.

Scusate, questa è una cattiveria. Come tutti i neofiti, loro sono i più rigidi nel rispettare le regole: l'italiano « verace » vi serve gli spaghetti scotti, perché « così piacciono ai tedeschi », e inonda di panna perfino la pizza, confondendo i gusti e la sua cialtronaggine. Il pizzaiolo *Made in Germany* vi presenta le tagliatelle quasi crude « perché sa che così si usa in Italia ».

« Al tente », esclama in attesa dei vostri complimenti.

E non basta. Si sono anche messi a produrre spaghetti, vermicelli e maccheroni, dato che noi italiani non siamo riusciti a proteggerli con un marchio di esclusività nazionale (come i francesi per lo champagne e il cognac). Devo ammettere che i loro spaghetti di grano duro sono perfino mangiabili, anche se rischiai una delle più drammatiche crisi professionali quando osai scriverlo per un giornale il cui direttore era di Amalfi.

« Ma come, figlio mio? », mi telefonò patetico, « no, no, stai da troppo tempo in Germania. » E mi trasferì a Parigi.

Bene, i tedeschi producono penne e tortiglioni, pomodoro in scatola, e olio extravergine, anche se non hanno un solo albero d'olivo. Ma si sono inalberati quando la Comunità ha concesso a tutti di produrre würstel. Perfino a greci e italiani. Chissà con che cosa li fabbricheranno, si sono scandalizzati. Un controllo di mercato accertò che in molti würstel « ariani » la percentuale di carne di maiale non superava il 12 per cento, e vi si trovava farina di ghiande, pasta di ceci, e altri incredibili ingredienti. Il vero dramma si ebbe quando Bruxelles ordinò ai tedeschi di aprire le frontiere alle birre francesi o inglesi.

Secondo il « canone di purezza » tedesco, si dice così, che risale al Rinascimento, e che suona come un dogma divino, la birra deve essere « creata » solo con acqua di fonte, malto e luppolo, e il liquido giallastro, o nerastro, o rossastro, che si ingurgita nei pub di Londra o di Dublino, sulla Grand Place di Bruxelles o a Montmartre, non è neppure classificabile come birra.

La causa venne discussa nelle sedi comunitarie con tanto di avvocato della difesa e dell'accusa. « C'è anche un pericolo », ammonì il paladino della sacra bevanda nazionale, « la birra fabbricata con il riso e non con il luppolo contiene una percentuale di alcool molto più elevata. Mettiamo a rischio la salute di noi tedeschi. Qui, in media, si bevono tre litri di birra al giorno. » Esclusi i neonati, precisò.

« Chi beve tre litri di birra al giorno non si deve preoccupare più di che tipo di birra beva », rispose l'avvocato britannico dell'accusa. E vinse.

Provate pure a cercare würstel calabresi o birre alsaziane su e giù per la Germania. I tedeschi non possono vietarne la vendita ma non sono obbligati ad acquistarli, e i grossisti si sono guardati bene dall'importarli.

Sciovinisti protezionisti? La verità è più sfuggente. In Germania si possono gustare una cinquantina di marche straniere di birra, dall'apprezzata e amara Pils, che giunge da Praga, alla « Corona » messicana, e perfino alla birra italiana, che ha i suoi estimatori. Il mercato delle « straniere » supera il 6,5 per cento. Non è una questione di nazionalità, ma di gusto: sì alla birra azteca, no a quella alsaziana, con buona pace della solidarietà comunitaria.

La Nestlé Deutschland ha ordinato un'indagine di mercato sull'« Ethnic Food », come definisce tutto quel che non è tedesco. Ma ci si è scontrati subito con una difficoltà: spaghetti e ravioli «sono così integrati» che non fanno più parte dei «cibi etnici», il cui giro d'affari ammonta a 5 miliardi di marchi all'anno. Alla parola *Schnaps* il tedesco pensa subito alla grappa e non al *Korn*, e crede che il tiramisu sia un prodotto germanico. Infatti lo trova già confezionato perfino nei supermercati popolari.

La cucina tedesca rischia l'estinzione, e un deputato ha proposto di obbligare per legge tutte le pizzerie a inserire nel menu accanto a vermicelli al pesto e saltimbocca alla romana anche il nazionale *Eisbein* o l'arrosto di maiale con il cavolo verde. È finito in prima pagina sulla solita «Bild», sensibile agli umori popolari, ma ha ottenuto solo proteste. Meglio la fine gloriosa che una sopravvivenza affidata al controllo della polizia nella cucina dell'invasore.

Buone forchette e buoni bevitori. Per una volta, la fama è meritata. Con 176 litri di alcolici a testa, detengono il record mondiale, e sono decisi a difenderlo: dal dopoguerra a oggi, il consumo di birra è passato da 36 litri a 144 (neonati compresi), il vino da 4,7 a 20, e il *sekt*, cioè lo spumante, da zero a 5 litri. Tre quarti degli adulti bevono almeno una volta alla settimana, e uno su cinque beve sul posto di lavoro, anche al Parlamento. «Il Bundestag è una congrega di alcolizzati», denuncia il verde Joshka Fisher. Forse, anche per questo si è comprensivi con i 2,6 milioni di alcolisti «ufficiali». Alzare il gomito non è ragione sufficiente per il licenziamento. I morti per incidenti (non solo della strada) provocati dall'alcol sarebbero 40mila, e il costo nazionale causato da «un bicchierino di troppo» ammonta a 40 miliardi di Deutsche Mark all'anno, quarantamila miliardi di lire.

Per la verità non è che gli italiani siano astemi, ma si beve in maniera diversa, magari a ogni pasto, ogni giorno della settimana. I tedeschi, invece, sono capaci di restare astemi dal lunedì al venerdì per scatenarsi alla sera del week-end: la loro «media» è concentrata in poche ore.

IN GERMANIA SI MANGIA BENE

Nei *Buddenbrooks* Thomas Mann dedica un paio di pagine alla *Aalsuppe*, la zuppa di grasse anguille con contorno di uva passa e acini di uva fresca, pinoli, albicocche, e così via. La si offre all'ospite sgradito che giunge a Lubecca dalla meridionale Monaco, per metterlo in imbarazzo. A me non piace, ma la propongo agli amici in visita per vedere se cedono al ricatto letterario. Chi segue il mio consiglio non ha letto il *Via col vento* anseatico del giovane Thomas.

Invece mi piace il *Labskaus*, piatto dei balenieri, anche se l'aspetto non è dei più invitanti. Sul puré rossastro, di patate e carne secca, troneggia un'aringa marinata, un uovo in camicia e un enorme cetriolo. Sarà il ricordo di Moby Dick, ma io lo trovo gustosissimo, anche se la carne secca che nutriva Melville è sostituita dal *corned beef* in scatola. Le uova conservate sotto la sabbia, insieme con i *Gurken*, i cetrioli, erano l'unico nutrimento quasi fresco per i marinai, finché duravano.

Il *Labskaus* era ottimo alla Schiffergesellschaft di Lubecca, il ristorante della corporazione dei mercanti, che risale al 1500 ed è monumento nazionale. Un onore che non si merita più da quando, sui banconi lunghi una dozzina di metri e sotto i modelli giganteschi dei velieri appesi al soffitto, ha cominciato a servire piatti «della *nouvelle couisine*», piaga che ha contagiato anche i buoni tedeschi, comunque più scusabili di noi a causa del loro ingiustificato complesso d'inferiorità per quanto riguarda la tavola. *Bocouse* e il *Labkaus*? Il capitano Achab lo avrebbe scaraventato ai pesci.

Un'altra squisitezza nordica provoca malesseri esistenziali agli ospiti francesi: il Camambert panato e fritto con contorno di gelée di ribes. Il formaggio, di solito una qualità *Made in Germany* (i tedeschi sono maestri nei succedanei), a palline, si tramuta in una sorta di nuvola profumata, o puzzolente, non appena ne intaccate la crosta dorata. Dall'antipasto al dessert: la *Rote Grutze*, sempre una specialità anseatica, gelatina fresca di lamponi e altri frutti di bosco, coperta di crema bollente, purtroppo sempre più spesso sostituita con un insulso gelato di vaniglia.

La cucina tedesca, al Nord che conosco meglio, o al Sud, benché meno varia della nostra offre piatti sostanziosi e semplici. E gustosi, checché ne pensino i miei compatrioti. Non si sa chi sia da preferire, chi si arrocca dietro gli schifiltosi pregiudizi, o chi crede di conoscere le *Delikatessen* locali. Gli italiani conoscono l'*Eisbein*, lo zampetto di maiale arrosto. Una troupe televisiva in trasferta, diciotto persone per l'esattezza, pretese di gustarlo ad Amburgo. Trovai il locale che lo offriva, ma è come andare in cerca del risotto al radicchio per la Kalsa di Palermo. Non si vive di solo *Eisbein* in Germania.

Ad Amburgo, secondo la vecchia legge, non esistono gli hamburger, come il *goulasch* è sconosciuto in Ungheria almeno nella variante italica, e il prosciutto di Praga è introvabile nella città del Golem. Quel che più si avvicina sono le *Bouletten*, saporite polpette da gustare fredde con la senape, che su qualcuno fanno l'effetto di bombe di profondità. Si trovano anche nei distributori automatici, alla stazione e alle università, come le sigarette, per le vie del porto, ma è una forma di suicidio che sconsiglio.

La carne è di solito ottima e meno cara che da noi. La prima volta che entrai in una macelleria, da italiano chiesi del filetto. Il padrone, che aveva l'allure di un gioielliere, si scandalizzò: « Lei non può entrare e chiedere filetto, così come se nulla fosse. Lo deve prenotare prima che si macelli la bestia ». Con almeno due settimane di anticipo. Nonostante l'impatto iniziale, era simpatico, e mi svelò l'esistenza d'una trentina di tagli diversi, e altrettanto saporiti, prima di giungere al peccaminoso filetto.

Ed è buono il prosciutto, affumicato naturalmente, che viene servito a fette spesse un centimetro su pane nero imburrato, il tutto su piatti di legno. Non sarà quello di Parma, ma provatelo, come ordinate un *Käseteller*, un piatto (sempre in legno) di formaggi che di solito basta per due.

Ma ad Amburgo si mangia pesce. Nei localini di Övelgonne, la stradina che costeggia l'Elba, fiancheggiata di casette minuscole una volta sogno dei capitani di lungo corso per la pensione e ora contese dai vip, servono delle *Scholle* smisurate, spesse un paio di centimetri, fritte nel burro con contorno di gamberetti, speck e *Kartoffelsalat*. Alcuni traducono con « sogliola », ma è meglio dire rombo, di cui sono una variante. Oppure l'*Heilbutt*, che per i vocabolari in italiano diventa scientificamente « ippoglosso », senza illuminarvi di più, un rombo (ancora) delle dimensioni di una razza, servito a fette bollito o fritto. E l'anguilla, il *makarel* (sgombro), il salmone, freschi o affumicati, e perfino crudi come la *Matjes*, aringa presentata su un letto di cipolle e di mele. Non sono un sadico, nonostante i vostri sospetti. Provateli, invece di ordinare all'Hafenrestaurant, il ristorante del porto, l'ombrina mediterranea o il fritto di paranza. Non è una battuta. Ho udito realmente questa richiesta a un tavolo vicino occupato da turisti italici.

I rapporti con l'*Ober*, il cameriere, che suona quasi come *Oberst*, colonnello, non sono facili. È gentile ma ha i suoi princìpi.

Sulla vostra parola d'onore potete dichiarare quel che vi pare in un ufficio pubblico (ma è un reato dire il falso), ma non riuscirete a superare la burocrazia di un ristorante tedesco. Per decreto divino la sogliola va servita con le patate bollite, e la *Wiener Schnitzel* con le patatine fritte. Mia figlia, che ad Amburgo andava all'asilo, amava invece la sogliola e le *pommes frites*. Niente da fare. Impossibile commuovere il cameriere, il cuoco o il *maître*. Così ero obbligato a ordinare la cotoletta panata, che all'anseatica non è granché, insieme con la *Scholle*, e poi compiere lo scambio dei contorni, innanzi agli occhi inorriditi del cameriere. Tipico disordine italiano.

Io sono stato corrotto dalle mie frequentazioni nordiche, e non sono attendibile quando difendo la cucina di Amburgo contro quella più nota della Baviera e del Baden-Württemberg, ma riconosco la superiorità della *Kartoffel-*

suppe meridionale, la zuppa di patate, e non dimentico le *Maultasche*, che sarebbero involtini di frittata con diversi ripieni, o i *Knödel*, le polpette di pane o di fegato in brodo. O le *Bratkartoffeln*, piatto dalla difficile semplicità, patate, cipolle e speck ripassate in padella, ma non fritte. O sono orrende o sono sublimi, senza vie di mezzo.

Sempre patate, altro pregiudizio italiano. Sì, ma le patate non sono sempre patate, a ogni tipo il suo piatto, come sanno gli albergatori della Riviera Adriatica che si approvvigionano per tempo delle *Kartoffel* desiderate dai loro ospiti.

Patate, crauti e würstel, che sono riuscito a tenere in serbo per il finale. Se De Gaulle lamentava l'impossibilità di mettere d'accordo un Paese che vanta oltre 240 qualità di formaggi, che dovrebbe mai dire Helmut Kohl alle prese con 875 tipi di würstel?

Il «muro» tra Est e Ovest è crollato, ma la Germania resta divisa in due dalla cosiddetta *Weisswürstellinie*, il confine che segna il regno della salsiccia bianca meridionale, contro il Nord, dove la trovano ripugnante.

Il mio cuore batte sempre (un poco) per l'HSV, cioè l'Amburgo che fu di Uwe Seeler, più che per il Bayern, quindi potete intuire che cosa pensi del *Weisswürstel*.

Una sera, durante la Buchmesse, la fiera del libro, riuscii a conquistare un tavolo alla Gemaltes Haus di Sachsenhausen, la Trastevere di Francoforte, locale di qualche secolo fa dalla facciata dipinta. Ordinai il piatto misto di würstel per due. Il cameriere si rifiutò di portarlo, a me e a Fernanda.

«Siete in due, ma italiani: non riuscireste mai a finirlo.» Questa è onestà tedesca mista al nazionale disgusto per lo spreco.

«Non li ordino per mangiarli ma per vederli», insistei. Lui, che era uno dei superstiti a coltivare le antiche virtù, obbedì secondo tradizione. Era un piatto bellissimo, anche se non lo finimmo.

L'INSULTO PIÙ LUNGO DEL MONDO

Appena giunto per la prima volta come corrispondente in Germania, al mio predecessore in partenza chiesi di integrare le mie conoscenze di tedesco, quelle parole che in nessuna scuola ti insegnano. In caso di discussioni nel traffico cittadino, quali insulti usare?

«Per carità», mi consigliò, «assolutamente nessuno. I tedeschi sono permalosi e sono capaci di citarti in tribunale se li insulti. Qui non sei mica in Italia.» Tanto è vero che tutti sono assicurati contro l'eventualità d'un processo.

Gli credetti sulla parola, ma l'arte di guidare degli anseatici era ancor più snervante di quella esercitata a Torino, da cui provenivo, in cui si guida con estrema attenzione per le esigenze del motore e molta poca per gli altri utenti della strada. Decisi di fare da me, e cercai sul dizionario qualche improperio, efficace ma non pericoloso. Scelsi «ghiro», semplice parola di cinque lettere che in tedesco diventa *Siebenschläfer*, qualcosa che per me suonava come sette volte dormiglione.

Al primo semaforo dove rimasi bloccato per i riflessi lenti, o coscienziosi secondo il punto di vista, d'un pacifico signore seduto al volante d'una Mercedes, mi sporsi dal finestrino e con tono gelido gli dissi: «Lei è un *Siebenschläfer*».

Lessi lo stupore nel volto di quell'amburghese dalle reazioni ponderate. Poi cominciò a cercare febbrilmente sotto i sedili. Questa è un'altra caratteristica dei tedeschi: ti prendono sempre alla lettera. Lui adesso stava cercando il mio ghiro nella sua vettura. Sconfortato, attesi il verde e ripartii.

La lingua tedesca è effettivamente parca di insulti. L'inglese Peter Collet ha dedicato al problema un'analisi comparata tra tutti i popoli d'Europa. «L'intera cultura tedesca è ossessionata dal concetto di *Scheisse*», sostiene, cioè quella che per Cambronne era la *merde*. I tedeschi dimostrano interesse per tutto quel che concerne quest'area culturale, o anale, e detengono il record di eufemismi, dal volgare al poetico, per quell'organo che Nietzsche definì «un onorevole simbolo in sé» e che, sembra, lui personalmente usò con parsimonia.

Ciò pone dei limiti. I doppiatori del film *L'esorcista* si trovarono in difficoltà per trovare l'equivalente germanico del turpiloquio del demone newyorchese, fissato come gli italiani sugli insulti di carattere sessuale. In tedesco *son of a bitch* è praticamente impossibile da rendere: se lo rivolgete a qualcuno, quello capirà che secondo voi sua madre è o era «sul serio» una puttana.

Nel frattempo ho appreso anche gli insulti, pochi ma giusti, che la lingua tedesca mette a disposizione. Nella sezione «Wissenschaft», cioè scienza, dello «Spiegel» ho scoperto anche la bestemmia più lunga del mondo: *Himmiherrgottsakramentzefixallelujamilextamarscheissglumpfaregtz*. Per pronunciarla bisogna essere esperti subacquei, prendere il fiato e immergersi in apnea. Ma per i diverbi di traffico dubito che serva: anche i semafori tedeschi sono più veloci. Come potete controllare, verso i due terzi vi imbattete nella consueta *Scheiss*. Il resto non ve lo traduco: perché preferisco gli insulti «da uomo a uomo» alle bestemmie, e perché oggi la penso come il mio predecessore, e soprattutto perché i tedeschi hanno cambiato stile di guida. A forza di venire in Italia, anno dopo anno, si sono tramutati in automobilisti spericolati e impazienti, veloci e nervosi. Con una differenza: qui la polizia continua a far sul serio, e ciò ha conseguenze sullo stile di guida, secondo le circostanze.

In tournée da noi, si scatenano come altrettanti Lauda o Von Trips (paragoni variati per generazione). Sia i turisti sia i camionisti al volante dei Tir. Quando un nostro ministro dei Trasporti ebbe anni fa l'assurda idea di imporre limiti di velocità sulle autostrade, i tedeschi si ribellarono. Come osavamo cambiare le regole del gioco senza chiedere il loro parere? Avremmo dovuto informarli in tempo.

Protestò il governo di Bonn con Roma, e i miei amici con me.

« Che cosa ve n'importa? », replicai.

La possibilità di sfrenare gli istinti da casello a casello, compresi, era considerata parte integrante delle vacanze nella penisola. Se avessero saputo in tempo del nuovo divieto, sarebbero magari andati altrove.

« Andate ugualmente a Rimini e continuate a guidare come vi pare », consigliai. Mi guardarono come se fossi un folle.

« La polizia vi fotograferà ma la multa non giungerà mai a casa vostra, a Colonia o a Norimberga. Anzi, potrete superare gli italiani con la certezza di restare impuniti. » Risero, senza capire che dicevo sul serio.

Questo è un altro dei problemi di comprensione tra noi e i tedeschi che sarà difficile risolvere. Come ben sappiamo, una norma in Italia di per sé significa poco o nulla. È uno strumento usato tra due contendenti, nel nostro caso tra l'automobilista e l'agente della stradale, con risultati diversi e persino opposti. Quell'estate guidai senza problemi, incurante dei cartelli che annunciavano « tratto a velocità controllata ». Mi ricordavano i cartelli sulle spiaggie della Sicilia che avvertivano « spiaggia minata », come mi spiegava mia madre con cui andavo tranquillamente a fare il bagno (a quell'età non sapevo leggere). Nessuno aveva mai posto delle mine: si sperava soltanto che gli Alleati si fermassero a tradurre il cartello, scritto in italiano, e ci credessero.

Se a sbarcare fossero stati i tedeschi invece che gli yankees, probabilmente sarebbero ancora lì sulla battigia. A volte penso che per fermare i Panzer di Hitler a Stalingrado sarebbe bastato un semaforo rosso. Ma è una battuta di cattivo gusto.

« Il tedesco non guida come gli altri esseri umani », osservava Kurt Tucholsky già negli anni Trenta, « egli guida per avere ragione. » Wolfgang Ebert, parafrasando Clausewitz, afferma: « In Germania il traffico è la continuazione della guerra perduta con altri mezzi... Non si guida l'uno accanto all'altro, ma l'uno contro l'altro ».

Un vizio che accomuna il vip e l'impiegato. Boris Becker è stato sorpreso a 164 all'ora in un tratto dal limite a 120; per sua fortuna era in Svizzera e se l'è cavata con una multa di 450 franchi. Gregor Gysi, il leader del Pds, erede del Pc, ha fatto di peggio: il radar l'ha «pizzicato» a 150, quasi il doppio della velocità consentita di 80, e nonostante l'immunità parlamentare ha sborsato 400 marchi di multa e, quel che è peggio, si è visto infliggere 4 punti di penalità sulla patente, ed è finito nel «computer dei cattivi» a Flensburg, dove vengono schedati tutti i peccatori della strada, circa 5 milioni e mezzo all'anno. A chi raggiunge i diciotto punti in due anni viene tolta la patente, ma basta raggiungere i dodici per venire invitati a una prova di controllo, il cosiddetto *Idiotentest*, termine che non occorre tradurre.

Sei punti a chi passa con il rosso, ma anche uno a chi parcheggia troppo sovente in divieto di sosta. A parte l'eccesso di birra o di *schnaps*, la colpa più grave è l'*Unfallflucht*, cioè la fuga dopo un incidente, che può costare il ritiro immediato della patente. Giusto, purché ci si intenda sul termine «incidente». Una mia amica nel far manovra ha toccato un po' rudemente con il paraurti posteriore un muretto di cinta ed ha proseguito. Un vicino ha preso il numero dalla finestra ed ha avvertito la polizia. È finita in tribunale: in Germania anche i muri hanno un'anima.

In piena notte un taxista di colore mi ha depositato innanzi al mio albergo di Bonn, era stanco e ha «sfiorato» il paraurti di una Mercedes parcheggiata. Abbiamo controllato in due, preoccupati: gomma contro gomma, neppure un graffio. Non ho fatto in tempo a pagare che ci è piombata addosso un'auto della polizia, chiamata dal solito voyeur insonne. «Dov'è l'incidente?», ci hanno chiesto a brutto muso. E, alle mie spiegazioni, si sono chinati ad accarezzare letteralmente la gomma del paraurti «violato».

I semafori vanno rispettati anche dai pedoni, ma per loro la penalità è diversa: gli automobilisti accelerano con uno scatto da Formula 1 appena scorgono all'orizzonte qualcuno che osa attraversare con il rosso, sicuri dell'impunità se lo mettono sotto.

Un pomeriggio di sabato nel Regierungsviertel di Bonn, cioè quella specie di mini-Brasilia sul Reno dove sono confinati i ministeri, il Bundestag e gli uffici dei giornalisti, assolutamente deserto (i quotidiani non escono la domenica), mi trovai a piedi innanzi a un semaforo rosso. La strada, un rettilineo di almeno trecento metri, non mostrava vetture all'orizzonte. Accanto a me avevo una madre con il figlioletto di tre o quattro anni. Di fronte, dall'altra parte della strada, un anziano passante. Era estate, si sentivano gli uccelli cantare, e neppure il ronzio d'un motore lontano. Ma attesi, perché sapevo che cosa mi attendeva. Vidi il giallo e mi avventurai, era un giallo lungo e percorsi un paio di metri, prima del verde. Nell'incrociarmi il signore mi guardò con profonda disapprovazione e mormorò: « Ma non davanti a un bambino ». Non risposi, perché avrebbe capito che ero straniero e si sarebbe ancor più radicato nei suoi sospetti su « chi non è tedesco ».

Fai quel che ti pare, era la traduzione libera, ma non dare il cattivo esempio, quando quell'innocente andrà sotto un'auto domani o fra vent'anni sarà tua la colpa.

Tempo dopo, sulla Kurfürstendamm a Berlino, inesorabilmente paralizzata dal traffico del dopo riunificazione, innanzi a un semaforo rosso una signora mi guardò, io guardai la signora, lei tornò a sbirciarmi, sollevò lo sguardo verso il semaforo e passò. Io la seguii, a fianco a fianco. « Almeno qualche volta », mi disse con inconfondibile accento prussiano. Le risposi con un sorriso complice, senza dire una parola. Con il mio accento da meteco non volevo aumentare i suoi complessi di colpa. Né perdere una rara possibile complice.

I segnali vanno rispettati anche quando sono simbolici. La Kaiserstrasse, sempre a Bonn, corre parallela alla linea ferroviaria. A causa di lavori in corso fu bloccato un lato dell'incrocio, mentre l'altro veniva spesso chiuso dal passaggio a livello. Rispettare lo stop era dunque inutile, pensava una mia collega e compatriota, dato che nessuno avrebbe potuto valicare una sbarra o la buca scavata dalle ruspe. Venne « beccata » dai poliziotti in agguato e tentò invano di convincerli con la sua logica mediterranea.

Testarda, ignorò lo stop alcuni giorni dopo, con identico confronto culturale tra le due mentalità. Alla terza le ritirarono la patente. Le questioni di principio sono insidiose, da queste parti, ma mi sembra di averlo già detto.

Il rispetto delle norme non evita che la Germania sia fra i Paesi con il più elevato numero d'incidenti mortali. Nonostante che abbia la rete autostradale più sviluppata e migliore d'Europa: 11mila chilometri, percorsi ogni giorno da 80mila camion e 10 milioni di auto, che provocano 15mila morti e mezzo milione di feriti all'anno. Un bilancio pesante, forse aggravato paradossalmente dalla fiducia che i tedeschi hanno nella bontà delle loro strade e nel comportamento degli altri automobilisti. Oggi, guidano con più disinvoltura dai tempi del mio *Siebenschläfer*, ma conservano ataviche abitudini con esiti a volte catastrofici. Sulle autostrade, dove non esistono limiti, si avventurano senza rispettare la distanza minima dal veicolo che precede. Tutti in Mercedes, o Bmw, la potenza media è la più alta d'Europa, tutti a 150 all'ora almeno, parafango contro parafango. Basta uno starnuto a provocare spaventosi tamponamenti a catena.

Non è possibile mantenere le distanze di sicurezza. Se viaggio a cento metri dall'auto che mi precede ma alla stessa velocità, qualcuno impaziente mi viene quasi a sospingere con il suo paraurti (non osano più lampeggiare da quando è proibito).

Tamponamenti colossali si ripetevano con sorprendente frequenza in un tratto della Norimberga-Monaco, appena rifatto, largo, quattro corsie, liscio come un biliardo. Gli esperti cominciarono a controllarlo metro per metro: che cosa avevano sbagliato? La pendenza d'una curva, la miscela dell'asfalto? Vennero chiamati a consulto psicologi e meteorologi, ingegneri e perfino radioestesisti. Forse dipendeva da una particolare diffusione del magnetismo terrestre. Infine si misero d'accordo sulla causa: il difetto dell'autostrada era la sua assoluta perfezione: questa comunica un senso di assoluta sicurezza che induce a spingere sull'acceleratore. Così ora creano «voluti difetti». Sul tratto Hannover-Amburgo, un rettilineo di oltre 150 chilometri e dal fondo liscio come una pista di bob, di tanto in tanto si incontrano tratti zigrinati. Per « darvi una scossa » e impedire un colpo di sonno. La prima volta che vi passai sopra l'effetto sonoro fu sconvolgente: come se il Barone Rosso mi fosse piombato alle spalle e con una raffica di mitraglia mi avesse fatto saltare il differenziale.

X.
...E FUORI

L'ESTASI DELL'INGORGO

Il tedesco non parte per le vacanze. Emigra. Un esodo biblico verso il Sud, nel caldo ventre mediterraneo. *Die Sonne*, il sole, è per l'appunto femminile. Partono in colonne d'auto, paraurti contro paraurti, la radio sintonizzata sulla stazione che a intervalli regolari comunica le condizioni del traffico, come un martellante bollettino di guerra. Avanzano tutti, accomunati dall'identico destino, nelle Mercedes e nelle Trabant, verso la loro prevista, inevitabile, agognata Waterloo, posta al Kamener Kreuz, il nodo autostradale nel cuore della Ruhr, tra nord e sud, est e ovest. Non è un semplice incrocio, è il Maelstrom delle autostrade, semplice all'apparenza, vi trascina nel suo gorgo di svincolo in svincolo, sempre più ampio, sempre più profondo, inestricabile groviglio fino all'assoluta perfezione, all'estasi dell'ingorgo. Anzi, l'ingorgo come massima kantiana.

Nulla si muove, in nessuna direzione. Ci si guarda dai finestrini, si stringono amicizie, si improvvisano pic-nic sui bordi dell'autostrada, si invitano i casuali amici intorno al barbecue come innanzi a una pira sacrificale, e s'immola in offerta votiva, il würstel, alla divinità auto.

Prima di mettermi al volante, consulto il piano delle ferie federali come lo skipper della Coppa America controlla correnti e andamento dei venti.

Le vacanze sono frequenti e capricciose nella laboriosa terra germanica, giustamente scaglionate da Land a Land, da fabbrica a fabbrica, a evitare la paralisi festaiola del nostro ferragosto. Si chiude prima nella meridionale e torrida Baviera, almeno per le condizioni locali, dove i giudici considerano un'attenuante il Föhn, il vento umido e caldo che scende dalle montagne a turbare corpi e menti, anche per i più efferati *serial killer*. E man mano che si sale verso il Baltico l'inizio delle ferie si sposta da giugno a luglio.

Non è semplice. Si parte per due settimane a Natale, e altre due settimane a febbraio, le cosiddette *Skiferien*, e altre due settimane sono a disposizione per Pasqua, senza dimenticare la Pentecoste, il ferragosto teutonico. Con il benessere i tedeschi hanno scoperto l'arte dei ponti, e nessun Paese in Europa ha tanti giorni festivi, diciotto o diciannove, tra cattolici e protestanti e ricorrenze civili. In Baviera si chiude per l'Immacolata Concezione, nella luterana Prussia per il *Buss und Bett Tag*, il giorno della preghiera e del pentimento, e in nome dello spirito ecumenico, nei Länder di confine spirituale dove cattolici e protestanti si mischiano, per rispetto del prossimo tutti festeggiano tutto.

Non basta controllare le « chiusure » del Land dove abitate, dovete tener conto di quelle delle regioni che vi incombono sopra, vi premono di fianco, e vi attendono al varco sulla strada del Sud. Se parto da Bonn, all'estremità meridionale della Nord Renania Westfalia, per raggiungere Roma passerò per la Renania Palatinato di Helmut Kohl, aggirerò Francoforte in Assia, e sprofonderò nel Baden-Württemberg fino in Svizzera. Tutti a scuola e al lavoro? Ma ecco piombarmi alle spalle l'orda proveniente dal Nord, da Amburgo e dallo Schlewig-Holstein. Voglio transitare per il Brennero? Allora, non dovrò dimenticare Berlino e i nuovi Länder, con la loro giustificata sete di vacanze dopo mezzo secolo di « muro ». Come ricordarsi del Mecklenburg e della Pomerania, sperduta verso i Laghi Masuri, quando faccio i bagagli sulle rive del Reno, dove a tendere l'orecchio quasi si sentono le allegre note del cancan di Pigalle, se il vento è favorevole?

Ecco imprevisti e dimenticati giungere i belgi, che cercano di dimostrarvi la loro superiorità democratica, quando da loro ci si poteva mettere al volante senza patente (libertà soffocata dagli incomprensivi regolamenti comunitari), o gli olandesi che marciano con roulotte felliniane oscillanti secondo lo stile dei carri del Far West, l'uno dietro l'altro, lenti e insuperabili, raggruppati nel timore di un agguato sioux.

Siate previdenti, siate prudenti, partite con un anticipo di due giorni, o un ritardo di 48 ore, all'alba o di notte, dopo pranzo o al tramonto. Tanto è inutile. Prima o poi la *Stau*, l'ingorgo, come un mostro vi inghiottirà. E non solo sul Kamener Kreuz. Vi attende subdola sul Ring intorno a Colonia dove ogni giorno transitano più vetture di quanto sia in grado di ospitare, in base al principio che se ci si continua a muovere riescono a entrare due vetture nello spazio di una. Basta un singhiozzo, un attimo di stanchezza, o venir colti dal dubbio sulla possibilità che questo miracolo cinetico si ripeta, ed ecco la *Stau*.

Tra Francoforte e Basilea, o tra Francoforte e Norimberga, tra Kassel e Francoforte, e tra Hannover e Berlino, il mostro è in agguato. Ma il percorso più temuto è quello tra Hof, sull'ex confine tra le due Germanie, e Lipsia e Berlino. Sentiero poco battuto al tempo della divisione, ora deve ospitare l'improvviso traffico della Grande Germania, su autostrade vecchie e cadenti che si ricostruiscono al prezzo d'una cinquantina di «lavori in corso». Qui è nata la *Superstau*, l'ingorgo più gigantesco di tutti i tempi, 172 chilometri di auto bloccate. Chi vi si è trovato se ne vanta, «io c'ero», come i reduci di Stalingrado e di El Alamein.

«Perché i tedeschi amano la *Stau*», mi ha rivelato il professor Horst Opachowski dell'Università di Amburgo. È il primo (l'unico?) docente di tempo libero del mondo, e se ne intende. «La potrebbero evitare, se volessero», spiega, «ma in realtà trovarsi in coda li rassicura, prova loro che non sono soli, che sono parte di un popolo di simili, e quell'immobilità forzata sulla strada, dopo un anno di lavoro, prima delle ferie, annuncia che sta per iniziare il tempo della libertà, del mare, del caldo.» Opachowski non l'ha confidato solo a me, e le sue affermazioni hanno provocato reazioni beffarde, ma dice la verità. «Cerchiamo il perverso piacere di trovarci in coda», confessa anche il settimanale «Neue Revue», che ha condotto un sondaggio d'opinione. Undici milioni di tedeschi amano «quella sensazione che nulla vada più dell'assoluta immobilità.» Una ragione la dà Frau Edith Dreher, trentasette anni: «Ricchi o poveri, in coda siamo tutti uguali». Un piacere che «costa» alla comunità 24mila miliardi di lire in benzina, mille miliardi di tasse, e provoca l'emissione di 15 milioni di tonnellate di tossici gas di scarico.

Un venerdì d'inizio estate, ho avuto la malaugurata idea di andare da Bonn a Düsseldorf. Sul Ring di Colonia, nell'altro senso, ho visto ispessirsi la colonna dell'esodo: canotti e autotreni, motoscafi a rimorchio e roulotte stavano per chiudersi come una mortale garrota. Al ritorno non avrei avuto scampo. Sono fuggito per l'uscita di Leverkusen, sicuro di perdermi per le vie secondarie tra città diverse che formano un unico confuso magma, con cartelli che continuano a indicare *Stadtmitte*, *Zentrum*, ma di che? Colonia, Bochum, Wuppertal, Dortmund, Mönchengladbach? Da queste parti si può viaggiare in tram per 170 chilometri da capolinea a capolinea.

Non mi sono perduto. Per strade larghe, tranquille e liberissime ho sfiorato Leverkusen e Colonia, sono rientrato a Bonn in tempo per il telegiornale della sera che annunciava «il terribile ingorgo» sul Ring. Per altre due volte ho evitato una *Superstau* (non è un caso che suoni come *Supergau*, il disastro irreversibile d'una centrale atomica) passando veloce su una corsia deserta tra Monaco e Salisburgo, o viceversa, mentre nel senso contrario il serpentone era paralizzato dal confine alla capitale bavarese. Li guardavo affascinato, come un passero rimira un pitone, e mi tornavano indietro sguardi disperati e di odio, però mescolati a una nascosta profonda beffarda superiorità: io lì, solo, al di là del guard-rail, non sapevo quel che mi perdevo. La *Stau* è diventata un fenomeno quotidiano: per le statistiche se ne registrano 35mila in un anno sulle strade tedesche, cento al giorno. «Rischiamo un *Verkehrsinfarkt*», preconizza «Der Spiegel», l'infarto totale.

Per ragioni professionali, anch'io sono finito in una *Superstau*. Non fu quella storica (non si può ottenere tutto dalla vita) ma per ragioni storiche. Diretto a Berlino alla vigilia dell'unificazione, venni sommerso da Wartburg e Trabant, Mercedes e Golf. Mentre salivano il traffico, la pioggia e il fango, sprofondai nelle sabbie mobili della

Stau, chiuso tra camion giganteschi in un punto imprecisato a sud di Lipsia, nella pianura che fu fatidica anche per Napoleone.

Gratificato dal ricordo, ascoltavo la radio: annunciava venti ore d'attesa ai valichi con la Polonia, o metteva in guardia contro i *Geisterfahrer*, i guidatori fantasma, che sarebbero quelli che sbagliano l'ingresso in autostrada e corrono contromano per chilometri e chilometri, falene impazzite, aspiranti suicidi, o forse partecipanti a prove di coraggio, una delle particolarità tedesche, favorite dall'audacia o dalla cattiva segnaletica. Ma erano fantasmi lontani, in azione su autostrade libere e remote.

Si avanzava di quando in quando su una sola corsia, l'altra in cemento era sprofondata sotto il peso della storia, e sul bordo i vinti del destino, le auto a bocca spalancata e fumante esalavano l'ultimo respiro, o si paralizzavano soffocate dall'estremo sorso di benzina. Invocai lo spirito di Bonaparte, invocai Opachowski, e mi arresi a Lipsia, salvando la pelle e l'onore della mia Alfa, *old car* concepita poco dopo il glorioso '68. Ma nella *Stau* io non mi divertii affatto. « È naturale », mi spiegò il professore di Amburgo, « lei era lì per lavoro, non per partecipare al rito collettivo del tempo libero. »

Nessuno al mondo ne ha tanto quanto i tedeschi, e tanti mezzi a disposizione per sfruttarlo. Spendono 60mila miliardi all'anno per le vacanze, una cifra che continua a crescere, crisi o non crisi. Quelle che un tempo erano le formiche teutoniche, preferiscono rinunciare a qualsiasi altra spesa, per la casa o per lo studio, per l'auto o il vestiario, piuttosto che restringere il *budget* per le ferie. Si viaggia sempre di più e sempre più lontano. Varadero, la spiaggia cubana dove si abbronzavano i gangster di successo negli anni Trenta accanto alle divette di Hollywood, ha preso il posto di Rimini e di Riccione. Per il fine settimana si vola in Florida.

Il mio giornalaio di Königswinter mi ha raccontato la sua prima vacanza in bicicletta all'inizio degli anni Cinquanta, su per le Alpi, e giù fino in Sicilia, dove vendé il mezzo di locomozione per tornare in treno. Un'avventura, e senza ironia. Venivano in tenda o dormivano in pullman che di notte si trasformavano in alveari di cuccette. Conquistarono le pensioni dell'Adriatico, che cambiò nome e divenne il Teutonengrill. Per decenni, alcuni rimasero fedeli allo stesso albergatore, chiesero e ottennero la stessa camera, lo stesso tavolo, lo stesso ombrellone, mentre il marco saliva, la lira scendeva, e i pappagalli al baretto mettevano su pancia, e magari famiglia con una valchiria, domata o conquistatrice, meglio non indagare, tramutata per amore da guerriera wagneriana in cuoca mediterranea.

Ora Sigfrido ha cambiato gusti, ama spiagge esotiche, comunque meno care, meno inquinate del *Mare Nostrum*. «Le vacanze del Duemila», scruta nel futuro il solito professor Opachowski, «saranno brevi, nervose, ripetute diverse volte all'anno, veloci e complete, tutto insieme, la spiaggia e il museo, lo spettacolo lirico e l'escursione in montagna, tutto organizzato, pianificato, inventato per lui, senza che debba preoccuparsi di prenotazioni, coincidenze e scioperi.»

Arrivano i tedeschi?, mi chiedono a ogni primavera dall'Italia come si guarda l'orizzonte per vedere gli stormi degli uccelli di passo che annunciano il cambio di stagione. Chissà? Se vengono, non è certo per merito nostro. I pappagalli avvizziti e un po' arruffati si drogano con il Gerovital per il bene della patria, e gli albergatori del Teutonengrill scrivono cartoline a Natale e a Pasqua ai clienti e amici di Bochum o di Brema. Ma non basta, e non è colpa loro.

Da noi vennero dapprima gli individualisti, Goethe e il mio giornalaio, poi le famiglie che cercavano distrazione nella sicurezza. Ora, nell'alternarsi delle generazioni, i viaggi organizzati saltano San Marino per la Terra del Fuoco, e dovrebbe tornare il tempo di chi ama l'*Ars vivendi* all'italiana, per copiare lo slogan delle nostre vacanze. Ma gli individualisti di Germania desiderano un'anarchia efficiente, e noi offriamo un'organizzazione caotica.

«Perché non annettiamo Majorca», si è chiesta l'altra estate la «Bild Zeitung». Proposta scherzosa, ma non folle. Di fatto, l'isola delle Baleari, con le sue sorelle minori,

Ibiza e Minorca, «appartiene» già ai tedeschi, e il Deutsche Mark vi ha corso legale quanto e più della peseta. I charter, che vi giungono al ritmo di uno al minuto, battono bandiera tedesca, tedeschi sono gli alberghi silos che ne violentano le coste, e nei ristoranti offrono würstel con crauti e *Eisbein*, tedesche sono le compagnie di noleggio auto, e le scuole di surf e barca a vela, tedeschi i dancing e gli spacciatori di droga.

Gli Stati Uniti hanno comprato l'Alaska dallo zar; perché Bonn non potrebbe tramutare le Baleari nel 17° Land della Repubblica Federale? In realtà ha già comprato da Mosca la Germania Est, ed ora attende di acquistare a prezzo di saldo Kaliningrad, che sarebbe Königsberg, città natale di Immanuel Kant. E perché non regolarizzare anche la situazione di fatto: la conquista del Lago di Garda e di gran parte della Toscana, «occupate» pacificamente dal Deutsche Mark?

Spendono, ma stanno attenti ai quattrini. Un biglietto per Miami costa meno di quello per Napoli, e le agenzie sono meno esose delle nostre. Per qualche mistero, prima dell'ultima svalutazione della lira (e forse anche dopo) costava la metà volare da Roma a Francoforte e da qui a Malta, che partire direttamente per l'isola così vicina. S'intende nello stesso periodo, alle medesime condizioni e in quel preciso albergo, come ha calcolato un computer della Comunità europea. Quando lo rivelai mi attendevo una valanga di smentite sdegnate dalle nostre agenzie. Invece tacquero pudibonde.

Ed i tedeschi possono ingaggiare anche la guerra di nervi del *last minute*. Se non si hanno precisi desideri ma si vuol vagamente andare al mare o in montagna, ci si reca all'aeroporto con gli scarponi o con il costume da bagno e si prende semplicemente il primo volo in partenza che abbia ancora posti liberi, albergo compreso, a un prezzo fino a un quinto di quello sborsato dal nostro compagno di viaggio troppo previdente che ha prenotato il suo viaggio a Natale. Altri vacanzieri con lo spirito del biscazziere sottoscrivono una sorta di totoviaggio che verrà estratto all'ultimo secondo, magari in volo prima dell'atterraggio: la meta è certa ma non la sistemazione. Si può finire nel Grand Hotel extralusso o nella pensioncina sul capolinea delle rumorose corriere, e naturalmente tutti avranno pagato lo stesso prezzo. Anche il più sfortunato che finirà in una spelonca gestita dalla famiglia Addams avrà la consolazione di aver pagato meno della normale tariffa.

Una trasmissione TV, tipo *Candid Camera*, ha giocato uno scherzo ai turisti in vena di risparmiare: 99 marchi per una «scappata» alle Baleari, meno di centomila lire, volo e un pasto, partenza all'alba, un tuffo a Majorca e ritorno al tramonto. Hanno abboccato a centinaia ma i «fortunati» si sono trovati a bordo di un vecchio «Jliuschin» dell'Aeroflot. «Per ragioni tecniche si cambia rotta», hanno annunciato le hostess, «voleremo a Palma via Novosibirsk.» Forse per il fascino della divisa russa, tutti hanno creduto al cambiamento di rotta. In premio per il loro senso dell'umorismo sono stati poi trasportati «sul serio» a Majorca, e per un intero week-end. Gli unici a non gradire sono stati i responsabili dell'Aeroflot: hanno preteso che il nome della compagnia scomparisse dal filmato.

Ovviamente questi sistemi portano a sgradite sorprese di altro genere quando si chiede al vicino di ombrellone quanto ha pagato per le sue vacanze «tutto compreso». Lui è con la moglie, figli e suocera e paga magari meno di noi *singles*.

Ma il vero piacere dei tedeschi è la consapevolezza del risparmio nello spreco. Queste cicale impazzite a Majorca o a Santa Cruz in fondo al cuore sono rimaste formiche. Si divertono con un insopprimibile senso di colpa. Per far tacere i rimorsi basta dar loro l'illusione del risparmio. Anche chi prenota la crociera esclusiva sul «Sea Cloud», lo yacht a vela dei miliardari, per un paio di milioni al giorno, e una cabina spartana, si sente sollevato all'annuncio che «data la stagione, l'acqua minerale è gratuita».

Uno sconto val bene anche una guerra. Nonostante le raccomandazioni del ministro degli Esteri di Bonn, 50mila tedeschi si recarono in vacanza in Slovenia attratti dai prezzi per ragioni ovvie «stracciati». Rimasero intrappolati dal conflitto.

Noi abbiamo sbagliato, al tempo della biblica piaga delle alghe in Adriatico. Mentre la TV trasmetteva le immagini della ributtante poltiglia, dall'Italia si osservava che le alghe ci sono anche nel Baltico (verissimo), che le foche del Mare del Nord muoiono per i pesticidi, e Gianni De Michelis consigliava agli ospiti teutonici di passare la notte in discoteca e il giorno a letto, soli o in compagnia. Il risultato fu una pioggia di disdette per l'anno seguente, in cui il mare fu più batteriologicamente puro dell'acqua di Evian.

Sarebbe bastato promettere uno sconto in albergo per ogni giorno d'alghe o la prima consumazione gratis in discoteca, un biglietto per la piscina a metà prezzo, per vedere accorrere torme di tedeschi speranzosi di veder sorgere dagli abissi alghe mostruose. È il principio dell'assicurazione sulla pioggia che nessun vacanziere dimentica mai di sottoscrivere e speranzoso porta l'impermeabile ad Acapulco.

Non solo le agenzie tedesche sono le meno esose d'Europa, ma sono soggette a una legge che le rende responsabili di quel che combinano. Da noi, si sa, in caso di vacanze disastrate comincia il gioco dello scaricabarile: l'aereo non esisteva? La colpa è dell'organizzatore, che non corrisponde alla compagnia charter; o è dello scalo (e di quale?), o del bieco destino. L'hotel a cinque stelle sul mare è un silos cadente circondato da autostrade, e le uniche onde sono quelle del poster slabbrato in sala da pranzo? Provate a chiedere un indennizzo.

Non appena escono di casa con i bagagli, i tedeschi invece danno inizio alla loro battaglia, taccuino alla mano, e macchina fotografica pronta a testimoniare le eventuali magagne. I milioni di turisti che partono dalla Grande Germania sperano che tutto vada male per giungere a quello che è «il grande *slam* del vacanziere», il rimborso totale. Anzi, l'intera somma sborsata più un extra per i danni fisici e morali. Giudici progressisti hanno infatti sancito che le vacanze sono un diritto. E anche un dovere del lavoratore, che si deve presentare in piena forma in fabbrica o in ufficio al ritorno. Ne consegue che il «colpevole», l'albergatore o l'agente di viaggio, in casi estremi non deve solo restituire il prezzo della vacanza ma risarcire il cliente per «il mancato e dovuto riposo». Diritto esteso alla consorte, anche se non lavora e a casa è aiutata da una decina di servitori.

Non è una battaglia da poco. Occorrono prontezza di riflessi, nervi saldi, faccia tosta e il *know-how* di Perry Mason. Il rimborso non è lasciato al buon cuore dei giudici, ma esiste una tabella circostanziata caso per caso, con aggravanti e attenuanti. La spiaggia non è di sabbia dorata ma di ciottoli dolorosi? Si ha diritto al 10 per cento indietro. La camera non è con vista sul mare? Il 15. L'hotel non era «nel cuore di un'oasi di pace» ma sul margine di un cantiere in attività? Si parte dal 30. Naturalmente, il danno deve essere causato da colpa e negligenza: rimborso se la piscina è sporca, neanche un pfennig se le alghe sommergono il Mediterraneo.

Qualcuno ci marcia, tanto per sfatare per l'ennesima volta la correttezza guglielmina. Qualcuno ci tenta con ingenuità: il rumore delle onde che tentarono Odisseo nell'Egeo impedisce il sonno del bancario di Bochum? Neanche un marco. Gli scarafaggi che compiono evoluzioni in stanza da bagno? Dipende. Fino a otto per metro quadrato devono venire accettati come «evento naturale in una località del Sud», si evince dalla casistica. Chi ama l'esotico ne paghi il prezzo. Dieci cucarache sul parquet sono invece troppe anche nella patria di Zapata.

Troviamo la *Fraülein* che protesta perché i pappagalli non l'hanno lasciata in pace, e l'amica delusa che pretende il rimborso «perché non c'era neanche un *latin lover*» nel raggio di dieci miglia. E c'è chi vuole i soldi indietro perché «il cibo locale» ha sconvolto il suo intestino allenato al burro ma non all'olio extravergine.

Se l'incidente non avviene si può sempre provocare. Un paio di coppie andavano in vacanza da sempre insieme. Amicizia di ferro? Non solo. A turno, si davano da fare per «creare casino» in piscina o nella hall, e gli amici chiedevano il rimborso per la «mancata quiete», da spartire a metà, s'intende, al ritorno.

Oppure la sorte può essere agevolata. Un invalido senza

una gamba chiese un hotel con ascensore, ma giunto a Mamaia « sulla riviera di Ceausescu » non lo trovò. Ottenne il rimborso totale. L'anno seguente, avanzò la stessa ragionevole richiesta e prenotò lo stesso hotel. Per quattro o cinque anni andò in vacanza gratis, finché non è stato pizzicato dal computer, come il quartetto di amici rumorosi.

Per tenere a bada l'orda di clienti pretenziosi e litigiosi (300mila reclami all'anno, 30mila cause), le grandi compagnie turistiche hanno creato un dossier che farebbe invidia alla Stasi, l'onnipresente polizia segreta della Germania « rossa ».

IL «MURO» ERA UN ANTIFURTO

La Deutsche Bank è così gentile da inserire in ogni mio blocchetto di assegni una vignetta multicolore per mettermi in guardia contro il furto di eurochéques e carta di credito. Quella che si ripete più di frequente mostra uno scippatore in motorino con sullo sfondo la Torre di Pisa. Attenzione alle vacanze pericolose. Mai come adesso i tedeschi in ferie hanno corso il rischio di subire un furto.

A casa loro. Ogni due minuti e mezzo viene svaligiato un appartamento, oltre 200mila all'anno, dieci volte di più rispetto agli anni Sessanta. Allora veniva scoperto quasi un ladro su due, oggi uno su sette, e le assicurazioni hanno dovuto sborsare due miliardi di marchi in risarcimenti, duemila miliardi di lire, circa.

Prima della caduta del «muro» a Berlino venivano rubate 400 auto all'anno. Oggi, una ogni quattro minuti, una media che vale per tutta la Germania. In genere *Nobelkarrosse*, cioè vetture di lusso, Mercedes, Porsche, Bmw, che dopo un paio d'ore hanno già varcato il vicino confine con la Polonia, scomparendo per sempre. Colpa degli stranieri, si spiega, se i dati della criminalità aumentano del 20 per cento all'anno, a partire dal fatidico '89. Il «muro» difendeva il Paradiso Rosso dall'Occidente imperialista e militarista, e anche il borsellino dei bravi capitalisti. Le frontiere aperte sono diventate la fortuna dei fabbricanti d'antifurto (presto obbligatorio se no le assicurazioni non pagano) e degli allarmi casalinghi.

Tutta colpa del «muro»? Pare che anche i locali abbiano le mani lunghe, o meglio una fantasia malandrina. Sempre secondo le assicurazioni, almeno un furto su cinque in appartamento è sospetto, simulato dalle vittime che, quanto meno, esagerano la stima del danno patito. Se ci si vuole liberare di un'auto malandata basta partire per Varsavia, abbandonarla e presentare denuncia. Il conto verrà saldato a casa. Le compagnie non si spiegano altrimenti i perversi gusti dei ladri d'auto che calano dalla Mitteleuropa: il loro modello preferito sembra essere la prima serie della Golf. Una signora ha esagerato: in difficoltà di liquidi, ha venduto a un prezzo stracciato la sua Mercedes nuova fiammante a un nuovo ricco polacco, poi ne ha denunciato il furto. Ha avuto la sfortuna di trovare un acquirente onesto: l'automobilista di Varsavia ha chiesto una copia del libretto per stipulare un'assicurazione in piena regola, e il trucco è stato scoperto.

I tedeschi in vacanza rivelano una salute sorprendentemente delicata: i nipotini dei cavalieri teutonici vengono colti da mali rari (e costosi) nelle località più remote. Al ritorno presentano alla mutua fatture salate da parte di cliniche di Bangkok o Tegucigalpa, in cui l'unica cosa chiara è la cifra da rimborsare. A quanto pare, il 20 per cento ci marcia: spesso le cliniche risultano all'indirizzo di canili municipali o di bordelli sul porto.

« Lo sport nazionale è rubare », scrive la rivista « Focus ». Nei supermarket nel 1993 hanno sorpreso duemila clienti al giorno « distratti », se non si contano le festività, 603.097 per la precisione, ma per ogni fermato dieci la fanno franca. E non sono solo stranieri. Rubano tutti, donne e signori, vecchi e bambini, poveri e ricchi, per una cifra globale di 3,6 miliardi di marchi, su un fatturato di 800 miliardi.

Di fatto, ogni anno scompare merce pari alla mercanzia esposta in cento grandi magazzini, il doppio rispetto a dieci anni fa.

I trucchi dei clienti diventano sempre più raffinati: riempiono le bottiglie d'acqua minerale con vodka e gin, travasano profumi nei biberon dei neonati che si trascinano come complici nelle razzie. I più raffinati e pazienti raccolgono i tagliandi di cassa abbandonati e rifanno il giro decifrando le sigle dei prodotti e ricomprando esattamente le stesse cose, più un dentifricio, o una scatoletta, che affermano di « aver dimenticato », e ripassano indisturbati il controllo.

I clienti sgraffignano e i supermarket fanno scendere in campo squadre di detectives privati del tipo « Quella sporca dozzina ». Molti dei controllori, rivela « Der Spiegel », sono avanzi di galera, ingaggiati probabilmente in quanto esperti. Non usano le maniere delicate, e spesso esagerano. Onestissimi signori con pacemaker fanno scattare i sistemi d'allarme e vengono inseguiti fino in strada e bloccati come gangster, madri di bambini che trangugiano un gelato alle loro spalle vengono fermate arma in pugno. A scatenare la caccia al ladro è la « taglia », in genere di 50 marchi su ogni ladro sorpreso con le mani nel sacco, e una percentuale sul valore della merce del sacco. Tanto ardore ha indotto i giudici a vietare ai detectives privati di aprire le borsette delle clienti « sospette ».

Resterebbe il dubbio su come si riesca a nascondere in tasca televisori da 60 pollici o motori fuoribordo. Ma a quanto pare un furto su cinque è simulato dai dipendenti, e uno su dieci dai fornitori.

LA VITA È UN VALZER

I tedeschi non si divertono da soli. Uno su due fa parte di un club, e spesso è iscritto a più di un'associazione. Tutto l'anno frequenta persone che coltivano il suo stesso hobby, e partecipa alle gite organizzate dal suo circolo per incontrare in qualche altro posto, vicino o lontano, gente che ha gli stessi gusti, nutre le identiche passioni, dalla scuola alla pensione.

C'è solo l'imbarazzo della scelta tra oltre 200mila associazioni. Se non è uno sport o una mania, il tiro delle freccette o la raccolta dei francobolli, la collezione dei sottobicchieri di birra, può unire perfino una particolarità fisica. Ogni giovedì sera al Gasthof Fröhlich, «Felicità», di Langerbruck, nei pressi di Pfaffenhofen, località poco a nord di Monaco, si riuniscono i «nasoni di Germania». Gottfried Reichardt, presidente del primo «Nasenclub» del mondo, nato il 5 marzo del '61, spiega le condizioni per venire ammessi: sei centimetri di lunghezza e quattro di larghezza sono i requisiti minimi. Ne sono soci onorari l'ex portiere della nazionale Sepp Maier, e il leader della sinistra socialdemocratica, Oskar Lafontaine, che è solito avvicinare le belle ragazze con la domanda se conoscono l'antico proverbio: «Wie die Nase des Mannes, so sein Johannes», il naso dell'uomo sarebbe lungo come l'altra sua appendice che in Germania si chiama Johannes, e in inglese John, e chi vuole una citazione letteraria sfogli *L'amante di Lady Chatterley*. Il nostro Oskar sarà progressista in politica ma conservatore per quanto riguarda l'antica saggezza popolare. In entrambi i casi gli conviene.

C'è il KLM, da non confondere con la compagnia aerea, che significa Klub Langer Menschen, cioè degli stangoni, 3500 soci alti almeno un metro e 90, che non è poi un'esagerazione, dato che l'altezza media dei germanici ha raggiunto il metro e 82. Il club dei tatuati ha la sua sede naturale a St. Pauli, il quartiere del peccato ad Amburgo, dove abbondano gli studi specializzati in sirene, ancore e cuori trafitti. E il 29 febbraio del '68 a Monaco è nato anche il club di coloro che sono contrari ai club, con un centinaio di iscritti. Contraddizione solo apparente, in un Paese dove in libreria si può trovare un manuale su «come coltivare il proprio individualismo».

Associazioni per trascorrere il tempo libero, ma anche strumento di potere, come sa chi gioca a tennis, a golf o a bridge. Ma in Germania invece di impugnare la racchetta è forse meglio saper usare il rastrello. I coltivatori degli *Schebergarten*, quei giardinetti di pochi metri quadrati alle periferie delle città, dati in uso dal Comune, formano una consorteria più forte della massoneria e del Ku Klux Klan.

A fianco a fianco, solidali e rivali, dedicano ogni ora libera alle loro fattorie in miniatura e trasformano i capanni per gli attrezzi in parodie di ranch o di castelli vittoriani, aggiungendo verande, balconcini, comignoli e tendine. Si scambiano consigli su nasturzi e piselli, sugli studi dei figli, i rapporti con il capoufficio, lottando contro il fumo delle ciminiere che li circondano, assordati dal rombo dei treni e dal frastuono ossessionante delle autostrade. Festeggiano insieme matrimoni e congedi, promozioni e battesimi, e naturalmente emigrano in massa durante le vacanze per compiere insieme identiche esperienze. Non si recano almeno una volta nella vita alla Mecca, o a San Pietro per l'Anno Santo, ma compiono il doveroso pellegrinaggio all'IGA, la superesposizione del giardinaggio di Amburgo, o a quella analoga di Stoccarda. Non so quale sia la migliore, e preferisco astenermi.

Un'altra legione sono gli appassionati della danza. In Inghilterra si va da piccoli alle scuole di ballo per imparare il valzer lento, l'one step, il fox trot ed esibirsi nei dancing al sabato sera. In Italia, i cultori del liscio si ritrovano nei danzadromi della Bassa Padana. In Germania il ballo è qualcosa tra il rito sacro e una disciplina olimpica, ma forse si tratta di sinonimi. I Tanzclub sono ben 1700 con 200mila iscritti che prendono le esibizioni estremamente sul serio: non si danza per flirtare ma per l'onore della comunità.

Nel lungo inverno ci si ritrova per allenarsi tutti i giorni, per quattro ore, con doppia seduta al week-end, come un calciatore di serie A. Un valzer viennese ballato con serietà equivale a una corsa sui tremila metri, si spiega. Inutile aggiungere che si preferisce l'esibizione a squadre: otto coppie dagli identici costumi e possibilmente dall'identico fisico, uguale statura, uguale colore dei capelli per uomini e donne, stesso taglio, stesso make up, bordeggiano per la pista con mosse cronometrate al centesimo di secondo. La squadra di Düsseldorf campione mondiale di *Formationstanz* ha investito 40mila marchi per i costumi, altrettanto per i viaggi, e 20mila marchi per il nastro con la musica che accompagna l'esibizione. Ai danzatori non va nemmeno un centesimo per le loro tournée, probabilmente sono gli ultimi dilettanti «puri» al mondo.

XI.

Typisch Deutsch

VOGLIATECI BENE, MA PARLATE MALE DI NOI

I tedeschi vanno in cerca di complimenti ma si fidano solo di chi parla male di loro (forse avrei fatto meglio a non andare controcorrente).

Esempio emblematico, un libro uscito all'inizio del '94, l'ennesimo sulla Germania: *Der Deutsche an sich - Einem Phantom auf der Spur*, « Il tedesco in sé, sulle tracce di un fantasma », antologia curata da Vera e Ansgar Nünning. Ebbene, con masochistica pervicacia hanno messo insieme tutti i brani in cui si parla male di loro, dai già riportati giudizi di Nietzsche e di Kant alla lettera a un amico tedesco di Albert Camus (che è del '44 e quindi comprensibile nei suoi ammonimenti); ai versi del mio amato Heine tanto citati da essere diventati un luogo comune: « Se penso alla Germania nella notte... non posso più chiudere occhio, e sgorgano le mie calde lacrime »; a David Marsh, ex corrispondente del « Financial Times » da Bonn, che ha trasformato l'insulto ai tedeschi in un affare editoriale; allo spagnolo Heleno Saña, che vive da decenni in esilio in Germania parlando male di loro.

Marsh è un ottimo giornalista con la qualità indispensabile per aver successo: scrivere in modo brillante quel che la gente si aspetta. Cita con eleganza episodi capitati durante il suo soggiorno a Bonn: la commessa della panetteria che si rifiuta di cambiargli i panini comprati cinque minuti prima, perché è vietato dalla legge riprendere generi alimentari venduti non impacchettati; il conducente di autobus che non fa scendere o salire passeggeri se non alle fermate prestabilite; il taxista che non cede alle sue preghiere, non suona il clacson per avvertire un amico di Marsh « perché non vuole beccarsi una multa di venti marchi ».

Bene, la ragazza ha ragione. E la legge pure. Perché devo comprarmi dei panini palpeggiati dall'amico David? E provate a chiedere a un conducente parigino di fermarsi dove vi fa comodo. Quello di Roma lo farà anche in pieno traffico, ma solo per un suo conoscente o per una bella ragazza. E non era leggendaria la puntualità con cui nei pub londinesi smettevano di servir birra ai clienti, in ossequio a una legge del 1913 imposta per evitare che gli operai delle fabbriche belliche giungessero in ritardo sul lavoro?

Un altro collega, Luc Rosenzweig, corrispondente di «Le Monde», e di solito non tenero con la Germania, mi ha raccontato un altro episodio: era a letto con la febbre a Bonn, ha chiamato il radiotaxi ed ha chiesto che gli andasse a prendere due pizze, per sé e per il figlio, senza acciughe e ben cotte. Il taxista si è presentato dopo venti minuti con le pizze, senza acciughe, ed ha rifiutato la mancia.

Marsh a suo modo ha però ragione, ed anch'io ho ricordato la rigidità tedesca, ma lui suggerisce un altro sospetto: che l'obbedienza alle leggi di quell'autista ha radici antiche. Si obbedisce ciecamente al codice della strada e si finisce in taxi ad Auschwitz. Forse «quel» taxista era scorbutico o gli era semplicemente antipatico Marsh.

E Heleno Saña che ha scritto *Il IV Reich* dedicato alla Germania unita in cui dimostra che «tutto al mondo è colpa dei tedeschi»? È giunto esule nella Repubblica Federale al tempo di Franco ma vi è rimasto anche vent'anni dopo la scomparsa del Caudillo. È un'osservazione poco elegante. Saña ha il diritto di abitare dove vuole e di scrivere quel che pensa.

Lui e Marsh in realtà seguono l'antica massima di Hemingway: un politico deve essere sempre ottimista, un giornalista sempre pessimista. Se scrivi che «la guerra» non ci sarà, e ti sbagli, i colleghi e i lettori te lo rinfacceranno a vita. Se scrivi il contrario, nessuno ti rimprovererà che la pace continui. Non siamo al IV Reich? Bene, nascerà domani, o dopodomani. Nascerà prima o poi.

Saña, o gli altri autori presenti nel volume, come il giapponese Kazuo Kani, l'indiano Prodosh Aich, il francese Bernard Nuss, l'ungherese di origine George Mikes, ci presentano una sfilza di luoghi comuni. I tedeschi precisi fino alla crudeltà, maniaci dell'ordine, insofferenti delle critiche, e perfino maniacali lavoratori indefessi. « A Monaco lavorano fino a mezzanotte, senza rifiatare », osserva Mikes. Durante l'Oktoberfest probabilmente, quando sono impegnati a guadagnare in due settimane a spese della sete di turisti e indigeni quel che serve per il resto dell'anno, come i gondolieri veneziani in estate.

Sono venuti in Germania con i loro pregiudizi, ci sono rimasti una vita, e non li hanno cambiati neppure innanzi alla più sfacciata evidenza. A parte la russa Julia Wosnessenskaja che trova i tedeschi « gentili », forse un po' insistenti, come gli italiani, e l'israeliana Vera Elyashiv, cronista al processo di Eichmann, venuta in Germania vincendo molte resistenze, per scoprire che non sono « alti, biondi, con gli occhi azzurri », che non sono affatto gentili come trova Julia, e che l'unica cosa che corrisponda al cliché è la passione smodata per la birra. Il che rafforza un mio antico sospetto: le donne sono migliori giornaliste degli uomini.

STORIE TEDESCHE

Le notizie non sono uguali per tutti. Da ogni Paese ci si attende qualcosa di previsto, che si «adatti» al cliché che ne abbiamo, che finisce col rafforzarsi in questo circolo vizioso. Dalla Francia, il corrispondente spaccia con facilità reportages culturali (grazie al nostro provincialismo) e storie nere dalla cosiddetta «Francia profonda», con la benedizione di Simenon. Da Londra vanno forte, a parte le storie sulla famiglia reale, gli aneddoti strani che confermano la bizzaria dei britannici.

Dalla Germania quel che si «piazza» con sicurezza sono gli articoli sulla Bundesbank, a cui attribuire la responsabilità di tutti i nostri peccati economici e finanziari, e le violenze dei naziskin. Se si vuole finire in prima pagina basta scrivere che il nuovo Hitler è alle porte, e presentare qualsiasi incendio accidentale come «probabile» opera delle teste pelate.

Eppure la Germania abbonda di storie nere, dalla provincia e no, da far gola al padre di Maigret, con il torto di accadere, invece che nella pronunciabile Grenoble, nell'agguato linguistico di Mönchengladbach. Per le notizie culturali c'è l'ostacolo della lingua. Böll e Grass, grazie a Dio, sono facili da pronunciare, come Nolte, ma guai a chi propone qualcosa di nuovo. Ricordo quando annunciai un servizio di terza sull'allora sconosciuto Fassbinder. Il giornale per cui scrivevo mi rispose con scetticismo, come se avessi cercato di far pubblicità indebita a qualche mio parente.

«Perché?», indagò il responsabile degli spettacoli. Glielo spiegai.

«Non l'ho mai sentito nominare», obiettò.

«Appunto», insistei.

«Perché non intervisti Grass?», cambiò discorso lui.

Dopo tre mesi, lessi un suo articolo su Fassbinder, da lui scoperto, in una cineteca. A Milano, s'intende. La cultura tedesca è chic ma non popolare. Meglio non se ne parli troppo.

E quelle belle storie, fitte di passioni e di mistero? Più facile scriverle che spiegarle, ma non hanno mercato. La madre che uccide in tribunale il violentatore e assassino della figlioletta? Si riporta il fatto senza entusiasmo. Fosse stata una francese avrebbe avuto l'onore dei settimanali e delle tavole rotonde televisive. La bella avvocatessa che s'innamora del suo cliente, killer di St. Pauli, il quartiere del vizio, che contrabbanda in carcere la rivoltella con cui l'uomo si ucciderà dopo aver eliminato la moglie e il giudice? Parlane, se vuoi e se riesci a raccontar tutto in 50 righe. Questo è un fatto « americano », non « tedesco ». Come ci si permette? Se l'avvocato dai capelli rossi invece di esercitare ad Amburgo avesse avuto il suo studio a San Francisco avrebbe ispirato un film a Hollywood e concorso all'Oscar.

E i personaggi strambi e bizzarri? Le cronache tedesche ne abbondano, ma solo a fatica vengono conosciuti dagli italiani.

Dagobert, che prende il nome da Zio Paperone, minaccia di far saltare i grandi magazzini e chiede un riscatto di oltre un miliardo, e per anni tiene in scacco la polizia, con macchinosi e fantasiosi sistemi per pagare la somma, magari su un minitreno comandato a distanza, proprio come nei fumetti, e che in realtà non vuole i soldi, ma solo prendersi gioco delle autorità, questo è il suo vero premio (la sua cattura è costata una trentina di miliardi).

O l'archeologo dilettante che dedica la vita a cercare l'oro dei Nibelunghi, ed è sicuro di aver trovato il luogo in cui sul fondo del Reno giace il mitico tesoro?

Il professor Peter Wicke che ricopre la cattedra di musica rock all'Humboldt Universität, l'Ateneo dell'ex Germania rossa?

O Josef Kurz, proprietario di una fabbrica di marmi a Guldenfingen, paesino sperduto in Baviera, che fa collezione di statue degli ex eroi « rossi », da Lenin a Marx, da

Mao a Stalin, salvandoli dalla distruzione, e ha raccolto già 150 monumenti nel giardino della sua impresa? « Non sono affatto comunista », mi ha detto, « ma amo il marmo e non mi va il vandalismo. Un giorno il mio parco di statue diventerà una meta turistica. » Lo è già, con rabbia dei suoi concittadini, e alla domenica giungono i pellegrini ad ammirare l'unico Stalin ancora su un pedistallo nell'Europa occidentale.

O il commerciante di Bonn che alla fine del secolo scorso sul Drachenfels, la rocca dove secondo la leggenda Sigfrido avrebbe ucciso il suo drago, erige un castello alla Ludwig, assemblando elementi eterogenei, badando solo all'estetica e senza curarsi se torri e torrette non conducono a nulla, un labirinto architettonico, tra Disney e Dracula, per la sua bella. E lei dal cuore duro, ma dalle precise esigenze ambientali, si rifiuta di passarvi una sola notte, lo abbandona e se ne va a Parigi, dove gli spasimanti al massimo le offrono una camera al Ritz?

O il flautista di Münster che compone le sei sonate scomparse di Haydn, ingannando esperti a tutta prova come l'americano Landon? Svelato l'inganno, la « vittima » lo ringrazierà per il meraviglioso piacere comunque procuratogli con i suoi falsi. Se è così bravo, perché, mio Dio, questo Winfried Michel, non compone « con il suo nome »? Prima di Haydn ha pubblicato venti volumi di musica per flauto e basso continuo sotto il nome di Giovanni Paolo Simonetti, compositore veneto del Settecento. Ma Simonetti era la gelateria di fronte a casa sua, quando studiava all'Aja. Qual è il demone che lo spinge?

No, i tedeschi non sono affatto così prevedibili e normali, rispettosi e noiosi come li vogliamo. Forse grazie a questo pregiudizio, è riuscito al falsario Kujau il diabolico inganno dei diari di Hitler. Ha mescolato i suoi mal di stomaco alle vicende della guerra, in una maniera grottesca e beffarda che avrebbe dovuto insospettire lo storico più ingenuo (a parte che è provato come Hitler non abbia mai avuto tempo e voglia di scrivere diari). Anzi, il « raffinato » imbroglio era così sfacciato che Kujau per le lettere gotiche della copertina, invece della H maiuscola di Hitler ha usato una F. Gli esperti non sanno neanche leggere il gotico?

Non siamo ingiusti. Semplicemente non stavano in guardia. Non si aspettavano un simile inganno da un tedesco. Se a « trovare » i diari fosse stato un italiano, il loro scetticismo li avrebbe indotti a esami di ogni tipo per mesi, prima di lasciarsi tentare da un semplice « forse ». Ad Amburgo li hanno mandati immediatamente in stampa, e il mondo intero li ha comprati a occhi chiusi. Come stare in guardia dai tedeschi? Le patacche le costruiscono a Napoli, è cosa nota.

FUSSGÄNGERZONE

Le città tedesche sono state rase al suolo dalla guerra. Quello che è restato l'hanno distrutto architetti e urbanisti. Condotti a occhi chiusi nel centro d'una città tedesca, non riuscireste a capire dove siete, a meno di controllare le targhe delle auto. Ma queste sono bandite dal «cuore urbano» trasformato in una *Fussgängerzone*, «zona pedonale».

Il sistema è questo: si buttano giù i vecchi palazzi, nessuna opera d'arte in sé, ma insieme capaci di creare un'atmosfera; si alzano costruzioni postmoderne con grandi arcate in cristallo; si piantano lampioni vagamente *fin de siècle*, ma con *lifting* da computer, assolutamente uguali a Lubecca o a Magonza; si disseminano enormi vasi di fiori dai bordi taglienti a evitare invasioni motorizzate e in cui si sistemano a scelta o tulipani o garofani, purché allineati secondo colore e altezza. Al centro si piazza un grande magazzino che si preoccuperà di non deludere la popolazione scegliendo una facciata tipo bunker da *Guerra dei mondi*. Sotto il negozio, ovviamente, un parcheggio che rischia di tramutarsi in trappola inesorabile, catturandovi l'auto subito dopo l'orario di chiusura dei negozi fino alla mattina seguente, magari da sabato alle 13 fino a lunedì. Intorno, in ordine sparso all'apparenza, ma sempre identico ovunque voi siate, una pizzeria, una gelateria, un turco con la sua colonna rotante di «Gyros», un'amburgheria, uno spaccio di poster.

Sono andato ad abitare a Königswinter perché era un paese tranquillo, due file di case lungo il Reno, due strade, una al centro come la *Mainstreet* dei villaggi del Far West (infatti si traduce *Hauptstrasse*), e un lungofiume. In sei anni hanno disselciato sei volte l'una e l'altra strada. Hanno chiuso la *Mainstreet* a metà, un vero agguato da sioux al traffico in transito. Vi hanno issato una dozzina di lampioni quasi simili ma diversi, per scegliere «quello che stava meglio», e il prescelto è il modello più diffuso dal Baltico alla Svizzera. Hanno sistemato le aiuole, i paletti e i sensi unici, in modo che io potessi uscire di casa e non potessi più tornarvi. Forse era un invito discreto a traslocare, ma io non l'ho afferrato. Sono stato costretto a rientrare in casa «contromano» tra due file di passanti che mi urlavano insulti protendendo pugni minacciosi. Ho capito che cosa provò Luigi XVI quando fu condotto alla ghigliottina in Place de la Concorde.

Come meravigliarsi se qualcuno impazzisce? Manfred Titzinger è uno dei campioni di slalom urbano, un nuovo sport nato nelle zone pedonali. Ci si incontra nelle *Fussgängerzone*, di preferenza nei giorni di sconto, quando la ressa è da incubo, e la sfida consiste nell'andare il più velocemente possibile da un lato all'altro della zona, senza correre, un piede deve sempre rimanere in contatto col terreno, cercando di non toccare nemmeno un pedone. Ogni contatto comporta un «fermo» di 10 secondi.

Il record di Herr Titzinger nell'attraversare lo Stachus a Monaco è di quattro minuti: «Il pericolo sono i musicisti ambulanti, la gente si ferma all'improvviso», spiega. È uno sport che si può praticare anche in coppia, e non privo di pericoli: lui si è ferito finendo contro una carrozzina da bambini sorta imprevista tra la selva di gambe. Lo slalom urbano potrà diventare una disciplina olimpica, ma bisognerà prima risolvere un problema: è da inserire nei giochi estivi o in quelli invernali?

VOYEUR

Le sponde del Reno sono senza argini, e quasi ogni inverno con regolarità il grande fiume straripa. La mia casa a Königswinter era proprio sul bordo dell'acqua, sulla riva destra, di fronte alla casa di Demetrio Volcic. Lui andava sott'acqua ed io no, finché scoprii la ragione del mio privilegio. A causa della rotazione terrestre nel nostro emisfero, le sponde sinistre si «consumano» più di quelle destre, ed in Australia avviene il contrario. Pochi si convincono, ma è scientificamente esatto. Quando le grandi piogge si sommano alle acque delle nevi in disgelo si finisce tutti a mollo, a destra e a sinistra. Con precisione teutonica, alla fermata del tram sotto casa mia un cartello avvertiva: «Questa fermata è abolita quando va sott'acqua». Poi l'hanno tolto prima che mi decidessi a fotografarlo.

In compenso è rimasto il limite di velocità sul pontile d'attracco dei traghetti (i ponti sono rari sul Reno), che ordina «un massimo di dieci all'ora fino all'altra sponda», ad evitare che qualcuno passi il tempo della traversata andando su e giù per il ponte a ottanta all'ora. Non si sa mai.

Un inverno il Reno non smise di salire, e a Colonia montarono le paratie mobili in ferro per alzare le sponde, dieci metri sopra il livello normale, e salvare la città vecchia. Sette metri, otto metri, nove metri, il grande fiume saliva e a Colonia accorsero a migliaia gli *Schaulustige*, parola che si può rendere con «voyeur di disastri». Nove metri e mezzo, e 60, e 70, e 80, tutti già pronti con videocamere e apparecchi fotografici a immortalare il disastro. 9 metri e 95, e 96, e 97 e, come in una sceneggiatura di serie B, due centimetri prima dell'alluvione il Reno decise di cominciare a calare.

Gli *Schaulustige* non si persero d'animo. Andarono a

sbullonare le paratie. Avevano diritto allo spettacolo, dopo la trasferta. La polizia li fermò giusto in tempo. Alla vigilia di Natale nel '93, il fiume si è comportato meglio: oltre tredici metri sopra il livello, e Colonia, con le altre città lungo il fiume, è finita sott'acqua. Gli *Schaulustige* sono sciamati su canoe e gommoni, perfino su zattere improvvisate per le strade del vecchio quartiere, bloccando i mezzi di soccorso. La flotta di voyeur si è ritirata solo quando le autorità hanno minacciato di sequestrare i battelli. Per il futuro rischieranno una multa di 10mila marchi, dieci milioni di lire.

VERBOTEN

In Germania, si dice, tutto ciò che non è esplicitamente permesso è *Verboten*. Devo tradurre? In Italia, si sa, è tutto vietato, per prudenza, ma non per tutti. Chi ha conoscenze se la cava. Il divieto sembra imposto per concedere il piacere di eluderlo. Un tedesco si sentirebbe al contrario umiliato se gli si offrisse di «fare un'eccezione per lui», come se fosse portatore di un handicap sociale, un oggetto di commiserazione e di pietà. I controlli da noi sono sporadici e capricciosi, ed hanno il fine di gratificare chi il divieto non lo rispetta, per arroganza o per privilegio, più che scoprire il colpevole.

Il centro storico chiuso al traffico privato o le corsie preferenziali sono istituite perché qualcuno (cioè quasi tutti) possa passarvi e penetrarvi. Una sera giunsi da Milano a Roma con un treno fuori tempo massimo, ai taxi c'era una coda di duecento metri, e balzai sull'ultimo bus in partenza, senza biglietto e senza alcuna possibilità di comprarlo ai chioschi chiusi. Venne il controllore, anzi due. Nessuno aveva il biglietto. Io spiegai le mie ragioni: i due fecero sgombrare l'autobus al completo, e mi lasciarono proseguire da solo. Forse perché ero l'unico con la giacca e la cravatta. Non mi sono mai sentito così umiliato. E quella sera ho scoperto il segreto della psicologia tedesca.

Qui i controlli sono rari perché non balena neanche il sospetto che qualcuno possa violare un divieto, senza motivo, solo per il piacere di ignorarlo.

Negli ultimi tempi della DDR con la collega Vanna Vannuccini avevamo formato un duo perfetto. Vagavamo ogni giorno su e giù per la Germania «rossa», partendo da Berlino. All'uscita dalla capitale si passava il confine da due uscite distinte: una per chi era in transito, diretto alla lontana Repubblica Federale, con l'obbligo di non uscire dall'autostrada né di fermarsi in piazzole non autorizzate, l'altra per chi era diretto invece a una località della DDR.

Chi era al volante, senza consultarsi con il compagno, puntava diritto sulla coda più corta, e il partner era già pronto alla domanda del Vopo: andiamo a Lipsia o Norimberga, a Magdeburgo o Hannover, Schwerin o Amburgo. I problemi sorgevano al ritorno, perché saremmo dovuti tornare dallo stesso canale d'uscita, transito o no. Ma chi lo ricordava nella frenesia di quei giorni? I terribili Vopos finivano sempre col credere alle nostre assurde giustificazioni perché era incredibile che mentissimo, per una ragione banale.

Un giorno Vanna andò con un collega giunto fresco da Parigi, e praticò il solito giochetto. Al ritorno, il compagno, che ignorava il tedesco, captò solo il termine *Visum*, e prontamente lo estrasse di tasca. Il visto che non doveva avere se era in transito. Il Vopos impallidì, mi raccontò Vanna, tolse la mano dal cinturone, e spostò pudicamente la mano del passeggero che gli porgeva il *Visum*: « Io, questo, proprio non l'ho visto », e li lasciò proseguire. Quel giorno, capimmo che la DDR non esisteva più.

I VAMPIRI NON AMANO IL BITTER

La verità, virtù nazionale, è difesa per legge nella pubblicità. Uno slogan deve essere dimostrabile; ad esempio, «Chi beve birra campa cent'anni» è una promessa illegale. Anni fa, la Fernet Branca per conquistare il mercato tedesco, dove abbondano i bitter nazionali, lanciò una campagna che si rivelò vincente: «Fernet Branca serve contro i vampiri». Per dimostrare che non è vero bisognerebbe citare in tribunale Dracula.

La pubblicità e i piccoli annunci sono un'arma segreta per scoprire le pieghe di un'anima nazionale. Da noi gli spot esaltano bellezza, eleganza, esclusività. In Germania, si promette che «questa cucina durerà finché andrete in pensione», che quel detersivo lava più bianco ma è anche ecologico, e soprattutto «lava prima» e quindi consuma meno acqua ed energia. Solidità, affidabilità, risparmio, sono i termini più usati dai pubblicitari germanici. Non si cerca l'effetto, e si bada al sodo.

Con problemi supplementari creati dall'unificazione. Si dice che la pacifica rivoluzione dell'89 fu provocata dalla televisione. I tedeschi dell'Est potevano guardare indisturbati i canali dell'Ovest. La Stasi, la polizia segreta, si preoccupava dei segreti d'alcova, ma non delle antenne paraboliche sulle case di Weimar o di Lipsia (forse perché anche gli agenti segreti non resistevano al fascino di Dallas). Ed i serial più seguiti erano gli spot pubblicitari. Sempre in base al principio che non si può mentire, non si faceva distinzione tra cronaca, telefilm e pubblicità.

Nei giorni dopo il «muro», vissi per tre giorni con una famiglia tipo fuggita all'Ovest, padre, madre, un bambino e la sorellina. Il padre, che aveva lavorato alla Carl Zeiss Jena, cioè l'industria leader di tutto il blocco orientale, era un « mago » degli elettrodomestici ed aveva trovato subito posto alla Siemens, nel reparto dove si controllano gli apparecchi in garanzia e difettosi. Che cosa lo turbava di più nella nuova vita?, gli domandai.

« Che il mio capoturno mi dica di gettar via un frigo o una TV con qualche graffio perché costa di più ripararli che sostituirli. Eppure funzionano... » Il consumismo che lo aveva attratto ora feriva la sua dignità di lavoratore. E il figlio di dieci anni si rese conto di « essere veramente all'Ovest » quando nel passare davanti a un negozio di TV si vide ripreso dalla telecamera in vetrina e « trasmesso » su tutti gli apparecchi in vendita.

La delusione successiva ha reso diffidenti i consumatori ex sudditi del Paradiso rosso. In ogni slogan vedono l'inganno e si è costretti a studiare campagne divise dal « muro » della pubblicità, anche perché il mercato è interessante per alcuni prodotti, per le auto in crisi all'Ovest, e per le sigarette, che non è più di moda ostentare alla Jean Gabin.

Non amano il nudo, non capiscono che rapporto abbia una bella ragazza con un motore, e soprattutto sono sensibili ai giochi di parole. Si sentono presi in giro. Si è dovuto ritirare in tutta fretta la pubblicità d'una marca di sigarette (non è vietata), che suggeriva *« Test the West »*, « Prova la West », o « l'Ovest ». E il cartellone mostrava una Domina in corpetto di pelle nera, frusta e tacchi a spillo, che seduceva un compiaciuto e masochista consumatore. Loro non hanno gradito.

Le vacche grasse degli anni Ottanta hanno cambiato (in parte) i comportamenti dei tedeschi dell'Ovest. Le formiche d'Europa hanno scoperto i vizi delle cicale all'italiana, da Amburgo a Monaco sono sorte boutiques di lusso, un boom pari a quello dei pornoshops dopo la liberazione sessuale del '68. Il lusso un peccato « abolito » come il sesso. Ma nell'un caso e nell'altro il mutamento è stato più superficiale di quanto sostenessero i sociologi, il pornovideo provoca impotenza da assuefazione, e la crisi da riunificazione ha imposto di stringere la cinghia (di coccodrillo).

E si è tornati al sano, parco consumismo dei bei tempi antichi. A Natale in ogni piazza di paese e di città in Germania sorge un *Weinachtsmarkt*, che sarebbe l'equivalente di Piazza Navona. Si vendono palle di vetro soffiato per l'albero e alberi veri, balocchi in legno e latta che sembrano usciti dai miei libri d'infanzia (alcuni *Made in Hong Kong*, lo confesso), carillon che mescolano le loro melodie, *Stille Nacht*, *Jingle Bells*, *Bianco Natale*, come s'intrecciano gli aromi dei banchetti culinari, würstel d'ogni calibro, e *Bratkartoffeln* con speck e cipolle, zucchero filato, e frittelle di patate introvabili altrove. Miscuglio disgustoso? Non direi. I bambini sanno conciliare salumi e caramello. Ed i tedeschi a Natale dimostrano di non aver dimenticato i segreti d'infanzia. Da noi è un rito consumistico, qui la festa rimane nella sua dimensione familiare e casalinga. Si consuma ma non oltre un certo limite. « Solo il 20 per cento fa dipendere il suo *status* sociale dal consumo », asserisce il sociologo Scherhorn, « e si lascia sedurre dalla pubblicità. »

A Pasqua non vedrete in nessuna vetrina le uova da *Tyrannosaurus Rex* che si spacciano nelle nostre pasticcerie. Di rado le uova di cioccolato superano quelle normali di gallina, e le sorprese sono simboliche. Ma troverete uova ovunque, e ve le offriranno nei posti più impensati. Intendo uova « vere », dipinte personalmente da chi ve le dona, raffinate e naïve, *arts déco* o solo variopinte. Ve le porge il giornalaio, la hostess della Lufthansa, ve le fanno trovare in camera nell'albergo, e ve le portano a fine pasto.

ČECHOV E I SANDALI DI KOHL

« Una terribile mancanza di gusto..., da nessun'altra parte ci si veste in modo così disgustoso », osserva Anton Čechov in visita a Berlino nel 1904; « non ho visto una sola bella donna, e nessuna che non si sia cucita addosso qualche striscia senza senso... Però qui a Berlino si vive bene, si mangia saporito, e non tutto è caro, i cavalli sono sazi, ed anche i cani sono sazi, per le strade regna l'ordine e la pulizia. I tedeschi hanno perso il gusto o non l'hanno mai posseduto, e non è che le dame si vestano senza eleganza: si addobbano proprio in modo orrendo, e gli uomini lo stesso... »

L'autore delle *Tre sorelle* insiste, evidentemente stupito e scandalizzato.

Questo giudizio deve averli frustrati, perché oggi uomini e donne, ma più gli uomini che le donne, tentano di tutto per smentirlo. Gli italiani li conoscono in trasferta, quando vagano in short e canottiere, o a torso nudo, i piedi in quei sandali che solo loro al mondo osano ancora esibire, i polpacci adorni di calze alte mezzo palmo.

A casa loro non oserebbero mai. A parte i sandali che piacciono anche al Cancelliere.

La fabbrica di scarpe d'un paesino vicino a Colonia, « offesa » dalle calzature di Kohl, lo invitò per regalargliene un paio di sua creazione. Lui, con garbo accettò. Io non compresi la differenza tra sandali contestati e sandali donati. Ma non sono un esperto. I tedeschi comunque spasimano per le scarpe italiane, mentre noi veneriamo le calzature inglesi. Mia moglie sostiene che le scarpe che gli vendiamo sono molto più care che da noi, e prodotte « apposta », con varianti germanizzate che rendono impossibile a un'italiana acquistarle.

Il capo-commesso di una celebre firma di *prêt-à-porter* francese mi ha confidato invece che i prezzi erano più abbordabili che a Parigi, perché le rifiniture meno accurate, qualche materiale appena meno pregiato: « Tanto i tedeschi non se ne accorgono, e badano solo al prezzo », affermò con reciso disprezzo. Ritengo però che abbiano compiuto dei progressi dai tempi di Čechov. Solo quelle strisce o bande continuano ad amarle, le *Frau* e le *Fraülein*: un *pied-de-poule* bianco e nero sarà sempre accompagnato da un bordo di velluto o nero o rosso, se non violetto. La giacca verde avrà i risvolti gialli o rossi e perfino le toilette da sera sono bordate da strisce di pailettes d'oro e/o d'argento.

Ma la signora più fantasiosa sarà battuta dal più provinciale dei calciatori. Seguire una partita mette a dura prova gli occhi. Le classiche strisce sono state ripudiate un po' ovunque, tranne dalle classiche casacche di Milan o Inter. In Germania le hanno affidate alla manipolazione di computer capricciosi che le hanno tagliuzzate, riciclate, centrifugate, in una sorta di frappé multicolore, dove il blasone sociale ricompare a zigzag, a chiazze, con tinte sbavate. Senza risparmiare la maglia nazionale. Dove è finita la sobria casacca bianca con calzoncini neri? Ora è invasa dai colori nazionali, il rosso il nero e l'oro, ma agghindati come una sorta di poncho messicano o una gorgiera elisabettiana, trasformando gli undici campioni in altrettante Lola Montez impegnate in un atletico flamenco.

Prima di recarsi al Reichstag dove sarebbe stato eletto settimo presidente della Repubblica tedesca, Roman Herzog ha fatto tranquillamente colazione in camera al suo albergo, uno dei più costosi di Berlino. Una colazione sostanziosa, e si è macchiato di miele la cravatta a pallini. « Ora dovrò cambiarla », si è lamentato con la moglie, ma lei l'ha rassicurato: « Via, lascia questa, sarà più dolce ». Ed Herzog ha obbedito.

Un presidente della Repubblica che non si preoccupa d'una patacca sulla cravatta neanche quando è atteso a « un appuntamento con la storia » dovrebbe essere rassicurante per i tedeschi, sempre così ansiosi di sembrare a posto, magari solo per quanto riguarda l'aspetto esteriore.

LA GERMANIA AVEVA GLI OCCHI VERDI

La Grande Germania è nata con i suoi occhi, di un verde glaciale. Come una dea nibelungica, la velocista Katrin Krabbe stregava le avversarie bloccate sulla linea di partenza. « La regina dell'atletica leggera è l'unica a mettere d'accordo gli Ossis e i Wessis », scrisse la « BildZeitung ». Ma è durata poco. Katrin, che aveva corso per l'ultima volta con la maglia blu della DDR nella tarda estate del '90 a Spalato, a poche settimane dalla riunificazione, osò dichiarare che il suo cuore palpitava per il tricolore, quello con le spighe e il compasso che sventolava al di là del « muro », e che la sua *Heimat* « restava all'Est ». All'improvviso hanno scoperto che la sua velocità era frutto delle manipolazioni chimiche marxiste, e Katrin è stata squalificata, benché la sua colpa non sia mai stata dimostrata al di là d'ogni dubbio.

Gli atleti dell'Est e i loro allenatori sono stati subito messi fuori gioco, sul banco dei cattivi (anche se l'unica atleta morta per doping era dell'Ovest). Più che le polverine, i colleghi occidentali temevano l'insidia per i loro posti in squadra. Così i campioni sono stati costretti a emigrare e grazie alla « maga » degli slittini da noi ingaggiata abbiamo strappato le medaglie d'oro ai campioni teutonici alle ultime Olimpiadi.

Noi? Gli speakers della TV sono molto attenti nel precisare *Italiener* o *Sudtyroler*, però bisogna riconoscere che nei nostri confronti dimostrano più che simpatia. Fanno un tifo sfacciato per i fondisti azzurri e per le Ferrari (Berger è austriaco, non tedesco, ricordate), e riconoscono la superiorità di Juve, Inter, Milan o Parma quando vengono a vincere da queste parti. Giudicano Trapattoni il migliore allenatore del mondo, « il tedesco » appunto, e sono riusciti a sedurlo.

Hanno un solo vizio: cominciano la cronaca di un torneo dal risultato nazionale. Le fiorettiste germaniche si sono piazzate al quarto posto... e si attende mezz'ora per sapere chi abbia vinto, e a volte si continua a ignorarlo.

Peccato veniale. Del resto, i tedeschi non sono sportivi a 24 pollici. Guardano (più il tennis che il calcio) ma anche praticano. I *Wanderer* si dedicano a folli passeggiate da quaranta chilometri nella Foresta Nera, magari « sulle tracce di Heidegger », per unire sudore e filosofia, e a raid in bicicletta. Anzi, i ciclisti sono una piaga, gli ultimi eredi dei cavalieri teutonici: si avventano con furore sulle zone pedonali evitando i passanti come Tomba i paletti dello slalom, e vanno a schiantarsi contro le auto, per dispetto, pur di non rinunciare alla loro precedenza.

È l'unica arroganza « sportiva » che noto nei tedeschi. Mentre noi proclamiamo di aver sempre il miglior campionato di calcio del mondo, e ci sentiamo delusi da un secondo posto, loro sono grati per quel che arriva, riconoscendo la superiorità dell'avversario di turno. Kaiser Franz, cioè Beckenbauer, uno dei pochi nomi che i nostri cronisti tv riescano a pronunciare in modo corretto, ha scritto un'autobiografia dal titolo lapidario, *Ich*, « Io », ma, con sorpresa per chi non lo conosce, rivela una bavarese autoironia.

Da ex libero, ha un'idiosincrasia: i portieri. Schumacher e Uli Stein, con le loro memorie, gli hanno procurato qualche dispiacere rivelando doping (nei club) e « notti brave » in nazionale. Il Kaiser è *charmeur* e gentiluomo: si fa ma non si dice.

Noi siamo convinti che i tedeschi siano pronti a marciare per campi di battaglia e prati di calcio con la scritta *Gott mit uns* sulla maglietta, sponsorizzati dal Cielo. Ma quel « Dio è con noi » rivela un intimo dubbio in confronto al supponente *In God we trust* degli americani, come se Dio venisse autenticato solo dal verde dollaro. *Gott mit uns*, invocazione più che affermazione.

E si è pronti a riconoscere quando *Gott* fischia a nostro favore. Il sorprendente 3 a 2 ai mondiali del '54 (quelli dove fummo eliminati dai padroni di casa svizzeri) sulla favorita Ungheria è un momento storico della rinascita tedesca.

Come la vittoria di Bartali al Tour salvò (si dice) l'Italia dalla guerra civile, così quel terzo goal di Helmut Rahn ridiede fiducia ai tedeschi depressi e avviliti. Quarant'anni dopo nessuno lo dimentica, Fassbinder rievoca il fatale istante nel suo *Il matrimonio di Maria Braun*, e tutti ammettono che a meritare di vincere era il *Wunderteam* di Puskas. Quale inglese, da noi ritenuto maestro di *fair-play*, ha mai ammesso che nel '66 i mondiali furono scippati alla Germania da una rete vista solo dall'arbitro russo? Ah, quel pallone sulla linea... *Gott*, diceva Lutero, e lo ripete Franz, si riprende ogni favore concesso, cioè « Der Ball ist rund », la palla è rotonda, proverbio di cui ci si contende il copyright, come per le *Wiener Schnitzel* e le cotolette alla milanese.

DOKTOR DOKTOR... CALCIO DI RIGORE

Non mi ricordo il nome, ma anni fa nella *Bundesliga*, la serie A germanica, giocava un portiere con tanto di laurea. E il commentatore tv non se ne dimenticava: «Ah, *Doktor* Maier respinge in calcio d'angolo». Maier, che non si chiamava così, si lasciava sfuggire la palla in rete. «Ah, *Doktor* Maier, non così, non così, *Doktor...*» Solo io straniero ci trovavo qualcosa di strano. Un *Doktor* è sempre un *Doktor*, qualunque cosa faccia. *Doktor* Jack the Ripper, magari *Doktor Doktor*, se ha due lauree. Noi italiani siamo tutti dottori, i tedeschi lo sono di meno, ma più intensamente. Il loro titolo non equivale al nostro, è una via di mezzo tra la laurea italiana e la libera docenza, e le tesi vanno pubblicate, costituiscono un autentico lavoro di ricerca. In un anno le università non rilasciano più di 17mila titoli, pochi e ambìti.

Io sono *Doktor*, ma dato che mi sono laureato in legge e ciò non ha niente a che vedere con il mestiere che esercito, me ne dimentico. E faccio male. Sarei trattato meglio, ma non riesco a superare la barriera del pudore, e un vago senso di ridicolo.

La mia casa di Amburgo era affittata dal giornale e vi si erano succeduti i diversi corrispondenti. Il primo andava a cavallo, aveva i baffi ed era un *Doktor Doktor*. Il secondo era piccolo, ma calvo con gli occhiali e l'aria professorale. Il padrone di casa, che abitava al piano di sotto, gli concesse un solo *Doktor*. Io andavo in jeans e maglione, ed ero solo un *Herr*, seguìto da un suono sempre diverso che presumevo fosse il mio cognome. Finché andai in vacanza e gli affidai la chiave della mia cassetta. Così scoprì il mio titolo. Mi accolse con aria desolata: «*Herr Doktor*», mi disse, «perché non ha mai detto di essere un *Doktor*, *Herr Doktor*?» e pronunciò il mio nome, alla perfezione.

Da noi basta sfoggiare una cravatta per conquistare il titolo. I tedeschi sono più seri: se non ce l'hanno fatta con gli studi cercano di comprarlo il titolo, e finiscono preda di truffatori. Un *Doktor* in scienze bibliche costa appena 199 marchi, uno più serio dell'Università di Quito in Perú arriva a 40mila e il titolo rilasciato da un ateneo della Florida, legale anche in Germania, arriva a 70mila. *Doktor* Miami Vice.

L'illegalità aumenta di anno in anno, denuncia il professor Kartmut Schiedermair, della Deutsche Hochschule Verband, l'associazione della scuola superiore: almeno 1500 dei 17mila titoli distribuiti ogni anno sono illegali (anche qui ci si fa scrivere la tesi da qualcuno compiacente e più competente). L'onorario, fino a 150mila marchi, viene spacciato come « spesa per la ricerca », ed è anche detraibile dalle tasse.

I TEDESCHI SONO PUNTUALI

Alla stazione di Bonn sono in attesa dell'Intercity « Bertha von Suttner » che mi porterà direttamente sotto le piste dell'aeroporto di Francoforte. Fa molto freddo e la neve è gelata. Normale in gennaio, poco normale invece l'annuncio che giunge dagli altoparlanti: « L'Intercity Wolfgang Mozart partito da Dortmund e diretto a Monaco ha cinque minuti di ritardo », comunica con voce professionale lo speaker ferroviario.

Trascorre qualche minuto, e Mozart non è ancora giunto. « Anche l'Intercity Richard Wagner, proveniente da Brema e diretto a Stoccarda, è in ritardo », annuncia lo speaker. Breve pausa, e quindi: « di sette minuti ». Arriva Mozart, e Wagner dovrebbe tallonarlo. Ecco di nuovo gracchiare l'altoparlante. Mi correggo, gli altoparlanti tedeschi alle stazioni non gracchiano. Frusciano. « L'Intercity von Ludendorff ha 15 minuti di ritardo. » Annuncio secco, punto e basta. Si avverte tensione nella voce. Forse è solo una mia impressione. Mentre cerco di ricordare che cosa abbia mai compiuto von Ludendorff per meritarsi un « Intercity » con il suo nome, ecco un altro annuncio. Non è più l'immaginazione, lo speaker prova panico: « L'Intercity Wienerblut ha venti minuti di ritardo », e segue una sequela di comandi, come su una portaerei in attesa dell'attacco dei kamikaze giapponesi: chi attende Wagner passi dal secondo binario al terzo, chi spera in von Ludendorff non perda fiducia, ma a Coblenza cambi le coincidenze, « Ernst Moritz » è già partito, prenda « Franz Schubert » fino a Magonza, e lì salga su « Brüder Grimm »..., l'imperdonabile « Wienerblut » invece vi condurrà comunque in tempo all'appuntamento con « Heinrich Heine » a Francoforte per Basilea. È anche lui in ritardo. Una sequela di nomi, di orari, un intrico di coincidenze che ricorda *L'albergo del libero scambio* di Feydeau. No, a lui non hanno dedicato alcun treno. Per gli « Intercity » valgono i criteri del Nobel: vincono solo gli autori seri. Per orizzontarsi in una stazione tedesca più che un orario serve un'antologia, cultura musicale e riflessi pronti.

Ancora un annuncio. Toccherà a Frau von Suttner, autorevole pacifista? No, lo speaker adesso tradisce qualcosa di cattivo nella voce: « L'Intercity Friedrich Schiller per Francoforte e Norimberga ha 22 minuti di ritardo... », pausa, « ma aveva già 24 minuti di ritardo alla frontiera olandese ». Schiller arriva da Amsterdam. L'onore è salvo, la Germania sotto la neve ha recuperato 120 secondi. Giungerò fuori tempo massimo all'aeroporto di Francoforte.

Per fortuna non ho valigie, ma se le avessi potrei scaraventarle su un carrello che mi attende alla banchina e dal sottosuolo giungere al piano partenze, al check-in, di scala mobile in scala mobile.

Il rapporto tra Italia e Germania è quello che esiste tra i carrelli bagagli all'aeroporto di Roma e di Francoforte, o di qualsiasi altro scalo tedesco o italiano. I carrelli della Città Eterna sono naturalmente dorati e quelli tedeschi « semplicemente » in acciaio, e tra loro corre la differenza che c'è tra un'utilitaria nostrana e una Mercedes vecchia maniera. Le ruote dei carrelli italiani si inceppano, si rifiutano di proseguire secondo una linea diritta, vengono prese da crisi di coscienza, e naturalmente non sono adatte alle scale mobili. I carrelli tedeschi, solidi e squadrati, avanzano (come Panzer, mi viene facile il paragone, ma lo evito perché i tedeschi equivocano e si offendono). Avanzano dunque come solidi carri, eredi della carretta di Mutter Courage, provengono sempre diritti dalla Guerra dei Trent'anni. Sono nati per rendere un servigio e non per piacere, hanno freni a prova di baule e ovviamente « vanno » anche su e giù per le scale mobili. Si arriva in treno nel sottosuolo dell'aeroporto e si sale con loro per tre piani fino al check-in.

Non mi sembra un'idea geniale né costosa, ma perché

non ci ha pensato il designer nostrano? O un carrello bagagli è più difficile di una Ferrari?

«Il suo volo è chiuso», mi annuncia l'uomo dietro il bancone. Una sentenza di morte in qualsiasi aeroporto.

«Giungo da Bonn», ribatto. Lui alza le spalle, anche i tedeschi hanno imparato a parlare con il corpo, ma usano ancora le mani come chi abbia studiato una lingua straniera in laboratorio.

«Lo sa che Bertha von Suttner aveva 25 minuti di ritardo?», gli comunico.

L'uomo in divisa tace, aggira il bancone, mi prende sottobraccio, mi trascina all'uscita, chiama un pullman solo per me, gracchia in un telefono, lui gracchia, non fruscia, l'aereo mi attende.

«Perché non ha valigie», mente. No, è merito di Bertha. Lo so che pensate a un'esagerazione, ma vi sbagliate.

Quando scrissi sul mio giornale che i treni tedeschi «possono» anche giungere in ritardo, un lettore teutonico trapiantato in Italia mi scrisse risentito: come osavo criticare la *Bundesbahn* quando i treni italiani non erano «mai» in orario? Esagerava, e cercai di spiegargli: il fatto che i treni tedeschi comincino a giungere in ritardo non mi irrita. Mi rassicura.

Talvolta era tanta la mia fiducia nella loro puntualità che ho rischiato di sbagliare treno. Bonn è una stazione di passaggio e sullo stesso binario i convogli si succedono al ritmo di pochi minuti. Io salivo di corsa sul treno giunto all'orario convenuto. Perché avrei dovuto controllare? Be', un paio di volte era Wolfgang e non Bertha. Ora guardo i cartelli.

Anche i treni germanici non sono più quelli di una volta. Hanno voluto cambiare il «Logo», ed al posto di un «DB», *Deutsches Bundesbahn*, due lettere sinuose come MM, Marilyn Monroe, che secondo gli psicologi erano rassicuranti «perché femminili», sprecando ben 25 milioni di marchi sono giunti a un «DB» rigido e virile. Spartano come i convogli della nuova Germania unita.

I treni tedeschi per me erano un paradiso, e non perché sia un maniaco sessuale. In treno si può lavorare, leggere, scrivere, pensare. Mi precipitavo in vagone-ristorante, ordinavo e lavoravo. C'era sempre posto, a qualsiasi ora, e a qualsiasi ora si poteva ottenere quel che si desiderava: uova strapazzate a mezzogiorno, una bistecca al *tea time*, senza la pretenziosità e senza i prezzi dei nostri vagoni-ristorante. Non era l'*Orient Express* ma una familiare trattoria su ruote. *Kneipe*, alla tedesca.

Ma qui hanno un vizio orrendo. Il modernismo. Hanno abolito il «Rheingold», l'Oro del Reno, altro mitico convoglio che correva lungo il fiume, hanno dato una raddrizzata alla D e alla B, e hanno ridotto alla metà i vagoni-ristorante. Invece delle comode poltrone *altmodisch* hanno sistemato delle traballanti seggioline tra il Thonet e la pensione riminese. Il menù è ridotto a tre piatti, sempre quelli per un mese, a maggio polpettine con i capperi, a giugno *Bratwurst* della Turingia, e c'è sempre coda dietro di voi. Come avere il coraggio di difendere il vostro posto continuando a ordinare tazze di tè per finire il saggio su Schopenhauer? Vi sospingono via con gli occhi.

La fine del paradiso è cominciata quando hanno aggiunto una *E* all'Intercity, da IC a ICE, cioè un treno ad alta velocità. Si fa per dire. Il loro debutto si risolse in una gaffe colossale. Le porte non si aprivano, imprigionando i passeggeri, il riscaldamento non funzionava o funzionava troppo, e le finestre sono bloccate perché si presuppone che funzioni l'aria condizionata. C'è perfino la TV a bordo ma solo nei vagoni dove si fuma, chissà perché, tanto le immagini traballanti farebbero venire il mal di mare a un ammiraglio. Il ristorante è minuscolo e si tramuta in un autobus romano nell'ora di punta. Però, sostiene la «Bild am Sonntag», ai tedeschi i treni affollati piacciono «perché così fanno conoscenza». L'ICE funzionerà come agenzia matrimoniale, meno come treno. È più in ritardo di Mozart e colleghi, e quando non lo è si risparmia mezz'ora, a caro prezzo, tra Berlino e Stoccarda. Purché si sappia di dover partire almeno con una settimana di anticipo e si possa prenotare, altrimenti si viaggia in piedi. Nelle intenzioni doveva servire anche da «centro congressi viaggiante» per manager che hanno fretta, ma le prenotazioni dei *businessman* sono crollate della metà dopo il primo anno. Tuttavia, l'ICE riscuote un grande successo fra una categoria: quella dei borseggiatori. Non c'è spazio per le valigie, e gli attaccapanni per i cappotti sono rari e lontani dai vostri posti.

I tedeschi speravano di vendere l'ICE alla Corea del Sud, un affare da 3,5 miliardi di dollari, ma hanno subìto l'umiliazione d'una sconfitta. A Seoul hanno preferito il TGV dei francesi. Anche i tedeschi per i loro tratti pieni di curve, che non vogliono raddrizzare come le lettere, sono stati costretti a comprare una decina dei nostri «Pendolino». La loro tecnologia è superiore, ammette «Wirtschaftswoche», autorevole settimanale economico, ma è meglio non farlo sapere. I nostri treni, che affrontano i *tourniquet* come un campione di valzer, sono stati «truccati» da convogli tedeschi, e tutte le parti sostituibili vengono costruite in Germania.

I tedeschi non sono più puntuali, però se lo attendono sempre dagli altri. Nel giugno del '72, i terroristi della Baader-Meinhof braccati in tutta la Germania annunciarono che avrebbero fatto esplodere tre auto cariche di dinamite nel centro di Stoccarda. Alle 12 in punto. Mi recai a Stoccarda. Le auto cercate febbrilmente per diversi giorni non erano state scoperte. Mi sistemai in un posto strategico: nel bar dell'Hotel Zeppelin che dà sulla piazza della stazione, all'epoca tramutata in un enorme cantiere della metropolitana. Sotto di noi, il traffico era normale, i marciapiedi affollati di gente. Cominciarono a svuotarsi una decina di minuti prima di mezzogiorno. Alle 12 meno cinque, nel bar rimanemmo in quattro: io, due colleghi italiani, e il barista di Napoli. Tutti scettici latini. La piazza sotto di noi era completamente deserta.

Aspettammo l'esplosione che non ci fu. Dieci minuti dopo mezzogiorno, tutti ritornarono ai loro posti, e la gente affollò strade e negozi. A nessuno passò per la mente che quelli della Baader-Meinhof potessero avere scientemente mentito sull'ora. Erano dei «diabolici terroristi» ma pur sempre terroristi tedeschi. Quindi, puntuali.

RIDERE SOTTO LA FORCA O SULLA FORCA

I tedeschi non hanno senso dell'umorismo. È un altro luogo comune. Lo hanno, ma diverso dal nostro. E gli equivoci reciproci sono frequenti e pericolosi. Io ho imparato a frenarmi, e da subito. Mi sono accorto che prendevano alla lettera i miei paradossi, e non c'è sistema migliore per passare da folle o da deficiente, o per entrambi.

« Lei da dove viene? », finiscono col domandare.

« Sono siciliano. »

« Non è mafioso? » Una battuta che loro trovano spiritosa, io no.

« Hanno respinto la mia domanda d'iscrizione », ho risposto una volta, e mi hanno guardato male. Forse pensavano sul serio che la mafia sia una sorta di Rotary siculo, e che io non avessi nemmeno le qualità per essere ammesso al club.

Me l'ha chiesto anche un mio amico che fa l'agente letterario, ed ho cambiato risposta: « Non si pone questa domanda a un gentiluomo siciliano », gli ho spiegato con un sorriso. E lui mi cita da anni con tutti i suoi clienti sganasciandosi dalle risa. Ma non fa testo, perché non è tedesco. È austriaco.

Gli inglesi hanno il *black humour*. I tedeschi lo *schwarzer Humor*, che sarà sempre nero ma non è la stessa cosa. Tende al macabro, anzi ci sprofonda, e diventa il *Gangenhumor*, che a sua volta non è il nostro « spirito da forca », che ne sembra la traduzione letterale. È lo spirito che si fa sulla forca. I nazisti avevano issato sull'ingresso di Auschwitz la scritta « *Die Arbeit macht frei* », « il lavoro rende liberi », ma non si meritano la qualifica di umoristi. Il *Gangenhumor* si fa sulla propria forca, non su quella degli altri.

A Parigi abitavo vicino al cimitero di Montmartre, e

qualche volta mi recavo innanzi alla tomba del mio poeta preferito Heinrich Heine. Semplice, in seconda fila. Non ero il solo, perché trovavo sempre fiori freschi sulla lapide che portava inciso un suo sonetto: « Dove mai sarò sepolto? Innanzi alle piramidi sotto la sabbia del deserto..., sotto le nevi eterne delle Alpi, in riva al mare... » (cito a memoria). Un amico che avevo trascinato nel mio pellegrinaggio si fece tradurre i versi e scoppiò a ridere: « Non ci ha proprio azzeccato ». Il mio Heinrich, gli spiegai, era un umorista. Era da anni malato, inchiodato a letto, e quando compose la poesia sapeva benissimo dove sarebbe finito.

Sono incerto invece per Goethe. L'autore di *Faust* regalò al figlioletto una ghigliottina in miniatura. Perché? Forse si divertiva lui con il balocco a decapitare soldatini, mentre l'Europa era in preda alla febbre napoleonica, come i genitori d'oggi si dilettano con i trenini elettrici e i videogiochi della prole. Voleva educare il figlio, o farsi beffe della rivoluzione francese?

« Gli inglesi hanno il coraggio di essere illogici, illogici come la vita, illogici come Dio; è la mancanza di humour che ha portato i tedeschi a due guerre. Nelle migliaia di pagine scritte da Thomas Mann non si trova neppure una riga che possa essere giudicata come umoristica all'estero », osserva l'ungherese George Mikes. Si sbaglia, anche se l'umorismo di Mann è ben diverso da quello di Molnar. I suoi diari, ad esempio, sono zeppi di humour nero, però bisogna compiere l'impresa di leggerli.

Esiliato a Pacific Palisades nella Hollywood dei divi, impegnato a scrivere *Il Doktor Faustus* mentre continua la guerra, annota con precisione tutti gli eventi, anche i più minuti: gli articoli che hanno attirato la sua attenzione, le conversazioni a tavola, le difficoltà nel romanzo, e a un tratto, inframmezzate tra le visite dal barbiere, le passeggiate lungo il Pacifico con il cagnolino, e le note precise e insistite sulle sue funzioni intestinali, compaiono le righe: « bombardata Dresda, migliaia di morti ».

Insensibile, si commenta, ecco l'algida distanza del genio. Ma Thomas Mann esegue un doppio bluff. Cioè ci avverte che sta bluffando, e bluffa sul serio. Da premio Nobel sa benissimo che quei suoi diari verranno pubblicati, e i curatori non hanno terminato, impegnati in una minuziosa ricerca, eppure finge il contrario, come se fossero « realmente » notazioni di lavoro, non destinate alla pubblicazione.

Le note, diciamo intime, o le banalità sul cane o sulla freschezza delle ostriche, « cenato con Alma (Mahler-Werfel), champagne, ascoltato disco di Berg », servono da alibi per dare forza di verità a giudizi duri, spietati, su questo o quel personaggio, che Mann vuole vengano conosciuti ma che maschera da osservazione privata. Ed essi acquistano uno straordinario sapore di verità grazie ai bombardamenti alleati e all'atomica su Nagasaki.

Uno dei più fini umoristi tedeschi che abbia conosciuto è stato il grande ammiraglio Dönitz, il comandante degli U-Boote, e successore di Hitler per qualche giorno. La TV italiana mi aveva chiesto di intervistarlo e lui mi disse di sì, a patto di leggere le domande in anticipo. Gliele mandai.

La mattina seguente il telefono squillò mentre facevo il bagno: « Non risponderò mai a queste domande », urlò l'ammiraglio. Gliene mandai altre. Ero sempre nella vasca da bagno quando Dönitz mi chiamò di nuovo. Non andavano ancora bene. L'ammiraglio per uno scherzo del destino continuò a chiamarmi sempre quando ero sott'acqua.

« *Herr Gross Admiral* », gli dissi, « lei può anche scriversi le domande che preferisce. » E così fece, ma qualcuna delle mie finì coll'accettarla. Per problemi di organizzazione le mandai a Roma, e la TV le tradusse e le rispedì direttamente a Dönitz. Io ebbi il torto di non controllare la mia copia.

L'ammiraglio era anziano, scorbutico e un po' duro d'orecchio. A evitare nuove complicazioni chiesi a una mia amica tedesca, orfana di un ufficiale di marina, di accompagnarmi. Le domande le avrebbe lette lei, con più garbo.

Lei si vestì di blu e mise in riga la mia sterminata troupe. Dönitz abitava ad Aumühle, leggiadro sobborgo di Amburgo, e l'appuntamento era per le tre. « Non dobbiamo giungere né un minuto prima né un minuto dopo », si raccomandò. Aspettammo l'ora fatidica in un caffè all'aperto su un laghetto popolato di cigni neri mentre lei leggeva le domande tradotte da Roma.

« Questa è una domanda stupida », mi avvertì sdegnata.

« Non ti preoccupare, alla TV piacciono le domande stupide », la rassicurai.

Bussammo alle tre e la porta si spalancò all'istante. L'ammiraglio ci accolse di persona e la troupe di tecnici romani gli invase la villetta. Dönitz si assoggettò con stoicismo alle loro esigenze. Sul tavolino innanzi a lui era in mostra la sua maschera mortuaria preparata con buon anticipo. Alle spalle la foto del figlio scomparso a bordo di un sommergibile.

La mia amica cominciò a leggere le domande, anche quella stupida, ed io rabbrividii. I traduttori di Roma avevano scambiato posto a una parola con effetti catastrofici in una lingua precisa come il tedesco. Invece di « Lei pensa oggi che si poteva sbarcare in Inghilterra? », sentii la figlia del capitano della marina del Reich leggere con voce perfetta: « Lei pensa che si potrebbe sbarcare oggi in Inghilterra? ».

« Certamente », rispose impassibile il Grande Ammiraglio, « con un traghetto o con un aliscafo. »

Il successore del Führer aveva il senso dell'umorismo. Per non interrompere l'intervista lasciai che si giungesse alla fine, e quindi rompendo gli accordi chiesi a Dönitz di rispondere alla domanda che non aveva ricevuto per iscritto.

« Si poteva sbarcare allora? », gli domandai direttamente, e lui mi rispose, anche se non ero vestito di blu.

« Certamente », riprese. E continuò a braccio per cinque minuti. La risposta chiave di quell'intervista e di tutto il servizio sui superstiti del III Reich. Si poteva sbarcare ma non sarebbe servito a nulla, perché senza appoggio aereo, per colpa di quel testone di Göring, gli inglesi avrebbero inchiodato gli invasori sulla spiaggia. Mentre parlava, i miei tecnici gli svuotarono la scatola di biscotti in cucina. L'ammiraglio ci accompagnò alla porta e sulla soglia disse alla mia amica: « Mi dispiace per suo padre ».

«Non è morto sulla nave, ma in congedo a terra, sotto un bombardamento.» Capii che glielo diceva per non farlo sentire in colpa. Ma sbagliavo.

«È più triste», osservò Dönitz. Giustamente.

«Ti avevo detto che era una domanda stupida», ripeté la mia amica ancora con le lacrime agli occhi.

«Potevi pur spostare quell'*heute*, quell'oggi, se avevi capito.»

«Ho obbedito ai tuoi ordini. Voi stranieri non pensate che i tedeschi obbediscono sempre agli ordini?» E scoppiò a ridere. Risi anch'io. Non sia mai che un tedesco possa sospettare che noi italiani non abbiamo il senso dell'umorismo. E ci dividemmo l'ultimo biscotto di Dönitz che il tecnico del suono aveva trafugato. Avrei dovuto tenere la mia metà per ricordo.

UN DUGONGO È MEGLIO DELLA PARIETTI

Secondo la consueta statistica, l'87 per cento dei tedeschi siede oltre un'ora al giorno davanti alla TV, un record europeo. Non so, ho i miei dubbi. Ormai, quando torno in Italia mi è difficile partecipare a una conversazione: i miei amici parlano di spettacoli televisivi che non ho visto, di personaggi televisivi che non conosco. È vero, anch'io detengo un mio personale record di cui sono orgoglioso: non ho mai visto un'intera puntata di *Dallas* o di *Dinasty*, e se incontrassi Chiambretti non lo riconoscerei. Ma non ho alcuna idiosincrasia contro il piccolo schermo. Lo guardo anch'io, quando mi va, e quando ho tempo. Ma i miei connazionali, e i miei colleghi, mi sembrano in preda a un'unica ossessione: la TV. A tavola si parla di TV, i giornali parlano di TV, inseguono le notizie date dalla TV come se fossero nuove, le copertine sono occupate da personaggi televisivi.

I tedeschi la guarderanno di più la TV, ma non ne parlano quasi mai. E tanto meno i giornali, se non per fatti concreti: la nomina d'un nuovo direttore, tariffe pubblicitarie, uno spettacolo veramente importante.

Spulciando da un canale all'altro, una mattina mi sono accorto che davano un serial, *Reich und Schön*, « Ricchi e belli », che era il nostro *Beautiful*, ossessione nazionale, e qui trasmesso senza che nessuno si emozionasse. Horst Tappert, meglio conosciuto come Derrick, gode più popolarità da noi che a casa sua, e lo sa.

Gli spettacoli di successo sono quelli sugli animali, prodotti in proprio o acquistati dagli specialisti britannici, ma presentati con semplicità, senza tentare di spacciarli per produzione propria, come avviene da noi.

Forse esagerano, si passa dagli amori dei dugonghi all'ora di pranzo, alle termiti prima di cena. Dato che i diversi canali si fanno concorrenza invece di coordinare i programmi, spesso si può scegliere fra gabbiani reali sull'ARD, il primo, cormorani sul ZDF, il secondo, e i pinguini di qualche canale privato.

Nessun canale, né privato né pubblico, si permette spettacoli fastosi come i nostri. Forse una volta al mese, si concedono uno show di Heimatsmelodie che sono l'equivalente teutonico di Claudio Villa, in calzoncini di cuoio. I giochi a premi ricordano i pomeriggi natalizi a casa della zia: si vince un paio di biglietti per andare allo zoo, o una lavatrice. Chi strafà ci rimette. Dieter Moor, trentacinque anni, moderatore di *Canale Grande* a Vox, per alzare l'indice di ascolto ha abbassato i pantaloni e il resto in diretta. Lo spogliarello totale è servito a poco: e Vox, rete di Bertelsmann, rischia di chiudere. Una collega del vanesio Dieter in un altro *talk-show* ha indotto una *call-girl* invitata in studio a riconoscere l'identikit di un suo cliente, noto politico cattolico. È stata licenziata la sera stessa.

Di roba nostra ne arriva poca, a parte la *Piovra*, che i tedeschi scambiano per cinema-verità, un documentario sulla mafia. Mentre i divi che amano sono nell'ordine Romina e Albano, seguiti da Celentano, Gianna Nannini e Lucio Dalla, il cui successo è un piccolo mistero. Non perché non se lo meriti, ma ritengo che le parole siano importanti, e i tedeschi in grado di seguirle sono pochi. Milva è un caso a parte: viene accettata come una Marlene dai capelli rossi, l'unica straniera in grado di eseguire le canzoni di Kurt Weill (grazie alle lezioni di Strehler).

Gli italiani sono di moda alla TV. Non quelli d'esportazione, ma italiani fatti in casa, con effetti stranianti. Commissari napoletani che inciampano sulle doppie (« bela Nappolli ») e pizzaioli che sussurrano alle clienti: « Mi ciami Ciofanni ». Lo trovo un segno d'affetto. Poi ci sono gli italiani da Legione straniera, che vivono qui da decenni, attori professionisti o improvvisati. Come colui che impersona « Pavarotti », mai nome fu scelto così bene, nella serie più fortunata, la *Lindenstrasse*, arrivata a qualche centinaio di puntate raccontando fatti e misfatti d'una via di Monaco.

Pavarotti fa girare la testa alle donne d'una certa età, nella vita e sul piccolo schermo. Lo pagano per partecipare ai viaggi organizzati e intrattenere le turiste romantiche, che lo chiamano con il nome d'arte, Pavarotti, ma lui non se la prende.

Mario Adorf, attore che abbiamo adottato, è invece fra i protagonisti di *Pizza Italia*, un'altra serie ambientata a Colonia, dove è inutile precisarlo. *Una casa in Toscana* è giunta alla seconda serie, e il mio collega della radio bavarese, Guidi, fa la parte di un maresciallo dei carabinieri che sfoggia un tedesco perfetto. L'Arma fa un'ottima impressione, ma non è questo il sorprendente: i «cattivi» sono quasi sempre i tedeschi. Imbroglioni, truffatori, fedifraghi in vacanza nel Paradiso visto da quassù. I toscani avrebbero scoperto il segreto della vita semplice, tra Chianti e un piatto di fagioli. Il tempo in cui comparivamo nei telefilm perfidi *latin lover* che miravano alla dote delle candide *Fraülein* appartiene agli albori della TV. In questa riscoperta vengono riesumati i vecchi film con Totò, considerato uno dei dieci comici più grandi di tutti i tempi, accanto a Karl Valentin, Chaplin e Buster Keaton. Noi sosteniamo chc i nostri doppiatori sono i migliori del mondo, ma provate un po' ad ammirare il principe De Curtis che pronuncia «Pizzanlacchere» in tedesco, come i fusti di *Poveri ma belli* che seducono Marisa Allasio con un «*Komm her*, Pupa».

LETTORI O BISCAZZIERI?

I nostri giornali sono ossessionati dalla televisione. In alcune redazioni, mi dicono, si attende il telegiornale della sera per impostare la prima pagina. La prima notizia data dal teleschermo dovrà essere riproposta con risalto la mattina dopo sui quotidiani, inchiodati così fino a sera su un avvenimento del giorno prima.

Già un quarto di secolo fa, a turno, un giornalista del gruppo Springer era incaricato di registrare su videotapes i telegiornali. Se una notizia veniva data con risalto, la si gettava via. A meno di non avere particolari sorprendenti che ne rovesciassero il significato o ne aumentassero l'importanza. « Guarda un po' », commentavano i miei colleghi italiani quando lo riferivo, « è proprio giusto. » Ma si continua ad accendere la TV.

Un'altra idea fissa della mia corporazione è il giornale popolare, e si finisce sempre col citare (per esaltare o demonizzare) la « Bild Zeitung », e magari qualcuno cita anche Heinrich Böll e il suo *Onore perduto di Katharina Blume*. Sembra un modello facile da imitare, anche se pochi l'hanno mai preso in mano. Piaccia o no, la « Bild » è uno dei giornali professionalmente migliori, e per popolare in Germania si intende qualcosa di diverso che da noi: in prima pagina ci sarà la foto della *starlet* di turno, spesso italiana, ma anche le quotazioni di Borsa. I pettegolezzi sulle dive, ma non solo: si spiegano in poche righe i problemi più complicati, dall'economia alla politica. Per essere chiari, bisogna avere anche il coraggio di schierarsi.

E se mai ci fosse bisogno di dimostrarlo, la « Bild » è una dimostrazione che i « fatti divisi dalle opinioni » è una favola creata dall'ipocrisia britannica. Non si può riportare una notizia senza manipolarla, e già un vecchio direttore agli inizi della mia carriera mi torturò per insegnarmi a «guidare il giudizio senza ricorrere a un solo aggettivo», con il semplice e arduo montaggio dei fatti.

Il capolavoro insuperato rimane per me quello compiuto dalla «Bild» durante la campagna elettorale dell'autunno '72. A otto colonne in prima pagina, riportò una notizia, poco più di venti righe, una banalità proveniente dall'America: quel che più danneggia l'amore tra i coniugi è la mancanza di soldi, sosteneva lo psicologo di turno. Sotto, un altrettanto breve punto sul costo della vita: le patate in aumento del 25 per cento, le cipolle del 32, il pane del 15 (cito a memoria). Ancora piu succinta, in basso, la sintesi di un discorso di Franz Josef Strauss: se i prezzi aumentano in Germania la colpa è dei socialdemocratici. Nessuno lo scriveva, ma il messaggio che giungeva alle casalinghe di Germania e ai loro mariti era: se fate male l'amore la colpa è di Willy Brandt.

La «Bild» vende 4,5 milioni di copie, ed è letta da 10 milioni di tedeschi, anche da chi vota per il partito che fu di Brandt, ma i cosiddetti giornali «seri» hanno tirature inferiori ai nostri giornali maggiori. La «Welt», che appartiene alla stessa scuderia Springer, supera a stento le 200mila copie, e la «Frankfurter Allgemeine» o la «Süddeutsche Zeitung» non giungono mai alle 700mila, e non se ne lamentano.

Rinunciano alle notizie dell'ultima ora, senza rincorrere TV e radio, ma anche con due giorni di ritardo danno poi un approfondimento, magari di un'intera pagina. Decide il lettore se saltare l'articolo o leggerlo, ma se lo farà sarà «informato fino in fondo». Le notizie di cronaca nera o di sport sono riportate in estrema sintesi, ed è la sola «Bild» che vi dedica pagine e pagine ed è di fatto l'unico quotidiano «anche» sportivo, contro i nostri tre. E questo spiega «anche» la sua milionaria tiratura, senza dimenticarne il prezzo molto basso, un terzo rispetto ai fratelli in giacca e cravatta, ed il particolare che lo si acquista ovunque, al bar e alla stazione di servizio, e alle macchinette distributrici alla fermata dell'autobus.

A nessun direttore di quotidiani passerebbe per la testa

di aumentare le vendite con notizie scandalistiche, o con titoli più brillanti, o chiedendo pareri di Borsa alle sorelle Kessler, anche se ho il sospetto che le gemelle a lunga conservazione s'intendano d'economia più di certi nostri commentatori specializzati.

Chiesi a Joachim Fest, uno dei sei condirettori della «Frankfurter Allgemeine», giornale che appartiene a una fondazione, il che ne fa un *unicum* nel mondo, se avrebbe mai indetto un concorso a premi per incrementare le vendite, imitando alcuni giornali italiani.

«Io voglio lettori, non biscazzieri», rispose.

Il tribunale ha vietato alla «Bild» una promozione simile al Bingo per «concorrenza sleale». Un editore forte potrebbe schiacciare il concorrente più modesto e più abile offrendo champagne e caviale. Anche i premi agli abbonati sono limitati e regolati.

Biciclette e registratori, sveglie e orologi vanno caso mai a chi procura un nuovo abbonato e non a chi sottoscrive l'abbonamento. C'è la possibilità di incrementare le vendite, senza esagerare. E perfino i pubblicitari badano al numero dei lettori, ma anche alla loro qualità.

Una rivista come «Der Spiegel», creata e a lungo diretta da Rudolf Augstein, fa parte della storia della Repubblica Federale, ed ha contribuito alla fortuna e alle sfortune di diversi politici. Cerca il caso, non lo scandalo politico fine a se stesso, e ben di rado è stata costretta a una smentita. Franz Josef Strauss arrivò a mandare in galera Augstein e la redazione (quasi) al completo, ma finì col perdere.

I lettori prestano fiducia a chi li informa, e non dimenticano quando si sbaglia. «Stern» perse mezzo milione di copie per i falsi diari di Hitler e non le ha più recuperate del tutto. Tuttavia, il giornalista non gode di eccessivo prestigio sociale, non come da noi, comunque. È considerato come un artigiano da cui ci si attende un lavoro accurato. L'affidabilità e la professionalità sono date per scontate. L'errore è l'eccezione, la malafede un peccato mortale.

Nonostante la fama della «Bild», i giornali di solito non invadono la privacy degli uomini politici. Beate Wedekind, quarantadue anni, direttrice del settimanale « Bunte », perse il posto, si dice, per qualche indiscrezione di troppo su Helmut Kohl, ma è un'eccezione sia per quanto riguarda il pettegolezzo sia per la reazione della vittima.

Günther Wille, il brillante ed energico capo della Springer, forse contribuì ad attutire i toni della « Bild », dopo essere stato a sua volta oggetto di una macabra indiscrezione: « Wille ha un mese di vita », annunciò in prima pagina l'« Abend Zeitung » di Monaco, a Natale. Nel giugno successivo, smagrito dal male, apparentemente vitale, volle incontrare alcuni giornalisti a pranzo e scherzò su se stesso: era riuscito a smentire il giornale concorrente. E in autunno morì.

IL CAMINO DI CHRISTA WOLF

Prima della riunificazione finii per caso in un LPG, le fattorie statali, dalle parti di Schwerin nel Mecklenburg. Il fattore, che sarebbe meglio chiamare direttore, mi invitò al suo *Abendbrot*, la cena fredda all'ora del tè, con una raffica di salami gustosi.

Mi parlò del suo diabete, delle preoccupazioni per il futuro: « Perché chiudere le fattorie dell'Est che in quella zona erano superiori a quelle dei vicini dell'Ovest, per le oscure e vessatorie misure di Bruxelles? », ed io notai in uno scaffale le opere complete di Christa Wolf, scrittrice dissidente del regime, e lui notò la mia sorpresa.

In quale masseria italiana trovate l'*opera omnia* di una Dacia Maraini? E quei libri inoltre erano vietati nella DDR. Glieli aveva regalati l'autrice in persona, mi spiegò. Christa Wolf era una sua vicina ed aveva descritto la vita in campagna nel Mecklenburg in una sua opera, ma non l'episodio che mi raccontò il padrone di casa, con un piacere sottile, suppongo.

Appena finita la sua casa, dal bel tetto tradizionale spiovente e in paglia, la scrittrice la volle inaugurare accendendo il camino, e per far prima usò dei fogli di giornale. Il tiraggio della canna li aspirò in cielo e la carta in fiamme finì sul tetto di paglia e lo distrusse.

« Gli intellettuali non si intendono di camini », concluse.

Allora Christa era ancora un mito, all'Est e all'Ovest, ma finita la DDR e la persecuzione del regime, il suo ruolo e il suo valore sono entrati in discussione, come quelli dei suoi colleghi all'Est.

Ricorderò sempre che la Wolf, all'ultimo congresso degli scrittori a Berlino Est, quando la caduta del « muro » era ancora evento da fantastoria, si limitò a inviare un vago telegramma dalla comoda Svizzera. Di recente è stato scoperto un suo flirt con la Stasi: in gioventù incontrò un paio di agenti, non rifiutò le loro proposte, senza fornire informazioni, stordendoli con chiacchiere inutili. Non fece la martire, e neppure tradì.

Heiner Müller, il drammaturgo più celebrato dell'Est, si difende: in ogni mensa a teatro c'era un agente della Stasi. Come evitare di parlare con loro? Ma ora i suoi rifacimenti da Brecht o da Shakespeare, in cui denuncia dittatura rossa e oppressione del capitale, interessano molto meno e vive, meglio, mettendo in scena tradizionali opere liriche.

Con l'apertura degli archivi della Stasi, si è scoperto che Prenzlauer Berg, il Greenwich Village di Berlino Est, dove il regime aveva confinato l'irrequietezza dei suoi intellettuali, un ghetto dove veniva loro permesso tutto o quasi, era invece un covo di collaboratori.

Uno scrittore è disposto a qualsiasi cosa pur di firmare. Anche un rapporto segreto. I loro dossier sono di una banalità assoluta, ma non è questo che importa. Ora per pubblicare devono convincere l'editore che qualcuno vorrà sborsare dei marchi per le loro opere, ed è più arduo che ottenere l'imprimatur da un censore.

Sempre a quel congresso dove Christa non si fece vedere, venni tormentato da un poeta. Viveva con uno *stipendium*, una cifra minima per le spese essenziali, concessogli dallo Stato perché scrivesse versi, una via di mezzo tra borsa di studio e salario da cassa integrazione. « Ma ti rendi conto », si lamentava, « che se le mie poesie non piacciono al funzionario di partito non me lo rinnovano per il prossimo anno? »

« Scrivi un paio di sonetti per farlo contento, e poi le poesie che vuoi », gli consigliavo, e lui scuoteva la testa innanzi al mio cinismo da capitalista. Se ne andò con una scusa quando gli svelai che, da noi nel paradiso dell'Ovest, nessuno gli avrebbe mai pubblicato una raccolta, né tanto meno pagato affitto e osteria, in cambio di endecasillabi. Neanche se avesse vinto il Nobel.

Nell'incontrare intellettuali e artisti dell'Est provavo una sensazione strana, che non riuscivo a definire. Compresi a un tratto: avevano un'enorme disposizione di tempo. Loro giravano in tram ed io in auto, ma io ero e sono sempre senza tempo, per leggere quel che mi piace e non quel che devo, per scrivere quel che mi diverte, per andare a teatro o a un concerto. Non avrei mai scambiato la mia posizione con quella di un collega dell'Est, confesso, ma gli artisti al di là del « muro » non si rendevano conto di quella loro ricchezza.

Un pittore poteva contare, come il poeta, su un minimo di tele acquistate per adornare alberghi o sedi pubbliche. Il redattore d'una casa editrice curava un'opera all'anno, libri su carta di cattiva qualità, ma preziosi, e che nessun editore all'Ovest si sarebbe mai potuto concedere il lusso di pubblicare, e che arricchiscono la mia biblioteca. Dove mai avrei potuto trovare la corrispondenza completa di Humboldt dal Centro America? Non l'ho ancor letta, ma prima o poi troverò il tempo.

È naturale che alle prese con le leggi del mercato qualche intellettuale si trovi oggi a mal partito, eppure ho la sensazione (ancora) che se giungerà qualcosa di nuovo verrà dagli ex artisti e scrittori dell'Est, più motivati dei colleghi occidentali, che sembrano sprofondare in un letargo di noia e di depressione, scossi a tratti solo dalla discussione eterna su quale sia il ruolo dell'intellettuale nella società.

« Il Cancelliere Kohl non capisce nulla di arte », ironizza « Der Spiegel », « nel suo studio ha la bandiera tedesca e un acquario con pesci rossi. » Non gli è mai venuto in mente di chiamare al suo fianco un Attali teutonico, come ha fatto l'amico François Mitterrand, ma come dimostra l'esperienza francese non è poi un gran male. « A me bastano un tavolo, una sedia, una macchina per scrivere e carta sufficiente », mi disse Heinrich Böll.

I suoi colleghi si lamentano di non avere un ruolo, ma trovo che in nessun altro luogo come in Germania li si prenda tanto sul serio: la prova del « successo » sociale di un intellettuale è la persecuzione, all'Est come all'Ovest. Quando, sempre Böll, propose un salvacondotto per Ulrike Meinhof e i suoi terroristi, i servizi segreti gli invasero la casa, onore ambito da ogni scrittore che si rispetti.

Günther Grass ha restituito la tessera dell'SPD ed è stato sottoposto quasi a un linciaggio per essersi battuto solitario contro una riunificazione che « andava troppo in fretta ». Anni fa, annunciò che la Germania era peggio dell'India e se ne andò in esilio fra i paria di Calcutta. Più un passeggio che un passaggio in India, dato che tornò prima del previsto e, a Calcutta, si trasferì in fretta nel quartiere residenziale dei diplomatici, non molto dissimile da Bad Godesberg. Ma i compatrioti lo presero terribilmente sul serio. Anche gli indiani si offesero, per ragioni opposte. Grass si è dimesso ancora una volta: dall'ADAC, l'Automobil Club, che si batte contro i limiti di velocità. Non gli si può negare la coerenza. Vent'anni fa aveva scritto *Diario di una lumaca*, per invitare i giovani contestatori ad andare piano. Lui ha ragione, ma i lettori hanno fretta.

PESSIMISTI

«*Helfen Sie mir, Herr Derrick!*» «Mi aiuti, Derrick», singulta al telefono uno studente di lettere in una puntata della ventennale serie tedesca. E Derrick salva il giovane bene, che si è lasciato coinvolgere in un traffico d'auto rubate verso l'Europa orientale.

Solo Derrick, nella Germania del dopo unità, sembra in grado di compiere miracoli. Ma anche lui, Horst Tappert, il settantenne attore diventato celebre in 104 Paesi nelle vesti del comprensivo poliziotto di Monaco di Baviera, adesso è stanco.

«Non ne posso più di questa Germania», ha dichiarato; «appena possibile me ne andrò a vivere nella mia villa sul lago di Garda. La Germania diventa sempre meno umana. Sono pessimista per il futuro.» Tappert osserva anche che i suoi connazionali sono cambiati: più irritabili, scorretti e pigri. Le mitiche virtù teutoniche sono scomparse ed emergono nuovi difetti, o si accentuano quelli antichi: l'insofferenza e l'arroganza.

Per Derrick dunque l'Italia di Tangentopoli è meglio della Repubblica Federale di Helmut Kohl? A qualcuno verrà voglia di sorridere. Ma non in Germania. Sempre più tedeschi (il 20 per cento per la precisione) nei desideri per l'anno nuovo hanno confessato di voler espatriare. E se ne vanno realmente centomila all'anno. Prima del «muro» erano appena 60mila. Fra i posti preferiti, prima della Francia, e insieme con la Spagna, c'è proprio il nostro Paese.

Forse un sociologo non citerebbe mai Derrick, ma con il commissario della *Kriminalpolizei* è d'accordo il concittadino Patrick Süsskind, l'autore più venduto degli ultimi vent'anni con il suo *Profumo*, che preferisce vivere in una soffitta (elegante) di Parigi: « La mia piccola, sicura, confortante Repubblica Federale non sarà più quella di prima », aveva previsto nel tripudio della riunificazione.

XII.

Amori

RAPPORTI (MOLTO) PARTICOLARI

I rapporti bilaterali tra Italia e Germania in fatto di sesso sono semplici e ingannevoli a causa d'un equivoco: avvengono in quella terra di nessuno che sono le spiagge d'estate, in particolare quel tratto che va da Chioggia alle Marche, il *Teutonengrill*. In realtà, né Germania né Italia. Una battigia occupata da un esercito invasore il cui arrivo è atteso di anno in anno con trepidazione (economica ed erotica), e che non ha voglia di avanzare oltre la testa di ponte.

Il *Teutonengrill* come una Dunkerque del sesso, dove è difficile individuare vincitori e vinti. Anzi è impossibile. Ognuno si considera a giusta ragione trionfatore. A parte i pochi, sui due fronti, che al termine delle vacanze non hanno ingaggiato combattimento alcuno. Il malinteso è dunque programmato.

Gli italiani che presidiano le spiagge considerano le tedesche una facile preda, e non comprendono che sono loro invece la selvaggina. Le turiste venute dal Nord giudicano gli indigeni della penisola petulanti e arroganti playboy. Pappagalli, appunto, un'altra parola italiana entrata nel vocabolario tedesco, insieme con «ciao», «libero», «catenaccio», «cappuccino», e poche altre. Sarà vero (sempre meno), ma per il resto dell'anno, nelle rispettive patrie, e anche sull'Adriatico tornato deserto, la verità quotidiana è diversa.

Il giudizio sugli amanti latini, tutto fuoco e passione, non sembra condiviso dalle italiane che li sopportano per gli altri undici mesi. E le tedesche rientrate a casa si trasformano, e respingono con durezza ogni assalto degli eventuali pappagalli che si siano lasciati tentare da una trasferta invernale al Nord.

Molti anni fa, fece sensazione il primo *Sex live-show*, al Salambò, mitico locale della Grosse Freiheit, la via più sfrenata di St. Pauli, il quartiere del peccato ad Amburgo, gestito dal francese René Durand. La legge tedesca vieta l'atto sessuale in scena, ma le autorità anseatiche chiudevano un occhio, nel clima post «'68». I giornali parlarono delle performances di «Johnny l'irlandese» e della sua partner e connazionale. Mi venne chiesto un servizio.

La sera che andai al Salambò, non potei assistere al numero. Johnny era in crisi. O meglio era Peppino il calabrese, che si esibiva con una parrucca di riccioli biondi, a incontrare qualche problema, e non di surmenage, benché eseguisse il numero cinque volte al giorno, così mi assicurò. Gli parlai dietro le quinte, e mi costrinse a una seduta psicoanalitica improvvisata. La ragazza si rifiutava di esibirsi da quando aveva scoperto che il partner si era innamorato: con Johnny sì, non con Peppino. *Professional is professional*, ma come si fa a tradurlo in calabrese?

Era giunto come operaio specializzato, ed aveva presto scoperto questa diversa specializzazione, grazie a resistenza e a tempismo. Peppino «teneva» un'altra ragazza, che esercitava il mestiere più tipico di St. Pauli. «Ho cercato di convincerla a fare il numero con me sul palcoscenico, ma proprio si rifiuta», mi confidò. Assolutamente non capiva le timidezze di una «professionista»: perché ovunque sì, e non sulle gloriose tavole d'un palcoscenico? La terza donna, la «vera» fidanzata di Peppino, era rimasta al paese sul Mar Tirreno, in sua fedele attesa. Ma non giudichiamolo troppo male. Si comportava come Luigi Pirandello che giunto all'Università di Bonn alla fine del secolo scorso si lasciò coccolare dalla bionda figlia dell'albergatore, che gli dava da mangiare cinque volte al giorno e rallegrava il suo esilio. L'ingrato però scriveva a casa lamentandosi che «gli mancava il sole», proprio come un *Gastarbeiter* qualsiasi. Lasciò Bonn, tornò alla sua Agrigento, sposò la fidanzata, e visse con lei infelice per il resto della vita. Se avesse accettato il posto di assistente a Bonn e sposato la bionda renana, probabilmente avrebbe messo su pancia, e magari scritto romanzi rosa invece dei suoi algidi drammi.

Non rividi più «Johnny» e non so come abbia risolto la sua schizofrenia d'amore (dal mio articolo venne tratto un film senza dirmi grazie), ma i suoi problemi, e quelli di Pirandello, sono comuni a molti italiani che non riescono a orizzontarsi nelle questioni sentimentali in Germania. I tempi sono cambiati dal debutto di «Johnny», ed i *sex shows* sono entrati in crisi a causa del sesso elettronico dei videotapes, ma qualche problema esiste sempre.

Come far capire che all'apparente liberalità dei quartieri come St. Pauli si accompagna il moralismo del resto della città? Che il sesso viene confinato in un ghetto dove tutto è ammesso, perché al di là della strada o della piazza tutto torna ad essere proibito? Che si rischia l'arresto importunando una passante che magari ha appena finito la sua esibizione in un locale alla «Salambò»? *Professional is professional*, appunto.

Di equivoco in equivoco, ho l'impressione che i miei connazionali tendano a sottovalutare il «rivale» tedesco. Non frequento Rimini, e forse sotto l'ombrellone saranno distratti, ma quando giocano in casa sono avversari di tutto rispetto, direi i più temibili. So di espormi all'ironia dei compatrioti, ma rischio per amore della verità.

L'uomo tedesco ha fantasia, è romantico e sa parlare alle donne. Magari in latino. Una mia conoscente incontrò da studentessa l'«amore della sua vita», per una calle di Venezia, e lui universitario sceso dal Nord l'abbordò, come un pappagallo, che in tedesco diventa *Papagei*. Non le fischiò dietro, ma le si rivolse timido con le parole: *«Oh tu, pulcherrima puella»*, senza sbagliare il caso del vocativo. Promosso sul campo.

Il tedesco ha affinato le sue arti per necessità: per ogni scapolo tra i venticinque e i trenta c'è a disposizione solo una mezza *Fraülein*. La sua corte sarà *alt modisch*, cioè antiquata, ma a qualcuna, a più d'una, piace. Italiani in trasferta, ripassate Ovidio.

QUANT'È L'IVA SULLA TRATTA DELLE BIANCHE?

Ci deve pur essere un motivo (storico, sociale, etnologico) che spieghi i gusti sessuali di un popolo. Non credo alle generalizzazioni, ma se il «Playboy» edizione Usa preferisce modelle dal seno opimo avrà pur compiuto una ricerca di mercato e, a quanto pare, forse per l'educazione severa nei colleges, gli inglesi consumano più cuoio che seta in camera da letto.

Perché dunque gli italiani vanno pazzi per i *viados* brasiliani, dalle bellissime gambe e dall'inequivocabile virile pomo d'adamo, che invadono le nostre strade, ed i tedeschi (10mila all'anno) volano invece in «trasferta peccaminosa» alla ricerca di bimbe neanche decenni nei mercati del sesso d'Oriente? Un biglietto aereo «tutto compreso», ed è elusa la legge sulla corruzione di minorenni, un accento carioca e si abbattono le paratie ambigue del *supermacho* latino? Potrebbe essere argomento di una tesi di laurea, ma dubito che le risposte sarebbero esaurienti.

L'unico che abbia condotto un'indagine (in parte) sull'argomento è un giornalista, Klaus Peter Wolf, autore del libro *Traumfrau*, «La donna dei sogni». Sotto falso nome, Wolf, trentatré anni, ha creato una ditta per l'import di mogli, ed è arrivato al punto di chiedere un numero fiscale per la sua attività, che ha indicato come *Mädchen- und Frauenhandel*, «Commercio di ragazze e donne».

La risposta dell'ufficio delle finanze di Hachenburg nel Westerwald è arrivata puntuale: 700 marchi per il primo trimestre dell'89, e 950 per il secondo, e il computer ha accettato e registrato la qualifica di *Herr* Wolf e della sua ditta battezzata «Hot Pants»: tratta delle schiave, una volta tradotto il linguaggio burocratico. «Ho ricevuto offerte fino a 10mila marchi», rivela Wolf, che con il libro ha guadagnato molto meno e si è conquistato l'odio eterno dell'ufficio imposte. Il *Finanzamt*, alla ricerca di sempre nuove entrate, non va tanto per il sottile.

A Francoforte è stata organizzata un'« Internazionale » delle professioniste d'Europa (in luogo segreto, a evitare curiosità morbosa). La legislazione comunitaria non è ancora uniforme (a Bruxelles pensano ad altro) e quel che è lecito in un Paese è reato in quello vicino. Ma le tedesche hanno un'altra preoccupazione: vogliono mutua e pensione.

« Allora dovreste pagare le tasse », obiettai alla portavoce del Congresso, che rispondeva sotto falso nome da un numero comunicato alla stampa.

« È quello che facciamo », mi rinfacciò la mia ignoranza. E come viene accertato il reddito? Come per ogni altra attività, spiegò lei. Il funzionario delle imposte viene a « valutare » il posto di lavoro, l'indirizzo più o meno di classe, e gli strumenti del mestiere. Un reggicalze di « La Perla » è pericoloso per le aliquote come la Jaguar per il libero professionista.

« E valuta anche noi », concluse l'addetta stampa. Umiliante. Per il fisco teutonico.

MESSAGGERO D'AMORE

Quando abitavo ad Amburgo, il mio giornale aveva affittato un ufficio presso una grande casa editrice. Divenni l'unico referente italiano per cinquemila anseatici ed ero sempre teso quando qualcuno bussava alla mia porta. Gli uomini mi chiedevano spiegazioni politiche.

«*Herr Kollege*», esordivano, «che differenza c'è tra il vostro ministro del Tesoro e il ministro del Bilancio?» Non saprei spiegarlo neppure in italiano.

Oppure: «Perché il partito al governo ha votato contro se stesso al voto di fiducia?». Citavo Machiavelli e loro se ne andavano soddisfatti. Più arduo, in fondo, il compito in cui mi trovai coinvolto di «Messaggero d'amore».

Alla fine delle vacanze, tornavano segretarie e redattrici, archiviste e donne delle pulizie, cuoche della mensa, e fotografe. E i *latin lover* miei compatrioti iniziavano a scrivere cartoline e lettere. Loro mi chiedevano di tradurle. Dichiarazioni d'amore grondanti d'aggettivi. Intuivo trappole e menzogne tra superlativi e virgole, tra ricordi di pleniluni adriatici e sintassi stuprate.

Arricchii grazie a loro la mia conoscenza del tedesco, per la verità con vocaboli che non mi sono mai serviti, ma ho ancora dei rimorsi. Fino a che punto può restare neutrale un traduttore? Le risposte dal Nord erano più poetiche e più ingenue. Ed altrettanto pericolose. Dall'una e dall'altra parte si prendevano alla lettera. Potevo collaborare a errori fatali, con l'alibi della fedeltà letteraria?

Fui meno fedele, anzi, lo confesso, a volte del tutto infedele. Penso d'aver evitato tragedie, come un traduttore che tramuti una dichiarazione di guerra in una testimonianza di affettuoso rispetto. Non ci riuscii sempre.

«Vieni», scrisse un Romeo da Bari.

« Arrivo domani », mi chiese di tradurre lei, che pur aveva marito e figli.

« Non parta », la scongiurai.

« Lui mi chiede di venire. »

« È un modo di dire. »

« *Vieni* vuol dire *komm*, vieni », insisté lei, che studiava italiano sulle cassette.

« Sì e no », mentii. « È come *how do you do* in inglese. In realtà non ci interessa assolutamente la salute del nostro interlocutore. Vorrei averti qui, era un'espressione di cortesia epistolare. »

« E come direbbe se mi volesse davvero chiedere di raggiungerlo? », s'informò con la tristezza nella voce.

« Vieni subito », improvvisai.

« Komm sofort », tradusse. Annuii e lei mi dettò la sua risposta: lo abbracciava come il sole abbraccia il suo amante...

« La luna », proposi.

« Preferisco il sole », insisté.

Il sole che abbraccia un uomo non va bene, almeno per noi: *Die Sonne* diventa maschile in italiano. *Der Mond*, la luna invece è femminile.

« Lei lo abbraccia come la luna... »

Lui rispose: « Vieni subito ». Lei partì. Anche Romeo aveva moglie e figli. Avrei fatto meglio a lasciare « La sole ».

È il dubbio che mi prende alla fine di questa guida, una lunga lettera d'amore piena di dubbi e malintesi, fraintendimenti storici e linguistici. Il messaggero d'amore è l'unico ambasciatore che porta pena.

INDICE

I. Germania, Germanie, Germanici

Dobbiamo proprio? Amarli... 9
La nazione 13
Una sigla di troppo 19
Cosa pensano di loro 21
Imparino dagli italiani 35
Il tedesco è una percentuale 40

II. Stati Uniti di Germania

La Baviera fra i sette grandi 45
Heimat e Vaterland 48
Über alles in der Welt 51
Il tricolore 55
Ich liebe you 59

III. Italia e Germania

Arcadia controluce 69
4 a 3 76
Germania all'italiana 80
Italiani di Germania 83

IV. La Germania è una pin-up

Guerra di copertine 89
Quando tutto comincia 93
La paura dei tedeschi 102
Paura dei tedeschi? 105
Europa tedesca o Germania europea 108

V. Lo Stato

Martin e Karl, senza dimenticare Mark 113
I paladini dello Stato 119
Rispetto per il cittadino 125
Una giornata particolare 128
La società multinazionale 134
La barca è piena 139

VI. I barbari

Una giornata typisch deutsch (?) 147
Arrivano i barbari 150
Al cabaret, con Marlene 158
Ebrei 163

VII. La politica

Due, anzi tre, forse quattro 169
Toskana Fraktion e Saumagen 175
I deputati non sono corrotti, dice la legge (o lo diceva) 177
Le camicie verdi 188
Amore sul Reno 191

VIII. Cicale e formiche

Record teutonici 197
Un buco senza fondo 201
Made in Germany 204
Frau Monika, avverta anche me 207
Dal supermarket al supermark 209
Il cassiere di Francoforte 214
Ipoteche e domande ipotetiche 217
Un ordine è un ordine 230

IX. In casa...

Tre K o tre S 235
A Dio piace la bionda 238
Amputieren 242
Il cappuccino del vicino 244

Mi è caduta una spia nella cassetta postale 249
Pasta und Brokkoli 257
In Germania si mangia bene 263
L'insulto più lungo del mondo 267

X. ...E FUORI

L'estasi dell'ingorgo 277
Il « muro » era un antifurto 288
La vita è un valzer 291

XI. TYPISCH DEUTSCH

Vogliateci bene, ma parlate male di noi 297
Storie tedesche 300
Fussgängerzone 304
Voyeur 306
Verboten 308
I vampiri non amano il bitter 310
Čechov e i sandali di Kohl 313
La Germania aveva gli occhi verdi 315
Doktor Doktor... calcio di rigore 318
I tedeschi sono puntuali 320
Ridere sotto la forca o sulla forca 325
Un dugongo è meglio della Parietti 330
Lettori o biscazzieri? 333
Il camino di Christa Wolf 337
Pessimisti 341

XII. AMORI

Rapporti (molto) particolari 345
Quant'è l'Iva sulla tratta delle bianche? 348
Messaggero d'amore 350

Se questo libro ti è piaciuto
consiglialo agli amici

Finito di stampare nell'ottobre 1994
da « La Tipografica Varese »

Editore: Rusconi Libri s.r.l., viale Sarca 235, 20126 Milano